WILEY

投资的本质

巴菲特的12个投资宗旨

The Essential BUFFETT
TIMELESS PRINCIPLES FOR THE NEW ECONOMY

[美] 罗伯特·哈格斯特朗（Robert G.Hagstrom）·著
刘寅龙·译

很多人都知道，巴菲特长期以来对科技股一直采取敬而远之的态度。但是，我们必须意识到，巴菲特之所以不愿投资科技股，并不是说无法分析科技股。本书涉及如何认识巴菲特的投资策略，以及如何将投资策略运用于"新经济"等方面的诸多新主题。《投资的本质》展示了巴菲特完整的12个投资宗旨，让所有投资者——不管是散户投资者还是专业投资者，都能接受这些方法，并将这些方法为我所用，与此同时，还能将巴菲特的思想成功地应用到"新经济"中。

All Rights Reserved. This translation published under license. Authorized translation from the English language edition entitled Investment Psychology Explained ISBN 978-0-471-22703-8 by Robert G. Hagstrom Published by John Wiley & Sons. No part of this book may be reproduced in any form without the written permission of the original copyrights holder.

本书中文简体字版由 Wiley 授权机械工业出版社出版，未经出版者书面允许，本书的任何部分不得以任何方式复制或抄袭。版权所有，翻印必究。
北京市版权局著作权合同登记 图字：01-2018-7886 号。

图书在版编目(CIP)数据

投资的本质：巴菲特的12个投资宗旨/(美)罗伯特·哈格斯特朗（Robert G. Hagstrom）著；刘寅龙译．—北京：机械工业出版社，2020.5（2025.4重印）
书名原文：The Essential Buffett: Timeless Principles for the New Economy
ISBN 978-7-111-65133-8

Ⅰ. ①投… Ⅱ. ①罗… ②刘… Ⅲ. ①巴菲特（Buffett, Warren 1930-）-投资-经验 Ⅳ. ①F837.124.8

中国版本图书馆 CIP 数据核字（2020）第 049659 号

机械工业出版社（北京市百万庄大街22号　邮政编码100037）
策划编辑：李　浩　　责任编辑：李　浩　　蔡欣欣
责任校对：李　伟　　责任印制：孙　炜
北京联兴盛业印刷股份有限公司印刷
2025年4月第1版第6次印刷
145mm×210mm·9.625印张·214千字
标准书号：ISBN 978-7-111-65133-8
定价：88.00元

电话服务　　　　　　　　网络服务
客服电话：010-88361066　　机　工　官　网：www.cmpbook.com
　　　　　010-88379833　　机　工　官　博：weibo.com/cmp1952
　　　　　010-68326294　　金　　书　　网：www.golden-book.com
封底无防伪标均为盗版　　　机工教育服务网：www.cmpedu.com

中文版推荐序一

学习巴菲特投资思想

雪球网人气用户
《静水流深：深度价值投资札记》作者　张延昆

《投资的本质：巴菲特的12个投资宗旨》一书翔实介绍了巴菲特的投资宗旨，从中我得到了学习巴菲特投资思想的四点体会：

第一，向大师学习是投资进阶的必由之路。如果不向巴菲特、芒格、格雷厄姆、费雪等投资大师学习，闭门造车的话，我们根本无法持续成长起来。学习和阅读是最好的老师，很多人认为大师的话对于普通投资人作用不大，那只是因为学习者领悟不深刻，很多话需要有此经历或去身临其境般反复思考和实践，才能抓到其内涵！

第二，大师的投资策略也不是在任何时段都完全正确。霍华德·马克斯说过："想想那些公认的杰出投资者，沃伦·巴菲特、彼得·林奇、比尔·米勒和朱利安·罗伯逊，他们出色的投资记录源于他们在数十年的时间里没有大亏，而不仅仅是高收益。他们中的每个人可能都有一两年表现不佳的时候，但总的来说，他们应对风险的能力与他们赚取收益的能力一样强。"巴菲特自己也承认会经常犯错误。

　　第三，要领会价值投资的精髓就是："跟上最优质企业或最优秀的人！"投资神话里大都是百战百胜的故事，但现实其实很骨感。想要突破自己一生奋斗的天花板，就要承认自己的能力极限，跟上那些已经"逆天开挂"的具有坚实壁垒的优秀企业。在这件事上，巴菲特已经做得淋漓尽致，这句话说得很实在："买进一家顶尖企业的股票长期持有，总比每天到晚为那些不怎么样的股票忙得晕头转向好。"

　　第四，在性情上要学习巴菲特的静与动的智慧。投资中需要安静、孤独思考，投资之外还要广交朋友，多交流、多学习。安静地决断投资与喜欢热闹的股东会盛景，这并不矛盾。

　　《投资的本质：巴菲特的12个投资宗旨》与以往的价值投资书籍不同，除了将投资的本质详尽地落实到12个投资宗旨上，指出其恒久不变、异常坚定的适用性，而且还更加详细地介绍了集中组合投资理论和财富心理效应，以上论述令我大开眼界。

　　这真是："机会常见常新，宗旨恒久不变！"

中文版推荐序二

让大师的智慧照耀我们前行

雪球网人气用户　流水白菜

巴菲特说：投资，第一是保本；第二是保本；第三，还是保本。

巴菲特说：复利，是伟大的。少交易，减少摩擦成本，对你的长期投资大有好处。

巴菲特说：大多人不知道买什么，那么就买低成本的指数基金。

中国的投资者对巴菲特的一些真知灼见耳熟能详，很大原因是巴菲特的投资方法非常适合中国的市场。巴菲特的一些投资原则非常简单而且实用，比如中国价值投资者特别喜欢说的：能力圈、安全边际、市场先生。

我们买的不是股票，是企业，所以必须在自己的能力范围内去买股票。

买股票的时候，我们要考虑性价比，最好要有一个安全边际，以一个更低的价格买入。

买入后，因为股市的波动极大，"市场先生"喜怒无常，要做好长期持有的准备。

人们喜欢巴菲特，相信巴菲特的理论，更因为巴菲特本身就是历史上最伟大的投资者，是全世界靠股市赚钱赚得最多的那个人，他值得信任。

1956 年，巴菲特和其他人成立的投资公司，13 年时间，获得了年化 29.5% 的复合收益率，每年的收益率超过指数 22%；在 1975—1999 年开始的美国超长牛市中，有一半的年份里，巴菲特的年收益率超过了 30%，而且没有一年亏损。

《投资的本质：巴菲特的 12 个投资宗旨》不仅详细介绍了巴菲特各个投资阶段的辉煌战绩，也介绍了巴菲特非常多的经典投资案例：比如投资盖可保险、喜诗糖果、可口可乐等。这本书更出色的地方，还在于它总结了巴菲特的 12 个投资宗旨，它深入讨论了投资组合在投资中的重要性，以及如何在不同的时代里适应时代的变化，拓展自己的能力圈。

每一条成功的道路都充满了荆棘，让大师的智慧照耀我们前行。阅读和思考的意义，不在于让这条路变得更简单，但至少可以让我们少走很多弯路；同时，也可以让我们因为内心的确信而走得更远。

推 荐 序

投资依赖于具体环境。最好的投资宗旨是通用且恒久的，而不是说，你一定要弄清楚今天要做什么，因为这不会给你的投资带来多大帮助。"低买高卖"是放之四海而皆准的投资宗旨，它适用于任何投资环境。不管是在21世纪购买垃圾债券的沃伦·巴菲特，还是在19世纪利用滑铁卢恐慌发横财的罗斯柴尔德，抑或是公元前500年在大宗商品市场上赚大钱的前苏格拉底时代哲学家米利都人泰勒斯，概莫能外。但这个宗旨也未必无懈可击，它的最大问题在于，如果你知道最低价格和最高价格，那么这个建议也就没有意义了。但如果你不知道，同样也用不上它，因为你根本就没有办法实现这个宗旨。

一个投资宗旨越具体，它的使用就越依赖于当下环境及其演变方式。几乎每个投资问题的答案都是相同的：看情况。科技股是好投资吗？在1996—1999年间，绝对是稳赚不赔的好投资，但是在2000年，它们却遭遇有史以来最大的跌幅。

股票一定就是比债券更可取的长期投资吗？视情况而定。如果你所谓的长期投资始于20世纪20年代末并终于40年代末，那么这个问题的答案就是"否"。但如果这个期限是从40年代末延续到60年代末呢？在这种情况下，答案则是"当然"。尽管两个时间跨度是一样的，但结果却是完全不同的。如果一个问题的答案是"看情况"的时候，那么，这个问题就必须结合上下文进行分析了。

正是因为这种环境依赖性，使得很多投资专著可能在面世几周后便销声匿迹。而且投资建议越具体，就会越容易过时。没有人会因为寻找投资方向而去关注华尔街公司上一年发布的投资"战略"。市场对投资书籍的需求同样依赖于当时的情况。在20世纪70年代初期到中期这段时间，有关货币危机的书籍在畅销书榜上名列前茅，进入20世纪80年代初期，关于通货膨胀的话题成为新的时尚，而互联网方面的书籍则刚刚走下神坛。

真正具有永恒价值的投资专著，实际上少之又少。《股票大作手回忆录》就是一本大多数投资者和几乎所有成功交易者都曾读过并受到启发的专著。这本书披露了传奇股票操盘手杰西·利弗莫尔（Jesse Livermore）鲜为人知的故事，作者埃德温·勒菲弗（Edwin Lefèvre）用自己的语言，将利弗莫尔的故事娓娓道来。这本书的价值就在于，它描述了每个投资时代都会反复出现的场景，以及利弗莫尔应对这些场景所采用的策略。他擅长的是识别这些反复出现的场景并从中获利，但他却不善于发现并且也没有认识到，这些貌似相近的场景可能会在本质上有所不同。他既有成功的时候，也有倒霉的时候，最后一次投资亏损让他在荷兰雪梨酒店男卫生间开枪自尽。

另一本精彩的投资书则以书名而非内容而著称。在《客户的游艇在哪里?》一书中，小弗雷德·施韦德（Fred Schwed. Jr）描写了一段有趣的时期，它生动地再现了那个几乎已经消失的世界。

至于能让所有对制定投资策略感兴趣的人在经济上受益的投资书籍，更是凤毛麟角：这些书可以给投资者带来信息、启发和

推荐序

知识,可以在不同时期和不同背景下为读者带来收获,可以加深对当下形势的认识或是提供新洞见。

对价值投资者而言,经典之作当属本杰明·格雷厄姆的《聪明的投资者》。该书首次出版于20世纪40年代后期,这本书在很大程度上是本杰明·格雷厄姆的开创性著作《证券分析》的再现。你可能是一名优秀的投资者,而且从未读过《聪明的投资者》,但如果你有兴趣看这本书,相信你会更出色。格雷厄姆塑造了一代价值投资者的思想,而其中最著名的一位当然就是沃伦·巴菲特。

20世纪70年代中期,我通过亚当·史密斯(Adam Smith)的绝版著作《超级金钱》,首次听说沃伦·巴菲特。这本书是20世纪60年代后期牛市期间顶级畅销书《金钱游戏》的续集。《超级金钱》创作于1969年和1970年出现严重经济衰退,以及宾州中央铁路公司破产之后。这本书在"肯定有人做了正确的事情:大师的训诫"一节中介绍了巴菲特。在介绍格雷厄姆的安全边际和内在价值原则时,这一节以沃伦·巴菲特的投资活动作为例证,当时的巴菲特已成为一个不到40岁的超级富翁。不同于弗雷德·卡尔(Fred Carr)、弗雷德·梅茨(Fred Mates)和蔡至勇(Gerry Tsai)等其他60年代的著名基金管理人,巴菲特避过了这场危机。在过度投机碾压了他认为继续在公开市场所需要的安全边际时,巴菲特解散了自己的合伙企业。

那时的我正值20多岁,当时,马上引起我注意的是巴菲特的初始资本几乎接近于零,但是在39岁解散合伙公司时,他已经拥有了2500万美元的资产。按照亚当·史密斯在《超级金钱》中的说法,巴菲特从朋友和家人那里借到一笔钱,"坐在他的无花果卧室里,通读投资手册……"他买入的是"低调而简单的股票,因为这些股票易于理解,因此,可以留下很多时间陪孩子、打手球或是看着玉米慢慢长大"。这样的投资策略似乎可以让自己无止境地懒惰下去,这听起来的确不错:从一无所有开始,读点东西,买几只股票,等待,然后就变成了富人,到40岁之前可以无所事事。

我读了本杰明·格雷厄姆的《聪明的投资者》,然后便开始四处寻找巴菲特。我从朋友那里筹到一些钱,开始购买股票——都是简单、易懂、市盈率低而且最好有大量硬资产和良好流动比率的公司。总之,我买入的全部是所谓的超级低估值股票,也就是格雷厄姆建议的"net/net"股票。这和尼古拉斯·达瓦斯(Nicholas Darvas)在《我如何在股市上赚200万美元?》一书中提出的方法大同小异,在我的记忆中,这种方法就是在股票价格波动的周围绘制一个框,但我觉得这显然是过度简化的,如果真是这么简单的话,其他人都可以先于我收获超额收益。

其实,我根本就不必这么担心。25年后,投资者似乎没有任何变化,在购买股票时依旧不愿意研究发行股票的公司。自泰勒斯那个时代以来,市场行为几乎没有发生任何变化。大多数人更喜欢买进处于上涨趋势的股票,而不是将会上涨的股票。彼得·林奇(Peter Lynch)曾经常说,和花费1万美元购买股票相比,在购买同样价格的电冰箱之前,人们往往会进行更多的研究。

今天的股票市场规模更大、层次更深,可以给投资者提供更多的选择,价格波动更频繁、迅速,而且随之而来的"噪音"也远远超过以往。市场已趋于大众化和分散化;股票持有者的数量超过以往任何时候，而且政府也无法再像以前那样可以对它不理不睬。

这个市场的所有主题都和价值有关。市场的功能是对资产定价，尽管还存在种种缺陷，尽管人们还没有设计出更完美的系统。价值早已成为热门话题，这种情况不仅是指股票市场，图书市场也一脉相承。

写书的过程一直让我如痴如醉。如果你还没有为大众所熟知，那么在所有投资中，创作绝对是实现经济回报概率最低的项目。幸运的是，罗伯特·哈格斯特朗的文笔就像是我在纽约的餐馆吃农家炸薯条的那种感觉：没法控制。但和我吃薯条不同的是，他强迫你做的事有益无弊。

可以说，《投资的本质》一书是对巴菲特投资策略的完善、更新和扩展。本书既涉及选股，又兼具巴菲特的投资组合管理风格，罗伯特称之为"集中投资"策略。此外，该书还涉及如何认识巴菲特的投资策略，以及如何将投资策略运用于"新经济"等方面的诸多新主题。

对于那些笃信内在价值和安全边际是投资成功关键的投资者而言，最大的挑战之一在于，如何在一个貌似不存在牢固估值标准的环境下使用这些概念。很多旧的规则已不再适用。以前，当债券的收益率超过股票的收益率时，股票的吸引力就会远远不及债券。这种估值标准的有效性一直延续到20世纪50年代末，自此之后，这一标准便彻底失效。以前，市场的账面价值便低，而市场交易价格则是账面价值的两倍甚至更多，但这个规则已不复存在。以前，如果股票收益率跌至3%以下，那么即可认定股票被高估值，同样，这样的规则到20世纪90年代初已不再有效。

罗伯特·哈格斯特朗用有力的论据告诉我们，自己的经验，再加上查理·芒格的推动，促使沃伦·巴菲特的投资理念始终在不断发展。进化始终是一种方法，而不是禀赋。原则永世不变，宗旨始终适用。变化的只是环境和背景。

比尔·米勒

前　言

随着时间的流逝，股票市场的"噪音"也在不断升级。电视评论员、金融撰稿人、分析师和市场策略师相互倾轧、争风吃醋，意在引起投资者的关注。与此同时，个人投资者还沉迷于聊天室和留言板，被各种可疑甚至是误导性的投资技巧所诱惑。但即便如此，投资者还是发现，要在股市上赚钱正在变得越来越困难。有些投资者因为屡败屡战而难以维系。股票价格会毫无理由地飙升，而后又悬崖式地一落千丈，让那些为子女教育和自己退休生活而投资的散户提心吊胆、惊恐万分。这个市场上似乎已看不到任何节奏或理性，唯有愚蠢和疯狂相伴。

而沃伦·巴菲特的投资智慧和技巧建议则彻底超脱了市场的疯狂。在看似有利于投机者而非投资者的环境中，时间一次又一次地表明，沃伦·巴菲特的投资建议已成为数百万亏损投资者寻求庇护的避风港。

多年以来，批评家一直认为，沃伦·巴菲特的个性化投资方法是无法复制的。我并不认同巴菲特的投资方法在强调狂热买卖股票的市场中独一无二，巴菲特的"买入并持有"投资理念也并非反常之举。相反，对那些称只有巴菲特才能兑现"巴菲特投资宗旨"的人，我倒是确有怀疑。

《投资的本质：巴菲特的12个投资宗旨》展示了巴菲特完整的12个投资宗旨，让所有投资者——不管是散户投资者还是专业投资者，都能接受这些方法，并将这些方法为我所用，与此同时，将巴菲特的思想成功地应用到"新经济"中。

为此，我汲取了两本书的精华，并从中提炼出它们的核心原则。这两本书分别是介绍了巴菲特如何分析目标公司和选择股票的《巴菲特之道》，以及如何管理伯克希尔投资组合的《巴菲特的投资组合》。通过贯穿全书的所谓"巴菲特基本原则"，我们将详细阐述以下四个部分的巴菲特投资策略：

（1）像分析企业一样分析股票。
（2）每笔投资都需要一定的安全边际。
（3）管理有重点的投资组合。
（4）规避市场投机行为和情绪的影响。

以此背景为依托，我们将掌握如何把巴菲特投资原则成功应用于他一贯敬而远之的三个领域：高科技、小盘股和海外股票。在第八章中，我们将有机会从更深层次看到，三位成功的投资者如何将沃伦·巴菲特的投资原则运用到各自的专业领域：雷格·梅森价值信托基金的管理者比尔·米勒（Bill Miller）将为我们解释，他如何将巴菲特的方法扩展到高科技领域；韦茨价值基金管理人沃利·韦茨（Wally Weitz）将介绍他如何使用巴菲特的方法投资中小盘股；长叶基金的管理人梅森·霍金斯（Mason Hawkins）将为我们展示，他如何利用巴菲特的原理投资海外企业。

前言

很多人都知道,长期以来,巴菲特对科技股一直采取敬而远之的态度。但是,我们必须意识到,巴菲特之所以不愿投资科技股,并不是说无法分析科技股。正如他在伯克希尔·哈撒韦公司2000年年会上所讲的那样:"不是我们不了解科技企业或是它们的产品。我们之所以不做这个领域的投资,是因为我们无法了解这个领域在10年后的可预测性。"换句话说,阻止巴菲特进入科技领域的,就是这种经济上的不可预测。但这并不妨碍其他人将巴菲特的投资原则成功运用于科技企业。

实际上,我倒是认为,在针对科技公司的很多分析报告中,最缺少的恰恰是从商人的角度去理解公司运营方式、利润实现方式以及在此基础上对科技企业进行估值的方式。正如我们将在投资组合管理相关章节中所看到的那样,弥补一家公司缺乏经济可预测性的一种方法,就是减少这家公司在投资组合中的权重,另一种方法就是对这家公司的投资要求更大的安全边际。归根到底,最关键的一点在于,沃伦·巴菲特的投资原则是投资所有公司的唯一合理方式——不管是科技公司或其他类型的企业。

是否存在"新经济"?尽管有想法的人可能不接受这个命题,但我相信,答案是肯定的。全球经济已从19世纪的农业经济进入20世纪的制造业经济。进入当下的21世纪,我们很容易看到,我们的经济正在迅速向以技术为主导的经济模式转型。从广义上说,"技术"包括诸多不同行业。而在狭义上,高科技是指用安装了软件应用程序的硬件机器处理字节信息,然后将信息字节数传输到全球各地的其他安装了软件应用程序的硬件机器上。简而言之，这种信息的即时传输是一场技术革命，它正在改变整个行业的格局。

此外，"新经济"也对个人投资者的行为产生了重大影响。如今，投资者可以从市场上不计其数的股票中进行选择。他们可以购买昨天还属于风险投资的小盘股，也可以在全球各地的市场上购买外国公司发行的股票。只要愿意，他们当然还可以购买科技股。在"新经济"时代，每个人都可以轻而易举地获得信息，而在不久之前，很多信息还被视为拥有极高的价值和专有性，是只有少数专业投资者才能享有的特权。如此众多的投资者从未如此便捷地获得过如此多的信息。在"新经济"中，个人已不再需要依赖专业投资者。现在，只需点击一下鼠标，投资者即可通过电子方式交易股票。如果有必要的话，我们可以每天调整自己的 401（k）养老金投资计划。

在一个信息无处不在的世界中，稀缺的当然不是信息，而是对信息的理解。信息本身还不足以确保投资成功。最有意义的还是理解如何使用信息来实现预期目标。尽管身处"新经济"这一事实确凿无误，但基本投资规则并未改变。企业仍需建立在利润基础之上，而投资者仍需要通过利润来确定企业价值。从表面上看，沃伦·巴菲特毫不隐瞒不涉足科技公司的观点，这似乎让他远离"新经济"，但如果细细品味，我们就会发现，问题的关键在于，他的投资原则是永恒的。

前 言

沃伦·巴菲特在伯克希尔·哈撒韦公司年度报告中发布的"致股东信"已成为股市教科书。在我职业生涯的早期,它们给我带来了深远的影响。这些信件的合集已成为我所能想象到的、无与伦比的超级投资教科书。

下面是摘自1996年年报中简短而又有说服力的一段话:"身为一名投资者,你的任务就是寻找业务易于理解且收益能力极有可能在未来5~10年内大幅增长的企业,然后以合理的价格买进这家公司的股票。随着时间的推移,你会发现,只有少数公司符合这样的标准,因此,如果能找到这样的公司,那么,你就应该买进足够数量的股票。"

无论可用于投资的资金数量是多少,无论对哪个行业或哪家公司感兴趣,你都不可能找到比这更好的试金石。

罗伯特·哈格斯特朗

目　录

中文版推荐序一　学习巴菲特投资思想
中文版推荐序二　让大师的智慧照耀我们前行
推荐序
前　言

|第一章|非理性人|

一、经验之一：将股票看作企业进行分析　005
二、经验之二：管理好高度集中、低换手率的投资组合　007
三、更合理的业绩标准　010
四、经验之三：认识投资与投机的区别　014
五、寻找模式　016
六、华尔街为什么始终歧视沃伦·巴菲特的集中投资
　　策略　018
七、不同的思维方式　020

|第二章|世界上最伟大的投资者|

一、步入投资殿堂　025
二、巴菲特合伙有限公司　026
三、伯克希尔·哈撒韦公司的早期历史　028

目 录

　　四、保险公司　028

　　五、其他公司组合　035

　　六、伟人及其伟大的公司　045

|第三章| 三位投资大师给巴菲特的教诲|

　　一、本杰明·格雷厄姆　052

　　二、菲利普·费雪　067

　　三、查理·芒格　073

　　四、大师智慧的融合　077

|第四章| 投资的12个永恒宗旨|

　　一、企业宗旨　086

　　二、管理宗旨　091

　　三、财务宗旨　102

　　四、市场宗旨　108

　　五、可口可乐公司　113

　　六、做一个聪明的投资者　129

|第五章| 集中式投资：理论与机制|

　　一、集中式投资：着眼大局　136

　　二、做好计算　141

　　三、现代投资组合理论　157

| 第六章 | 管好你的投资组合：集中式投资策略的挑战 |

　　一、约翰·梅纳德·凯恩斯　172

　　二、查理·芒格的投资合伙公司　175

　　三、红杉基金　177

　　四、娄·辛普森　181

　　五、投资组合的调研样本　184

　　六、衡量投资业绩的更好方法　187

　　七、像懒人那么做的两个好理由　200

　　八、投资警告　205

| 第七章 | 财富的心理效应 |

　　一、真正投资者的气质　210

　　二、行为金融学　216

　　三、旅鼠效应与暴民心态　226

| 第八章 | 机会常见常新，宗旨恒久不变 |

　　一、超越巴菲特　231

　　二、关于科技股　232

　　三、关于中小盘股票　246

　　四、关于海外股票　253

　　五、向最优秀的人学习　263

注　释　267

致　谢　285

第一章 非理性人

45年前，沃伦·巴菲特开启了他的财富管理生涯。凭借非常有限的资本（自己的投资只有100美元），还只有25岁的巴菲特创建了一家投资合伙企业。在家人和几个好友的支持下，巴菲特的合伙公司在成立第一天便开始运行，当时，这家公司拥有10.5万美元资金和7个有限合伙人。

巴菲特为自己设定了一个貌似不可能的目标：以每年超过道琼斯工业平均指数10个百分点的速度实现增长。然而，他取得的结果远不止于此。从1956—1969年，也就是合伙企业解散的那一年，巴菲特公司的年均收益率跑赢道琼斯指数22个百分点。在此过程中，合伙企业还对一家名为伯克希尔·哈撒韦的小型纺织公司取得控股权。在35年的时间里，巴菲特将这家公司的每股账面价值从19美元提高到37987美元，即年复合增长率达到24%。因此，沃伦·巴菲特被评选为20世纪最伟大投资者，自然也就不足为奇了。

在回顾巴菲特的经历时，我们可以发现一些有助于他取得成功的重要经验。他成长于一个充满爱的家庭，父母言传身教的道德准绳充分体现中西部美国人的价值观。巴菲特的父亲是一名股票经纪人，也是美国国会议员，在与客户和公众打交道时，他始终将诚实和正直放在第一位。从年轻时起，巴菲特就是一个浑身散发着企业家精神的人。他很快就学会认识1美元的价值，同样重要的是1美元可以创造的新价值。总之，巴菲特的早期个人经历为他提供了终生的道德指南。

除了这种强大的道德品行基础之外，巴菲特对知识的渴求似乎无穷无尽。在父亲的证券经纪公司里工作时，他如饥似渴地读遍所有能找到的投资类书籍，其中就包括最终成为有史以来最伟大投资专著的作品：本杰明·格雷厄姆的《聪明的投资者》。

但如果把巴菲特的投资成功完全归功于优秀品行和良好教育的结果，那显然还远远不够。在成功的背后，勇气和自信这两个最重要的个性同样不可或缺。巴菲特对父亲和格雷厄姆的教诲笃信不疑，因此，即使在发现自己与华尔街的主流观点背道而驰时，他也从未感到些许的害怕。我们或许把这种品质称之为"聪明的逆势主义"，它是沃伦·巴菲特取得巨大成功的一个重要因素。

萧伯纳曾在其书中写道："理性人让自己适应世界。而非理性人则始终在努力让世界适应自己。因此，一切进步都源自非理性人。"[1] 按这个逻辑，我们是否可以得出沃伦·巴菲特是"非理性人"的结论呢？而这个结论显然意味着，他的投资方法代表了金融世界的进步，当然，这也是我强烈主张的假设。因为我们审视"理性"人的最新成就，最多也只能称其为平淡无奇，甚至完全可以称之为一场灾难。

在1973—1974年熊市之后，美国经济曾经历过数次艰难时期。直到1981年，我们才得以摆脱高通胀和高利率的束缚，从而为新一轮牛市奠定了基础。但这并非头一遭！在过去的20年中，我们已目睹了道琼斯工业平均指数从1000点一路上涨至超过10000点。

在这段不同凡响的增值时期，另一个有趣的趋势就是散户投资活动和持股水平的提高。通过使用个人退休金账户（IRA）、独立操作的"401（k）"养老金计划、折扣经纪人和电子化交易，个人在管理自我财务方面扮演了更积极主动的角色。由此带来的结果，就是让大部分金融资产和财务决策不断脱离专业投资者。

但这绝不意味着专业投资者已开始无所事事。相反，他们一直忙于设计程序化交易、杠杆收购、衍生证券和指数期货。他们以令人炫目的速度推出数百只对冲基金。而这些基金也逐渐显示出惊人的威力，它们让金融市场震颤不已，让外汇市场跌宕起伏，甚至让整个国家的经济陷入危机四伏的境地。一场"看谁能设计出更复杂策略"的游戏在你追我赶中，以近乎疯狂的速度将金融市场推向不归路，它们在最短时间内创造出最高收益的同时，也让很多投资者惊慌失措。

如今，不同基金经理之间的差异在无声无息之间悄然泯灭。基本面研究在计算机发出的闪耀炫目的光芒中黯然失色。暗箱操作已逐渐取代管理层采访和公司调查，程序化运行也让位于投资者最宝贵的直觉。结果不难预测：更专业的基金经理让我们拥有的金融证券进一步摆脱这些证券所代表的企业。因此，普通投资者也越来越倾向于"自己动手丰衣足食"的方式也就不足为奇了。同样可以预见的是，被动型指数基金投资也开始越来越受欢迎。在大多数基金经理无力为客户账户创造增值的情况下，主动型资金管理当然被越来越多地视为"附属"策略，在大盘股指数策略的映衬下显得微不足道。

在过去的几十年里，基金经理曾尝试过很多不同的投资方法：小盘股投资、大盘股投资、成长型投资、价值投资、动量投资、主题投资和板块转移等。在某些时候，这些投资策略的盈利能力都曾得到证明，而在困境中，它们也都曾让投资者欲罢不能。

但巴菲特显然是个例外。他很少遭遇过业绩陷阱。在过去的45年中，他的投资始终表现出令人咋舌的收益能力。而让他的投资更显得出类拔萃的是，尽管市场风云变幻，但他的投资策略却显示出以不变应万变的过人之处。随着时间的流逝，其他投资者和投机者在市场风潮中随波逐流，并开始应用诸多玄妙莫测的投资策略。而巴菲特始终如一的常识性方法，却为他创造出数十亿美元的财富。

巴菲特是如何做到的呢？

在研究巴菲特的成功并将他的方法与其他大多数投资者进行比较时，我们很容易提炼出三个方面的关键差异。而且这些差异全部与巴菲特的投资方法有关：

（1）对股票的分析。
（2）对投资组合的管理。
（3）对股票市场的认知。

一、经验之一：将股票看作企业进行分析

巴菲特在投资时，看到的不只是股票本身，而是股票所代表的企业。在分析一只股票时，他会马上掠过股价，转而开始分析企业的属性。他要对目标公司按其企业宗旨、管理宗旨和财务宗旨一一比较，这些宗旨构成其投资分析技术的核心（见下文）。在此基础上，他可以计算出企业的价值是多少。在他看来，必须在企业价值的基础上去评判公司的股价。

而大多数投资者只会一门心思地盯住股价。他们会花费太多的时间和精力去跟踪、评价和预测股票价格的变化，但却很少愿意花时间去研究企业和它们的业务。即使是在确实有必要评估股票的价值时，这些投资者往往也只是依赖于单一因素的估值模型，如市盈率、账面价值和红利收益率等。然而，正如我们即将看到的那样，这些简单的指标根本不足以说明公司价值。

我相信这是一个关键变量，它肯定有助于解释巴菲特在投资

领域取得的伟大成就。大多数人只关注股价因素，而巴菲特分析的是商业因素。

凭借结合独一无二的商业管理经验，巴菲特拥有了让其他投资者难以比肩的优势。在拥有和管理各种企业的同时，巴菲特还投资普通股，这让他获得了投资市场的第一手实战经验。在实业投资中，巴菲特既有成功的收获，也有失败的教训，但更重要的在于，他把这个过程中学到的东西成功运用到股票市场。

其他专业投资者却没有机会体验这样的自我教育。当他们忙于研究资产定价模型、Beta 系数和现代投资组合理论时，巴菲特则在钻研其公司的利润表、资产负债表、资本的再投资要求以及现金创造能力。

这种来自直接经验的洞见只能来自于亲身实践。正如巴菲特本人所言："你真能解释清楚一条鱼在陆地上行走的感觉吗？即使你谈论一千年，也说不清一条鱼如何能在陆地上行走一天，而经营一家企业的一天，就足以给你带来这样的价值。"[2]

拥有和经营企业给巴菲特带来的优势是显而易见的。但我并不是建议投资者要成功使用沃伦·巴菲特的这一投资原则，即首先必须拥有和管理一家企业。对所有投资者而言，无论是否曾经管理过一家企业，最重要的大事就是必须像管理企业那样去认识股票。

> **将股票看作企业**
>
> 在认识一家公司的财务状况时，就像你明天就要接任这家公司的首席执行官一样，在此基础上，再去研究它的股票价格。

巴菲特坚信，无论是投资者还是商人都应该以相同的视角和方法去认识企业，因为两者在本质上是相同的。商人想购买的是整个公司，而投资者的目标则是拥有一家公司的部分权利。如果你想知道商人在收购一家公司时的想法，最有可能得到的回答是："这家公司能创造多少现金？"财务理论认为，随着时间的流逝，公司价值与其现金创造能力之间存在着直接的关联性。因此，从理论上讲，商人和投资者应该研究相同的变量。

巴菲特曾说过："我们认为，投资类专业的学生只需学习两门课程，即如何对企业进行估值，以及如何认识一家公司的市场价格。"[3]

对任何想追随沃伦·巴菲特投资宗旨的人来说，必须接受的第一步，而且也是最重要的一步，就是把股票当成企业那样去考虑。巴菲特说："每当查理·芒格和我为伯克希尔·哈撒韦公司买入普通股时，我们都会像收购一家私人非上市公司那样去看待这笔交易。我们会着眼于这家公司的经济前景、公司的主要管理者和我们需要支付的价格。"

二、经验之二：管理好高度集中、低换手率的投资组合

1996年，著名生物学家、作家、洋基棒球队的铁杆球迷斯蒂芬·杰·古尔德（Stephen Jay Gould）出版了《生命的壮阔：从柏拉图到达尔文》一书。生活的复杂本质让古尔德如痴如醉，于是他开始深入研究不同系统的演变。在这本具有启蒙价值的著作中，他还谈到了美国职棒大联盟中击球成功率40%的上限问题。

根据美国职棒大联盟的数据，人们发现，在1901—1930年的30年期间，有9个赛季出现了至少一名球员击球成功率超过40%的情况。但是在随后的68年里，却只有一名球员完成了这一具有里程碑式的壮举：1941年，泰德·威廉姆斯（Ted Williams)的击球成功率达到了 40.6%。

从这些统计数据中,我们可以得出如下结论:从长期看,球员的击球能力出现了下降。但古尔德则希望我们认识到统计数据有被误读的可能性。

他认为是另一股力量在发挥作用。球员的击球能力并没有发生下降,而是大联盟球队的防守能力出现了整体上的改善。也就是说,投手的投球技术更复杂,外野手的捕球技术更精湛,而且球队面对强击球的防守技术和能力已大大提高。作为一名科学家,古尔德对此做出了如下的解释:"随着攻守两方面技术的改善,反映击球成功的钟形正态分布曲线开始向右移动,代表变异率的右底部必然会缩短。也就是说,随着攻守双方技术的改善,达到 40% 的击球成功率也变得更困难。"[4]

彼得·伯恩斯坦(Peter L. Bernstein)不仅是《投资组合管理》杂志的创始人兼主编,还出版了两本具有创世纪意义的金融学巨作——《投资革命:源自象牙塔的华尔街理论》和《与天为敌:风险探索传奇》。他采纳了古尔德的观点,他认为 40% 的击球成功率这一命题同样适用于投资组合的管理。伯恩斯坦说:"通过股票投资组合管理者的业绩数据,我们可以找到与棒球比赛结果惊人相似的模式。"[5] 伯恩斯坦的理由是,专业基金经理之所以无法取得超过平均水平的业绩,是投资管理教育和知识水平不断提高带来的结果。随着更多投资者在投资能力上的不断改进,少数超级明星取得创纪录业绩的概率已越来越小。

这是一个非常有趣的类比。如果按照这个观点走下去,我们即可得出这样的结论:随着信息更全面、更聪明的投资者越来越多,沃伦·巴菲特这样的重量级"击球手"将逐渐被有效市场完全取代。事实也证明了伯恩斯坦的观点,他指出:和标准普尔500指数相比,伯克希尔·哈撒韦公司在20世纪60年代到70年代的业绩要好于80年代和90年代。但笔者却有不同的看法:考虑到当今股市的竞争已更加激烈,而且伯克希尔·哈撒韦的资本基础也更加巨大,因此这两个因素导致比较的基础不再成立,而沃伦·巴菲特仍是拥有40%命中率的投资大师。

在一篇名为"哎,去年创造40%击球命中率的明星如今何在?"的文章中,伯恩斯坦刻意在业绩分析中留下了一个悬念,给读者留下一扇远观投资世界的窗户。他在文中写道:要成为拥有40%击球命中率的明星级投资者,投资组合管理者就必须"心甘情愿地去进行这种集中式投资,因为这是实现超额收益目标不可或缺的前提"。[6]在我看来,所谓的"集中式投资",就是要建立一个由不超过20只股票构成的集中式组合。但永远不要担心,伯恩斯坦所说的跟踪误差和高标准差风险会阻止投资组合管理者建立集中式组合。但事实依旧未曾改变:集中式投资组合最有可能跑赢市场平均收益率,并提供只有40%击球成功率的超级明星才能实现的"超额收益"。

毫不奇怪,如果我们推开伯恩斯坦留下的窗户,一览投资世界,那么我们会看到谁呢?当然是这些伟大的金融思想家:约翰·梅纳德·凯恩斯、菲利普·费雪、沃伦·巴菲特、查理·芒格、娄·辛普森和比尔·鲁恩(即威廉·鲁恩,比尔是其昵称),我们将在下文中与他们近距离接触。就像一个年轻的新秀会专心观摩特德·威廉姆斯的一举一动,研究这些拥有40%击球命中率的明星,认真解析他们的击球姿势和挥杆动作,我们也可以学到很多东西。正如巴菲特曾经说过的那样:"生活的关键,就是要弄清谁会成为蝙蝠侠。"[7]

> 击出本垒打的最佳方法：不要挥杆击打每一个来球，耐心等待机会最好的那个球，一击命中。
>
> * * *
>
> 跑赢大盘的最佳方法：不要在手里囤积数百只股票，耐心等待最有可能带来超额回报的几只股票。

一个投资者到底应该拥有多少只股票呢？巴菲特会告诉你，这个答案取决于你的投资方式。如果你具有分析和评估企业价值的能力，那么你完全不需要持有太多的股票。作为企业的买家，没有法律要求你一定要持有所有主要行业的股票。此外，要达到适当的投资分散化程度，也不需要在投资组合中纳入40、50或是100只股票。甚至现代金融力量的忠实信徒也已经发现，就平均水平而言，"一个拥有15只股票的投资组合即可达到既定多样化水平的85%，而一个拥有30只股票的投资组合，也只是将多样化程度提高到95%。"[8]

巴菲特认为：唯一需要广泛多样化的就是那些不了解自己在做什么的投资者。如果"一无所知"的投资者想要拥有普通股，那么他们就应拥有大量股票，并随时间的推移不断增加组合中的股票数量。[9]换句话说，他们应通过指数基金进行投资，从而将成本在陆续买进的股票上进行分摊。巴菲特指出：实际上，指数投资者的现实业绩会让大多数专业投资者自叹不如。他指出："自相矛盾的是，当'愚昧'的金钱认识到自己的极限之后，它就不再愚昧了。"[10]

三、更合理的业绩标准

如果说，采纳巴菲特的投资策略只需改变观点即可，那么或许会有更多投资者追随巴菲特。但遗憾的是，要采用巴菲特的投资策略，不仅需要在观念上发生转变，还要调整投资业绩的评价标准和体现方式。

衡量投资业绩的传统标准是价格波动，即最初买入股票时支付的价格与当期市场价格的差额。从长期看，市场价格的变动应接近于企业价值的变化。但是从短期上看，市场价格则是围绕公司价值上下浮动的。价格波动取决于企业增长之外的其他因素。但问题在于，大多数投资者会使用短期价格波动来衡量投资方法的成败。遗憾的是，这些短期价格波动往往与企业经济价值的变化无关，但却与其他投资者行为的预期息息相关。

此外，专业投资者需要按客户的要求按季度披露业绩。在等待投资组合的价格按某个预定比率出现上涨之前，客户往往会变得焦虑不安。如果始终没有看到短期业绩出现预期增长，客户就会对专业投资者的能力感到不满，并提出质疑。因此，专业投资者很清楚，他们必须改善投资组合的短期业绩，否则就会有失去客户的风险。在这种情况下，他们沉迷于追逐股价自然是情理之中的事情。

巴菲特认为：用短期价格判断一家公司的成功纯属愚蠢之举。相反，他需要公司通过其经济增长来传递企业价值的信息。因此，巴菲特每年都要分析几个与增长相关的基本指标，包括净资产收益率和营业利润率的变化、债务水平、资本性支出需求，尤其是公司现金收益的增长。如果这些经济指标不断改善，那么他就可以认为，从长远看，股价应反映出这种业绩的改善。换句话说，短期内的股价波动不能说明任何问题。

> ＊＊＊
> 不要通过股票价格的短期波动来判断一家公司的成功，而是应考虑企业的基本面。

使用经济指标作为业绩衡量标准的问题在于，以这种方式传递业绩信息尚未成为惯例。跟踪价格已成为客户和专业投资者的思维定势。股票市场发布的价格每天都在变化。客户的账户对账单则反映每月的股价变化，而专业投资者的业绩也是依据这个标准并按季度进行衡量的。而解决这个难题的对策，或许就在于巴菲特提到的透视收益概念。巴菲特对此的解释是，企业所有者的目标，就是建立一个能在10年内创造出最高透视收益的公司投资组合。

在建立投资组合时，以透视收益的增长取代价格变动，成为考量组合收益能力的第一标准，因此很多问题都会迎刃而解。首先，你不太可能仅仅因为有了利润就卖掉组合中最好的公司。具有讽刺意味的是，只有在公司管理者关注自己的公司运营时，才会理解到这一点。对此，巴菲特的解释是："当母公司旗下的子公司拥有超强的长期经济基本面时，无论价格如何，都不太可能出售该子公司。"[11]一个希望增加企业价值的首席执行官绝不会出售公司皇冠上的宝石。然而，按照类似"只要还赚钱就不能破产"这样的逻辑，这位首席执行官也会出于冲动而卖出投资组合中的公司。巴菲特对此给出的解释是："我个人认为，所有适用于公司的道理也适用于股票：即使是只持有一家优秀公司的少数股票，投资者也应该展现出所有权人在拥有公司全部股权时所拥有的执着和韧性。"[12]

> 把自己看作公司组合的所有者，而不是股票组合的拥有者。

第一章 非理性人

如果你管理的是一个公司组合，那么你不仅需要避免卖掉这个组合最赚钱的公司，还要在选择准备收购的新公司时倍加谨慎。作为公司组合的管理者，你必须抵挡住各种诱惑，决不能仅仅因为拥有充足的现金储备，就去收购还在盈亏边缘徘徊的企业。如果公司不能符合我们的投资标准，那么就必须学会忍痛割爱。一定要耐心等待，直到等来理想的目标。千万不要这样想：没有买卖，就没有进步，这是错误的。在巴菲特看来，要在一生中做出几百个明智的决策确实实在太困难了。他宁愿守住现有的投资组合，这样，他只需做出几个正确的决策即可赚钱。

泰·科布（Ty Cobb）曾说过："泰德·威廉姆斯看到的投球球比任何人都要多，但他仍追求击球的完美。"高度的自律性或许可以解释，威廉姆斯为什么能成为过去70年里唯一达到40%击球成功率的击球手。沃伦·巴菲特是泰德·威廉姆斯最忠实的粉丝，他曾在多个场合向伯克希尔的股东谈及威廉姆斯的自律精神。威廉姆斯在《击球科学》一书中解释了自己的击球技术。他将击球区划分为77个单元，每个单元相当于一个棒球的大小。巴菲特说："威廉姆斯很清楚，只有在最有利于自己的'最佳'单元上击球，才能让他的击球成功率达到40%。而在'最不利'的单元，或者说击球区下部的边缘位置，他的击球成功率会减少到只有23%。"[13]

威廉姆斯的击球技术在投资领域的借鉴意义显而易见。对巴菲特而言，投资就是一系列的"企业"推介，因此，要实现超过平均水平的业绩，他就必须等到目标公司横穿"击球区"，进入最有利于他的单元。巴菲特认为：投资者经常会做出拙劣的挥棒击球动作，从而让他们的业绩大受影响。这或许不是因为投资者在看到好企业时没能及时做出高质量的"击球"，而是因为投资者无法抗拒轻易做出挥棒击球动作的事实。

不要试图在低点和超过击球范围的位置上出手击球,要学会等待最适合自己的机会。威廉姆斯宁愿冒着三振出局的风险,也要等待自己最顺手的投球。在这方面,巴菲特认为投资者应该可以更轻松一点。与威廉姆斯不同的是,"如果我们站在击球区里连续放弃三次击球机会,也不会因此而被淘汰出局。"[14]

四、 经验之三: 认识投资与投机的区别

投资者与投机者之间到底有什么区别呢?这场古老而恒久的辩论依旧鏖战正酣,论战双方实力相当、不分伯仲。包括约翰·梅纳德·凯恩斯、本杰明·格雷厄姆和沃伦·巴菲特等在内堪称伟大的金融思想家,都曾在阐述投资与投机的差异方面发表了观点。

凯恩斯认为:"投资是一项对资产在其寿命期内收益进行预测的活动,而投机则是一种预测市场心理的活动。"[15]对格雷厄姆而言:"投资是一项在全面分析的基础上承诺为投资者带来本金安全和满足收益的活动,而不符合此要求的则是投机性的。"[16]巴菲特的观点是:"如果你是投资者,就应该研究资产也就是我们所说的公司变现能力如何;如果你是投机者,最重要的工作就是预测价格走势如何,而无须考虑公司。"[17]

但是就总体而言,他们都赞同这样一种观点:投机者痴迷猜测未来的价格,而投资者则专注于基础资产,因为投资者很清楚,未来的价格与资产的经营业绩紧密相关。如果认可这些投资大师的观点,那么主宰当今金融市场的大部分活动似乎更趋于投

机习惯活动，而不是投资。

也许我们一直在以错误的观点看待这个问题。不过，我们没有必要为了什么是投资、什么是投机而闹得不可开交，而是应该更多地去关注两者背后的知识元素。[18]

我们开始对企业运营方式以及股价行为方式取得越来越多、越来越深入的了解；我们开始逐渐认识到，相对于高度分散的投资组合，集中式投资组合会创造出打败指数基金的最佳机会；我们开始不断体会到，高周转率的投资组合会增加我们投资成本，而低周转率的投资组合则会增加投资的潜在收益——在这个过程中，我逐渐认识到，我们已开始为创建集中投资策略奠定基础。同样重要的是，当我们开始认识到，预测股市未来行为在概率上几乎接近于零的时候，自然会质疑任何企图从股价预期变化中谋取收益的投机策略。

对于查理·芒格始终强调的人类错判心理（这也是我们将在第七章中做充分讨论的一个话题），一旦我们认识到它所带来的不良后果，就可以避免很多愚蠢的错误。投资心理非常重要，芒格在这方面为所有投资者提供了中肯的建议，他始终坚持，我们必须高度关注投资中的心理问题。虽然我们可以在经济方面做出正确的判断，对未来事件的发生概率做出合理的预测，但如果我们让情绪凌驾于理性判断之上，那么任何投资方法都无济于事，集中投资策略也不例外。

归根到底，我们必须要牢记的是，集中投资策略并不适合所有人。它是一种特有的投资风格，往往不同于大多数人对投资的认识。查理·芒格认为："每个人都需要按照自己的边际效用因素进行投资，并且要采取适合自身心态的方法。如果亏损会使你痛苦不堪、难以承受，而有些亏损确实又不可避免，那么对你来说，更明智的策略就是采用高度保守的投资方法，并把储蓄作为你的终生理财模式。"[19]

巴菲特与芒格的观点不谋而合。在巴菲特看来，只要坚持长期投资导向，集中投资策略的风险才会"成为你可以控制的风险——它取决于你是否有能力始终把握企业的真实基本面，而不会过分关注起伏不定的股票市场。"[20]

五、 寻找模式

乔治·约翰逊（George Johnson）在《心灵之火》一书中写道："我们所采取的思维模式，注定会指引我们找到某种真实或者虚幻的模式，但这显然有悖于基础无序的观点。"[2]这句话也充分地揭示了所有投资者面临的两难困境。约翰逊认为：人的思维渴望发现某种模式。因为模式会给我们带来秩序，有了秩序，我们就可以规划和利用自己的资源。

我们都知道，沃伦·巴菲特一直在寻求模式——或者说，在分析企业时可以发现的趋势和规律。此外，在某个时点，某些模式将揭示出股票价格的未来走势。当然，尽管股价走势不会一步不离地跟随模式的每次变化，但只要你的投资时间跨度足够长，股价走势和模式之间便会呈现出高度的匹配性。

但太多的投资者则是到错误的地方去寻求模式。他们坚信，可以通过某种可预测的模式衡量股票市场的短期价格变动。但他们显然是错的，因为根本就找不到可用来猜测股票市场未来走势的预测模式。在股市上，任何一个具体模式都不会再现。但即便如此,这些投资者们依旧在乐此不疲地寻寻觅觅。

在一个缺乏模式识别的世界里,投资者该如何应对呢?唯有在合理的地方、合理的层级上去寻找。在整体层面上,经济和市场太大、太复杂,以至于我们无从预测未来股价走势如何,但是在公司这个层面上,我们却可以找到可识别的模式。而在每个公司的内部,则存在着某种具体的企业模式、管理模式和财务模式。

在大多数情况下,通过研究这些模式,我们就有可能根据相关公司的未来表现做出合乎逻辑的预测。沃伦·巴菲特关注的是这个层面上的模式,而不是数百万投资者不可预测的行为模式。他说:"我发现,和由心理因素觉得的估值相比,由基本面要素决定的估值更易于评估。"[22]

> 始终要认识到投资与投机之间的区别,并坚守永不跨越分界线的原则。

我们可以肯定的一件事是,知识有助于增加投资收益率并降低整体风险。我相信我们还可以证明,知识也是界定投资与投机之间差异的基本要素。归根到底,你的知识水平越高,你的思维和行动受制于纯粹猜测的概率就越低。

作为一名才华横溢的财经作家,罗恩·切尔诺(Ron Chernow)曾指出:"金融体系是社会价值的反映。"[23]我认为这个观点在很大程度上是正确的。我们似乎经常会对价值观做出错误的判定,以至于让市场受制于投机势力。但是,我们很快会自我调整,并继续原有的理财之路,而后再次跌倒——周而复始,直至最终陷入破坏性习惯而不能自拔。阻止这种恶性循环的一种方法,就是要让自己知道,什么是可行的,什么是不可行的。

早在职业生涯的初期，沃伦·巴菲特就已经对投资和投机做出了理性的区分。他的成功不仅在于认识到投资与投机之间的区别，还在于永远不越雷池一步的高度自律精神。

六、 华尔街为什么始终歧视沃伦·巴菲特的集中投资策略

几个方面的原因，导致资金管理行业已逐渐成为沃伦·巴菲特的对立面。令人难以理解的是，在一个成功可复制的行业中，尽管集中投资的方法已让从业者赚得盆满钵满，华尔街似乎一直在想方设法地刻意贬低这种投资策略。考虑到巴菲特取得的业绩有据可循，而且这种方法又非常简单，因此我们必须提出的问题是：既然如此，不管是专业投资者还是散户，为什么没有更多的投资者愿意采纳巴菲特的投资策略呢？

我认为答案是两方面的。一方面，这个结果与整个社会处理新鲜思想的方式有关；另一方面，又和对变化的接受或抵制程度有关。对于前者，托马斯·库恩（Thomas Kuhn）的观点最有说服力。

库恩于1996年去世，他最初是一位物理学家，后来转行成为哲学家。他在1962年出版的巨著《科学革命的结构》，被公认为是20世纪下半叶最有响力的哲学著作之一，甚至可以说是独一无二的教科书级作品。这本书的销量已超过100万册。库恩在书中描述了他的科学进化论，并推出范式这个概念以及今天耳熟能详的一个经典词汇：范式转移。

库恩认为：科学进步并非总是一帆风顺的。有的时候，进步是由危机触发的：通过危机，推倒当下主流模型或范式的知识结

构,并重新建立起全新的模型或范式。历史为我们提供的示例比比皆是。这里不妨以两个事件为例:哥白尼带来的革命就是以日心说取代地心说思想,而爱因斯坦的一般相对论则推翻了欧几里得的几何学。对此,库恩做出的解释是,对于这两个例子,在发生范式转移之前,都要经历一个危机时期。有人认为,当前学术界在高度分散型投资组合和集中式投资组合问题上喋喋不休的争论,就属于这样的危机。

我们或许可以认为,在今天的世界里,科学家会欣然接受新的甚至完全颠倒历史矛盾的信息,然后在此基础上,共同致力于构建新的范式。但库恩说,这样的想法往往是一厢情愿的,事实与此相去甚远。他在书中指出:"尽管他们(当前范式的拥护者)可能已对旧的范式失去信心,并开始考虑新的替代者,但他们绝不会公开和导致他们陷入危机的范式宣布决裂。"[24]相反,他们会顽固不化地坚守旧的范式,毕竟,作为个体,他们曾在旧的范式上投入了大量的智力资本。接受新事物就等于承认他们的失败,他们不愿意承担这样的风险。

在投资者的个人层面上,同样存在这样的逻辑。无论是作为个人还是集体,我们都会习惯于用某一种方式去思考投资,我们当然不会对改变感兴趣,特别是这种改变需要我们去等待回报的话,改变就更让人难以接受了。我们早已被投机活动的特有属性所迷惑:每个人都希望能一蹴而就,每个人都希望能一夜暴富。我们都希望能在今天看到结果,而不是等到明天。

根据库恩的说法,范式转移的第一步是引入非常态事件。多年来,学者一直试图将巴菲特解释为投资领域的一种异常现象,或是统计学家所说的"5-西格码"事件。他们认为:巴菲特太过于与众不同了，以至于他的成功很少能出现在别人身上，即便是被他人复制，也完全是一种偶然情况。一些经济学家则使用了经典的黑猩猩类比实验，即只要你让足够数量的黑猩猩去选择股票，从统计学上说，其中必然会有一只黑猩猩能像巴菲特那样挑选出赚钱的股票。但如果真是这样的话，我们又该如何解释约翰·梅纳德·凯恩斯、菲利普·费雪、查理·芒格、娄·辛普森和比尔·鲁恩等投资大师的成功呢？

七、 不同的思维方式

在过去的几年中，我有幸学习了沃伦·巴菲特和查理·芒格的投资策略，并据此出版了几本专著。此外，我还有机会对集中投资策略以及管理集中式组合的第一手经验进行了初步研究。自1995年雷格·梅森集中信托基金成立以来，我就一直是该基金的管理人，这为我在集中式投资组合管理方面提供了宝贵的实战经验。通过这么多年与股东、客户、咨询师、分析师、其他组合管理者和金融媒体人进行的互动，我逐渐了解到，采用集中策略的投资者所处的环境与投资行业的主流环境截然不同。一个最简单的事实是：他们有着不同的投资理念。

查理·芒格将这种思维模型比作一个坚实的金属格栅，这个隐喻让我茅塞顿开。[25]1995年，在南加州大学商学院吉尔福德·巴布科克（Guilford Babcock）教授为学生主办的投资研讨会上，芒格发表了一次题为"投资专长乃人类普世智慧之分支"的演讲，演说的文字版被《杰出投资者文摘》收录。这次活动让芒格特别感兴趣，因为活动始终围绕着一个他认为特别重要的主题：人如何对万事万物或是他所说的"普世智慧"取得真正认识。

简单地堆砌和引用事实及数字，并不能体现出人类的智慧。芒格认为：智慧更多的是体现为如何调整事实并将不同事实结合到一起。在他看来，获得智慧的唯一方法，就是能将生活经验接受各种心理模型的检验。他解释说："你必须在自己的脑海里有这些模型，而且还需要将各种直接或间接的经验排列组合到这个格栅上。"[26]

因此，按照芒格的说法，投资者需要掌握的第一条规则，就是必须在你的脑海中建立各种模型。你不仅需要建立多个模型，还需要从多学科的角度去解读这些模型。他解释说："要在投资上取得成就，投资者就必须以跨学科思维去思考问题。"

芒格指出：这种方法会让你有别于其他所有投资者，因为在大多数人的思维中，他们对这个世界的认识并不是多维的。商务学教授往往不会在授课中讲授物理学，物理学教授不会讲生物学，生物学教授不会讲数学，数学教授也不会讲心理学。但芒格认为：我们必须淡化并忽略这些"不同知识领域之间的理论界限"，将所有模型纳入我们的心理格栅设计中。

芒格说："我认为，人类的大脑必须在这个模型中运行，这是一个不可否认的事实。而成功的奥秘就是让你的大脑比其他人的大脑更高效地运行，因为只有这样，它才理解最基本的模型，即让这个格栅上的每个格子都能各司其职、各尽其用。"[27]

对我而言，有一点是很清楚的——如果局限于当下流行的任何一种模型或投资文化环境内，都不能让集中式投资的优势发挥到极致。因此，要充分享受集中投资带来的全部收益，我们就必须让自己的思维接受更多的概念和更多的模型。除非你了解依赖心理学建立的行为模型，否则你永远都不会对自己的投资感到满意。如果不掌握统计概率模型，你就永远也不知道该如何优化投资组合。

当然，这无须穷尽所有学科和一切领域。芒格解释说："你不必成为这其中每个领域的明星级专家。你唯一需要做的，就是做一个名副其实的多面手，尽早去学习，而且还要学好。"[28]芒格指出：在这个修炼过程中，最令人兴奋的是，一旦若干模型相互融合并形成合力，你就可以洞见一切可能性。

集中投资者最需要全面深入掌握的一个模型，就是适用于选股和管理投资组合的模型。在本书的随后各章中，我们将为读者介绍这些模型。然后，我们只需用一些简单的模型即可掌握所需要的技能。但我们的学习之路并不孤单，因为沃伦·巴菲特和查理·芒格的智慧始终在指引前程，因为伯克希尔·哈撒韦公司所积累的丰富经验始终在我们保驾护航。通常，这两个人的远见卓识不仅让他们自己成为被人们顶礼膜拜的大师，也为他们的组织带来了收益和荣耀。在他们看来，伯克希尔·哈撒韦是一个"鲜有伟大思想可以做到的、传输理性思想体系的教育型企业。"[29]

查理·芒格说："从根本上说，伯克希尔是一个非常传统的地方，而且我们也始终在不遗余力保持这种状态。当然，我不是说传统就等于愚蠢。相反，我的意思是说，我们始终在坚持永恒的思想：最基础的数学、最基本的常识、最本能的恐惧以及对人性最基本的诊断，从而对人的行为做出各种困难的预测。如果你能以一定的自律性做到这些，那么我认为你就有可能取得成功。"[30]

第二章 世界上最伟大的投资者

每年《福布斯》杂志都会评选出最富有的 400 名美国人,也就是人们所说的"福布斯美国 400 富豪榜"。随着个人财富的变化以及行业的兴衰更替,排行榜的入选者每年都在变化。但仍有少数人年复一年地在这个排行榜上名列前茅。他们的财富来自产品(计算机软件或硬件)、服务(零售)或是幸运的家族关系(继承)。而常年排在前五名中的富豪中,只有一位是通过精明的投资而富有的。这个人就是沃伦·巴菲特。

在 20 世纪 90 年代初期,巴菲特一直排名首位。但是在随后的几年里,他和一个叫比尔·盖茨的年轻人包揽了前两名,并为争夺首富宝座展开了拉锯战。即使在 2000 年——在这一年,"福布斯美国 400 富豪榜"名单中的人所拥有的财富大多数来自技术领域的飞速发展,巴菲特依旧对高科技笑而不谈,但他仍然牢牢守住了第四位的位置,在富豪榜的前五名当中,他是唯一在"财富来源"一栏中填写"股票市场"的富豪。

1956 年,巴菲特以 100 美元创建了他的投资合伙企业,13 年后,他套现 2500 万美元。在撰写本书时(2000 年年末),他的个人净资产已超过 300 亿美元,而其控股公司的股票则是按每股 71300 美元的价格进行交易的,实际上,全球数百万投资者对他的每一句话都会洗耳恭听。

至于他在股市投资方面取得的无与伦比的业绩,美谈可谓无处不在。1999 年年底,一家顶级金融咨询公司邀请专业投资者评选 20 世纪最佳资金管理者。答案似乎完全在人们的意料之中:在 300 位参与者中,有 86.4% 的人将选票投给了沃伦·巴菲特。[1]

然而,要全面了解沃伦·巴菲特,我们还需到财富、业绩和声誉以外的世界去寻找线索。

一、步入投资殿堂

沃伦·爱德华·巴菲特（Warren Edward Buffett）1930年8月30日出生于内布拉斯加州的奥马哈市。他的祖父拥有一家杂货店（而且曾雇用过年轻时代的查理·芒格），他的父亲是当地的股票经纪人。沃伦·巴菲特从小就一直对数字很着迷，他可以轻松完成复杂的脑算。在8岁那年，巴菲特开始阅读父亲收集的股市书籍。11岁那年，在父亲工作的证券经纪公司，巴菲特就已经在黑板上抄写股票价格行情。巴菲特在青年时期曾经历了一系列的创业活动，面对接踵而来的成功时，还在读大学的巴菲特甚至告诉父亲，他想退学去直接创业。但他的想法马上被父亲拒绝了。

巴菲特曾在内布拉斯加大学商学院就读，在这里，他阅读了一位哥伦比亚大学商学院投资学教授的新书，这个人就是本杰明·格雷厄姆，而这本书的名字是《聪明的投资者》。当时，巴菲特对格雷厄姆的观点非常感兴趣，于是，他申请进入哥伦比亚大学商学院，这样，他就有机会直接向格雷厄姆求教了。后来红杉基金联合创始人之一的比尔·鲁恩（Bill Ruane）也在这个班级。回忆起那段时光，比尔说，格雷厄姆和巴菲特之间似乎有一种相见恨晚的感觉，那是一种心理和精神层面的化学反应，班上的其他学生几乎都成了他们两人的听众。[2]

在巴菲特从哥伦比亚大学获得经济学硕士学位后不久，格雷厄姆便邀请他的这位得意门生加入自己的公司——格雷厄姆-纽曼公司。在这家公司任职的两年期间,巴菲特完全沉醉于导师所推行的投资方式。1956 年,格雷厄姆-纽曼公司宣布解散,当时的格雷厄姆已经 61 岁,他决定正式退休。于是,巴菲特回到奥马哈。凭借格雷厄姆传授的知识,家人和朋友的资金支持,以及手头拥有的 100 美元现金,巴菲特开办了自己的投资合伙有限公司。这时的巴菲特只有 25 岁。

二、 巴菲特合伙有限公司

巴菲特合伙有限公司最初有 7 位有限合伙人,他们共同出资了 10.5 万美元。有限合伙人每年按各自的出资取得 6% 的起始收益。当投资收益率超过 6% 时,超过部分的 75% 归除巴菲特以外的其他 6 位合伙人,剩下的 25% 归巴菲特所有。巴菲特担任公司的一般合伙人,按规定有权自由支配合伙有限公司的资金。

在接下来的 13 年中,巴菲特公司的资金实现了 29.5% 的年复合收益率。[3]这可不是一件容易的事。尽管道琼斯工业平均指数在其中的 5 年内出现了下跌,但巴菲特合伙有限公司的利润率在此期间从未出现过下降。实际上,在创办这家合伙有限公司时,巴菲特就已经立下了雄心壮志:每年的收益率都要超过道琼斯指数 10 个百分点。他确实做到了,但不是超过 10 个百分点,而是 22 个百分点!

随着巴菲特声名鹊起,越来越多的人希望能把钱交给他打理。1962 年,巴菲特将合伙有限公司的办公地点从自己的家搬到奥马哈的基威特广场,从此之后,他的办公室就一直在这里。

第二年,他完成了一笔令人震惊的收购。

受客户丑闻的牵连,美国运通的股价在一夜之间便从65美元跌至35美元。巴菲特早已经通过本杰明·格雷厄姆的投资课程深谙这个道理:当一家实力雄厚公司的股票价格低于内在价值时,就应该果断出手买进。于是,巴菲特做出了一个大胆的决定,以1300万美元(相当于合伙有限公司总资产的40%)的价格买入美国运通股票。在接下来的两年中,这只股票的市场价格翻了三倍,合伙有限公司凭这笔投资获得了相当可观的2000万美元的利润。这就是纯粹的格雷厄姆式投资,也是纯粹的巴菲特式投资。

在随后的几年中,除了在几家大公司持有数量不菲的少数股权之外,巴菲特还收购了几家上市和非上市公司的控股权。1962年,巴菲特开始收购另一家陷入困境的纺织企业,伯克希尔·哈撒韦股份公司的股票。

1969年,巴菲特决定终止投资合伙有限公司,他对此做出的解释是:他发现市场投机气氛非常浓厚,而物有所值的股票越来越稀缺。因此,在合伙有限公司解散时,所有投资者都获得了相应的收益。其中,部分投资者在巴菲特的推荐下,将资金转移给比尔·鲁恩。

鲁恩接受了这些新客户的资金,而红杉基金也就此诞生。而包括巴菲特在内的投资者,则将来自合伙有限公司的分配收入投资伯克希尔·哈撒韦公司。到此为止,巴菲特在合伙有限公司中的资金已增加到2500万美元,这笔钱足以让他控制伯克希尔·哈撒韦公司。

三、伯克希尔·哈撒韦公司的早期历史

当巴菲特的合伙有限公司对伯克希尔·哈撒韦公司实现控股时,这家公司的股东权益总额已缩水了一半,经营亏损更是超过1000万美元。管理这家纺织公司的巴菲特和肯·切斯(Ken Chace)全力以赴试图让陷入危机的纺织公司起死回生。但结果却令人失望,股本收益率勉强达到两位数。到20世纪70年代后期,伯克希尔·哈撒韦公司的股东开始质疑,让巴菲特继续维持对这家纺织公司的投资是否明智。当时,通过现金收益的再投资,巴菲特的投资已经扩展到其他行业。又经历了数年的煎熬之后,巴菲特于1985年7月关闭了伯克希尔·哈撒韦纺织公司,也为这家公司100年的历史画上了句号。

尽管这家纺织公司走到了尽头,但这段经历还算不上完败。首先,巴菲特从中领悟到公司转型的一个经验:转型很少能成功。其次,这家纺织公司在最初几年确实创造了不菲的资金,帮助巴菲特购买了一家保险公司,而这注定会演绎一个更加值得期待的故事。

四、保险公司

1967年3月,伯克希尔·哈撒韦公司斥资860万美元,购买了总部位于奥马哈的两家保险公司流通股:国民保险公司和国民火灾海上保险公司。这才是伯克希尔·哈撒韦传奇成功历史的开端。作为纺织企业的伯克希尔·哈撒韦公司已不复存在,但作为

一家从事投资业务的伯克希尔·哈撒韦即将展翅高飞。要欣赏这部精彩绝伦的大戏，我们首先需要认识到拥有一家保险公司所带来的价值。购买保险公司有时确实是一笔好投资，但有时并不尽然。

但毋庸置疑的是，保险公司永远是绝佳的投资工具。保单持有人支付的保费，为公司提供了稳定的现金流。在客户提出索赔之前，保险公司可以将这笔现金（称为"浮存金"）用于投资。由于发生索赔的具体时间无从预测，因此保险公司通常会选择投资流动性较高的有价证券，主要是股票和债券。在这种情况下，沃伦·巴菲特不仅拥有两家相对健康的企业，还借此取得了管理投资的有力武器。

对于像巴菲特这种经验丰富的股票投资者来说，这简直就是一个无与伦比的绝配。在他的管理下，在短短的两年时间内，两家保险公司持有的股票和债券投资组合市值从3190万美元增加到近4200万美元。与此同时，保险业务本身也取得了良好的业绩。仅仅在一年之内，国民保险公司的净利润便从160万美元增加到220万美元。巴菲特在保险公司上的初战告捷，促使他开启了大刀阔斧的扩展之路。在20世纪70年代，巴菲特又相继收购了三家保险公司，并另外组建了五家保险公司。

巴菲特对保险公司的理解独树一帜，他的视角有别于大多数人。巴菲特的成功也在很大程度上缘于他对保险业具有大宗商品性质的认识，而将特许经营纳入保险公司业务的开创性设计，更是让他的成功之旅大大提速。在从事大宗商品业务的公司中，任何一家的产品均与竞争对手的产品不可区分，因此获得市场份额的最常见方法，就是降低产品价格。其他公司宁愿按低于经营成本的价格出售保单，也不愿冒失去市场份额的风险。巴菲特坚持认为：伯克希尔的保险业务永远不会陷入无利可图的境遇。

但巴菲特不愿意在价格上展开竞争，相反，他试图以另外两种方式打造伯克希尔保险公司的差异性。第一种差异化方式是靠资金实力。此时，按净资产计算，伯克希尔已成为美国第二大财险/意外险企业，仅次于政府农场保险公司。此外，伯克希尔·哈撒韦公司的投资组合与保费总额的比率也达到行业平均值的三倍。

第二种差异化方式体现在巴菲特的承保理念上。他的目标很简单：只要价格合理，就一定要尽可能地增加保单销售量。如果价格太低，他更愿意减少销售量。这也是创始人杰克·林格沃尔特（Jack Ringwalt）灌输给国民保险公司的理念，而伯克希尔从未从动摇过这一保险原则。巴菲特的方法就像是保险业的稳定器。

当竞争对手因刚刚经历的亏损而感到恐惧并就此在市场上销声匿迹时，伯克希尔·哈撒韦公司却凭借合理的价格成为稳定的保险供应商。在整个20世纪90年代，保险业经历了一段异常艰难的时期：残酷的价格竞争、持续的承保亏损和不良投资相互叠加，共同造成了当时的极端动荡的局面。但正如我们即将看到的那样，巴菲特却并未因此而受到阻碍。

1. 盖可保险公司

早在哥伦比亚大学商学院读书时，巴菲特第一次了解到盖可保险公司（GEICO，全称为政府雇员保险公司）。他的导师格雷厄姆是盖可保险公司的董事会主席。在巴菲特的传说中，一个有趣的片段就是这个青年学生在星期六早上造访公司办公室的故事，今天，这已成为一段投资者耳熟能详的佳话。他敲开盖可保险公司办公室的大门，门卫让他进来。在随后的五个小时里，当天唯一上班的公司员工向他讲述了保险业务的来龙去脉。这个人就是洛里默尔·戴维森（Lorimer Davidson），后来成为该公司的首席执行官。戴维森讲述的东西，深深地吸引了巴菲特。

盖可保险公司的创建基础就是几个简单但具有革命性的概念：如果你仅为有良好驾驶记录的人提供保险，那么你遭受的索赔自然会减少；如果你向客户直接出售保险而不通过代理商，你承受的间接成本就会降低。

回到奥马哈的家中，巴菲特开始为父亲的证券经纪公司工作，当时，年纪轻轻的沃伦·巴菲特为一份金融杂志撰写了关于盖可保险公司的报告。巴菲特指出："我们完全有理由相信，大幅增长即将出现在眼前。"[4]巴菲特本人向公司投入了10282美元，并在之后以50%的利润率卖出了这批股份。此后，他还一直关注这家公司。

在20世纪整个50年代和60年代，盖可保险公司进入了蓬勃发展的时期，但后来便陷入低谷。多年来，公司一直试图以低价策略和放宽投保审核资格的方式扩大客户规模。此后，公司连续两年严重低估需要达到的准备金限额（用于支付保险索赔的准备金）。由于这些错误带来的综合影响，到70年代中期，这家曾经辉煌的公司几乎陷入破产的境地。

1976年，盖可保险公司的股票价格从61美元跌至2美元，此时，沃伦·巴菲特开始买进。在随后的五年时间里，他始终坚信，这是一家实力雄厚的公司，而且它是基础竞争优势始终没有发挥出来的公司，正是基于这样的信念，巴菲特对盖可保险公司的投资达到了4570万美元。

进入第二年，也就是1977年，公司便扭亏为盈。在接下来的20年时间里，盖可保险公司的承保率除第一年之外均为正数，这意味着，公司每年收取的保费超过当年支付的索赔额。在保险行业中，承保率不仅不是例外，而且已形成规则，相比之下，盖可保险公司的业绩几乎是闻所未闻的。超额的浮存金为盖可保险公司提供了巨大的可投资资金，而且因为有了娄·辛普森（Lou Simpson）这样一位优秀的资金管理者，这些资源实现了巨大升值。我们将在第六章中再次谈到娄·辛普森。

到了1991年，伯克希尔已持有盖可保险公司近一半的股份（48%）。保险公司令人瞠目结舌的业绩以及巴菲特在公司中的股份都在持续增长。1994年，伯克希尔就盖可保险公司的全盘收购正式展开。一年之后，交易开始。当时，伯克希尔已持有盖可保险公司51%的股份，按交易约定，伯克希尔同意以23亿美元的价格收购该公司的剩余股份。在这个时候，大多数保险公司还在为盈利苦苦挣扎，而大多数投资者也对保险企业避之不及。到了1996年年初，此次收购的全部文书工作宣告完成，此时，盖可保险公司正式成为伯克希尔·哈撒韦的全资子公司，并在独立于伯克希尔旗下其他保险资产的情况下自主经营。

巴菲特对盖可保险公司基本经营理念的执着和信任，最终给他带来了丰厚的回报。从1996年到1999年，公司的市场份额从2.7%增加到4.1%。仅在1999年，客户数量就增长了766256人，并通过营业利润和浮存金形式为公司带来了5.9亿美元的现金。随着利润率的提高，投保人与公司签约的存续时间更长，使得盖可保险公司可以集中精力与客户建立长期关系，每个客户平均每年需缴纳1100美元的保费，而且大多数客户均保持着良好的驾驶记录，这就形成了一个利润与客户数量之间的良性循环。正如巴菲特指出的那样，这个逻辑的经济学原理很简单："让现金流入，而不让现金流出。"[5]

在1976年入资盖可保险公司的时候，公司股价还只有可怜巴巴的每股2美元，而在1996年收购公司剩余全部股份时，巴菲特支付的价格已接近每股70美元。在他看来，盖可保险公司是一家潜力无限、与众不同的企业，因而值得付出这么高的代价。如果你想得到最好的公司，那就必须在有机会的时候甘愿付出代价，从这个角度来看，巴菲特深受他的合伙人查理·芒格的影响，我们将在下一章中介绍芒格的投资智慧。

考虑到他们之间高度密切的合作关系，因此可以肯定的一点是，芒格对伯克希尔20世纪90年代的保险业务决策有着巨大的发言权。

2. 通用再保险公司

1996年，巴菲特以23亿美元的价格取得盖可保险公司其余的股份，至此，他已将这家公司全部纳入伯克希尔的麾下。两年后，他又以160亿美元的价格收购了一家名为通用再保险（General Re Corporation）的公司，这笔金额相当于伯克希尔·哈撒韦股票价值的足足7倍。[6]这是他到此为止最大的一笔收购。

当时，再保险还是保险行业中一个不为大众所熟知的分支业务，因为它的服务并不涉及人们熟悉的寿险、房产保险或汽车险等产品。用最简单的话说，再保险公司就是为其他保险公司提供保险业务的企业。通过与保险公司就保费和亏损的分摊方式签署再保险合约，再保险公司就可以承担初始投保公司风险的一定比例。这就减少原始保险公司承担的风险，降低对运营资本的需求，进而减少了亏损率。

从再保险公司角度看，它们将在原始保险公司的保费中分得一杯羹，并视需要使用这笔保费资金进行投资。在通用再保险公司，最主要的投资对象就是债券。正如我们稍后将会看到的那样，这也是巴菲特看好该公司的一个重要战略考量。

就在伯克希尔收购通用再保险公司之后，这家公司便经历了历史上最糟糕的一个年份。1999年，自然灾害（澳大利亚的一场大冰雹、土耳其的地震以及欧洲一些国家的毁灭性暴风雨）、历史上最大的房屋火灾（损失达2000万美元）和一部举世瞩目的电影遭受滑铁卢（公司为这部电影的票房收入提供保险），导致通用再保险支付了巨额赔偿。但更糟糕的是，通用再保险属于一个由多家保险公司和再保险公司组成的集团公司，工人欠薪问题导致这些公司纷纷遭遇法律诉讼，并在连续两年（1998年和1999年）内支付了约2.75亿美元左右的赔偿。

众所周知，巴菲特对投资一贯采取长期视角。通用再保险本身所拥有的市场，尤其是在财务上与伯克希尔·哈撒韦公司的优势相互匹配，由此给这笔收购带来了协同效应，这将大大提升两家公司的长期愿景。正如巴菲特在合并消息的新闻发布会上所言："我们正在创建自己的'诺克斯堡'。"[7]

当巴菲特收购通用再保险的时候，公司拥有大约190亿美元的债券、50亿美元的股票和150亿美元的浮存金。由于收购（及其债券投资组合）的支付对价使用的是伯克希尔公司的股票，因此巴菲特就以一步到位的方式，将伯克希尔·哈撒韦的总体持股比例从80%调整为60%。按照美国国税局在1998年年底的规定，此次合并不涉及任何资本利得，这就意味着，他设法"卖掉"了伯克希尔近20%的股权，从而在基本免税的情况下巧妙规避了这段价格波动最剧烈的时期。

合并之后的唯一重大员工调整，就是裁减了通用再保险的投资部门。这个由大约150人组成的部门负责确定公司资金的投资去向，这些人全部被一个人取代——沃伦·巴菲特。

巴菲特不断提醒公司股东：财务稳健和财政责任将对伯克希尔·哈撒韦公司的命运产生重大影响。这在伯克希尔的保险公司中最为明显——伯克希尔·哈撒韦的保险控股集团由28家独立公司组成，其中包括盖可保险公司、通用再保险公司（每家又设有很多子公司）以及两家由巴菲特在奥马哈创建的公司。因此，毫不奇怪，巴菲特以一贯开诚布公的方式指出："我们的主要业务是保险。"[8]

凭借超常的财务实力，伯克希尔让旗下的保险公司在行业内脱颖而出。因此，我们可以说，巴菲特在财务上给伯克希尔的保险公司带来信誉，给他们创造出一种原本只属于大宗商品企业的特许经营权。

五、其他公司组合

走到尽头，我们应该把伯克希尔·哈撒韦公司理解为一家控股公司。除保险公司之外，伯克希尔·哈撒韦还拥有一家报业公司、一家糖果公司、一家冰淇淋/汉堡连锁店、数家家具店、一家地毯制造公司、一家油漆公司、一家建筑材料公司、一家为企业提供按时计费的私人飞机的公司、一家珠宝店、一家百科全书出版公司、一家吸尘器公司、一家电力公司、几家制鞋公司以及一家制服制造销售公司。

其中的部分公司，尤其是刚刚被收购的公司，也是以典型"巴菲特方式"发现的钻石级公司：也让他在伯克希尔·哈撒韦公司的年度报告中为它们大做广告。

巴菲特的选择标准很简单：业务简单，易于理解，具有稳定的盈利能力，良好的净资产收益率，很少的债务，以及健康的管理。他对规模在50亿~200亿美元的公司尤为感兴趣，在这个范围内，规模越大越好。他对需要重整的不良企业、敌意收购或要价暂未确定的试探性收购基本没什么兴趣。面对被收购兑现，他始终坚持完全保密和迅速回应的原则。

在伯克希尔·哈撒韦公司的年度报告以及致公司股东的信中，他经常以这样的方式介绍自己的收购策略："这是非常科学的。查理和我干脆就坐在一起等电话响。有的时候，也会等来一个对方拨错号码的电话。"[9]

但他的策略显然是有效的。通过年度报告的公开披露以及现有伯克希尔公司管理人员的推荐，巴菲特确实将一批优秀企业成功地网罗到麾下。在本章里，我们会简要介绍其中的五笔收购。

至于巴菲特如何收购这些业务领域不同的企业，这本身就是一个很有趣的故事。但更重要的或许是，这些故事将为我们了解巴菲特认识企业的方式提供宝贵的洞见。在评估一家公司是否会成为潜在收购目标的时候，巴菲特始终坚持为伯克希尔·哈撒韦的投资组合选择投资股票所采用的标准，这一点应该不足为奇。

第二章 世界上最伟大的投资者

1. 喜诗糖果

1921年，71岁的老奶奶玛丽·西（Mary See）在洛杉矶开了一家小小的喜诗糖果店（See's），出售她按自己的配方制作的巧克力糖果。在他的儿子查尔斯及其他合伙人的资助下，这家糖果店逐渐成长为一家遍布加利福尼亚州南部和北部的小连锁企业。这家糖果店不仅成功地熬过了"大萧条"，又挺过了第二次世界大战期间的"糖料配给"，它之所以能躲过一次次的危机，并在激烈的竞争中幸存下来，竟然是凭借着一种一成不变的策略：绝不在产品质量上做丝毫妥协。

大约50年后，喜诗糖果已成为美国西海岸糖果连锁店的佼佼者，玛丽·西的继承人也已经准备好进入人生的下一段旅程。30年前加入公司的查克·哈金斯（Chuck Huggins）接受家族使命，寻找最佳的买家和协调公司出售事宜。虽然有几家有意者打来电话，但最后都不了了之。

这时，沃伦·巴菲特出现了。1971年年末，蓝筹印花公司的投资顾问建议收购喜诗糖果，当时，伯克希尔·哈撒韦已成为这家公司的大股东。仅仅是在快速浏览了喜诗糖果的财务数据之后，巴菲特便准备出手收购。

尽管最初的报价是4000万美元，但考虑到喜诗糖果拥有1000万美元的现金，因此，实际的净报价只有3000万美元。巴菲特的出价为2500万美元，卖家欣然接受。1972年年初，在合伙人查理·芒格的鼓励下，巴菲特最终以3倍于账面价值的价格买下了这家公司。这也是对格雷厄姆投资哲学的第一个重大偏离——按照格雷厄姆的观点，只有被低估的资产才是值得收购的,也就是说,收购价格应低于公司净资产的账面价值。查理·芒格后来解释说:"这是我们第一次为购买质量而付费。"[10]

十年后,有人为收购喜诗糖果而向巴菲特出价1.25亿美元,足足相当于1972年收购价格的5倍。但巴菲特断然拒绝了,这显然是一个明智的决定。在1972—1999年,在几乎没有投入任何追加资本的情况下,糖果店以醒目的黑白色调以及带有玛丽·西头像的标识,创造了8.57亿美元的税前收入。1999年,这家公司的税前营业利润达到7300万美元,营业利润率达到历史新高24%。[11]

巴菲特将成功全部归结于喜诗糖果的首席执行官查克·哈金斯。"在完成收购的当天,查理和我就让他负责公司的运营,他对产品质量和友善服务有近乎狂热的一贯追求,确实让客户、员工和公司股东受益匪浅。查克每年都在让公司进步。在他46岁开始掌管喜诗糖果时,如果用百万美元表示的话,公司税前利润大约就是他年龄的10%,如今,他已经74岁了,但这个比例也已经提高到100%。在发现这种数学关系式之后,我们干脆称之为"哈金斯定律",我一想到查克的生日,就感到心花怒放。"[12]

2. 内布拉斯加州家具店

内布拉斯加州家具店(NFM)位于巴菲特的家乡奥马哈,是美国最大的单体家具店,占地面积达到120万平方英尺。

这家店创建于1937年。罗斯·布鲁姆金(Rose Blumkin)是一位俄罗斯移民,以前曾在自己的地下室向朋友和邻居出售家具,后来她拿出500美元开设了一家小店。从一开始,她的经营策略就非常简单明了:"便宜卖,说实话。"这个策略确实很有效。

在多年垂涎这家家具店取得的成功之后,沃伦·巴菲特终于在 1983 年的某一天来到这家家具店,要求和店主谈一谈。被人们称为"B 夫人"的布鲁姆金后来是这样回忆这次谈话的:

"他说,'今天是我的生日,我想买下你的家具店。你准备要多少钱?'我告诉他,想要 6000 万美元。他走了,马上就拿着一张支票回来了。"[13]

后来,布鲁姆金希望能给家族留下家具店 20% 的股份,因此巴菲特最终以 5500 万美元的价格取得了 80% 的股份。B 夫人的儿子路易及其他三个儿子留下来,继续管理这家家具店。但作为董事会主席的 B 夫人仍坚守阵地:担当企业的核心。

在巴菲特收购内布拉斯加家具店时,B 夫人已经 90 岁,但她仍坚持每天工作。六年后,因为扩大卖场地毯部门的计划与家人闹翻后,她突然辞职,并在街道对面直接开设了另一家家具店,和内布拉斯加州家具店直接展开竞争。三年后,伯克希尔再次收购她的新店面。此时的 B 夫人已 99 岁。于是,她立即返回内布拉斯加州家具店,开始了每周工作 60 个小时的惯例——她会坐在电动高尔夫球车上到仓库里巡视,这可吓坏了销售人员,她觉得销售员在偷懒,于是直接从后面撞向了他们。

B 夫人于 1998 年 8 月去世,享年 104 岁。尽管从未上过学,也从未学习过读写英语,但布鲁姆金绝对是一个不折不扣的女强人,她就像一台永不停止的发动机。她建立了自己的企业,在出售给巴菲特的时候,这个企业的年销售额已达到 1 亿美元。

即使在作为竞争对手的那些年里,巴菲特对 B 夫人的钦佩也从未受到影响。他不止一次指出:只要跟着 B 夫人几个月,商学院的学生就可以学到比研究生院多得多的东西。

3. 波仙珠宝店

就在 B 夫人从俄罗斯移民后的不久,她的父母和五个兄弟姐妹也随之而来。罗斯最小的妹妹丽贝卡嫁给了路易斯·弗里德曼,1948 年,夫妻俩在奥马哈收购了一家小珠宝店。弗里德曼先生的儿子艾克于 1950 年加入这家企业。最终,艾克将企业交给了他的儿子艾伦和两个侄子,唐纳德·耶鲁和马文·科恩。弗里德曼家族始终保持着企业最初的名称:波仙珠宝店(Borsheim's)。

布鲁姆金在家具行业成功的秘诀,同样可以解释弗里德曼家族在珠宝行业中取得的成功:"便宜卖,说实话。"就像最初的家具大卖场一样,波仙珠宝店的营业面积也非常大。因此,波仙的费用比率要比大多数竞争对手低一点。波仙珠宝店拥有非常大的销售量,而且购买力极强。公司对费用高度重视,大多数周日可以得到 2500 人的平均客流量,而在旺季则可以轻松突破 4000 人,这些优势构成了弗里德曼家族的成功秘诀。

和内布拉斯加州家具店相似的是,波仙珠宝店的市场份额也扩大到奥马哈以外。一些客户甚至驱车数百英里到波仙珠宝店购物。此外,公司还拥有强大的邮购业务,这都有助于将运营成本保持在收入总额 18% 的较低水平上,而大多数竞争对手的这个比例为 40%。通过降低成本,波仙珠宝店能以低价格出售产品,进而扩大了市场份额。按照巴菲特的说法,除了纽约市的蒂芙尼店面以外,在奥马哈波仙珠宝店的业务总额要超过美国任何一家珠宝店。

至于巴菲特是如何收购波仙珠宝店的，坊间流传着这样的故事：1988年12月的圣诞节购物节间，巴菲特在奥马哈的波仙珠宝店随便看一枚戒指，当时，艾克·弗里德曼的侄子唐纳德·耶鲁（后来成为波仙珠宝店的首席执行官）发现看到了这位大名鼎鼎的顾客。"别把戒指卖给他。"他喊道，"把店卖给他算了！"[14]

几个月后，巴菲特询问这家珠宝店是否确实准备出售。随后，双方在艾克·弗里德曼的家里进行了两次简短的会面，最后，在巴菲特的办公室进行的最后一次简短会谈后，双方达成出售协议，收购价估计超过6000万美元。

出席这两次会议的唐纳德·耶鲁描述了当时的谈判过程："谈话的实质性部分其实只有十分钟。他向我们提出了五个问题，然后就给艾克提出了报价。后来，我们三个人又在巴菲特的办公室里会面，艾克和沃伦握手达成一致。合同非常简单，似乎签名还要比合同长一点。"[15]

巴菲特的五个问题是：

(1) 销售额是多少？
(2) 毛利是多少？
(3) 费用是多少？
(4) 存货包括什么？
(5) 你们是否愿意待下去？

在任何情况下，巴菲特都会询问公司的现有债务水平，但这次他很清楚，波仙珠宝店没有任何债务。

4. 斯科特·费策尔公司

斯科特·费策尔公司（Scott & Fetzer Company）是一家有22

个独立公司的集团公司,其中包括生产真空吸尘器的柯比公司(Kirby)、世界大百科全书出版公司(World Book Encyclopedias)、从事锅炉燃烧器、集水器、发电和污水泵业务的韦恩公司(Wayne)以及从事空气压缩机制造、气动工具和喷漆系统的坎贝尔·豪斯菲尔德公司(Campbell Hausfeld)。斯科特·费策尔公司总部位于俄亥俄州的韦斯特莱克市,由拉尔夫·舒伊(Ralph Schey)管理。

1986年1月,巴菲特以3.15亿美元现金收购了斯科特·费策尔公司的业务。这也是当时伯克希尔最大的企业收购案之一。但在此之后,这次购买带来的收益甚至巴菲特都没有想到。公司不仅减少了对固定资产和存货的投入,而且在负债极低的情况下实现了高收益率。实际上,根据巴菲特的计算,如果按净资产收益率排名,斯科特·费策尔可以轻而易举地跻身"财富500强"的前1%。

在斯科特·费策尔的旗下,各家公司生产了一系列貌似深奥甚至可以说是无聊的工业产品,但他们的唯一成果,就是为伯克希尔·哈撒韦公司赚来的利润。以1998年为例,公司凭借1.12亿美元的净资产实现了创纪录的9650万美元的税后收入,而且没有任何负债!

> 寻找能以最低债务创造最高资产收益率的公司。

5. 商务机租赁公司

只要是长期关注沃伦·巴菲特的人,就应该听说过伯克希尔·哈撒韦公司的企业公务机,这架飞机被命名为"站不住脚"号(The Indefensible)。巴菲特曾考虑把这架飞机命名为"查理·芒格"号,以向芒格致敬,因为芒格始终拒绝乘坐这架飞机。而巴菲特对这件奢侈品青睐有加,以至于在出售这架飞机时,投资者均不敢大肆评论,给出的解释是——巴菲特肯定找到了更好的东西。

的确如此,这是一家名为商务机租赁公司(EJA)的企业及其私人飞机的分时所有权项目——该项目被称为奈特捷(NetJets)。这是公司首席执行官里奇·桑图利(Rich Santulli)呕心沥血的结晶,这位拥有数学教育背景的管理者以前曾是高盛租赁业务的负责人。离开高盛后,桑图利利用自己的工作经验,成立了一家飞机租赁公司。1984年,他的租赁公司收购了另一家名为商务机租赁公司的企业。这家企业由一位退休空军军官在20年之前创建,此时正面临严重的经营危机。它为桑图利兑现长期以来的想法提供了一个基地。

对于商业航空公司,商务旅客需要为普通服务支付高昂的价格,而在同样的情况下,休闲旅客支付的机票费用则要低得多。在当时,唯一能解决这个问题的方案,就是直接拥有或租赁私人飞机,但这个方案的费用只有少数人能负担得起,如果再考虑这些飞机在地面上的花费,成本之高可想而知。按照桑图利的想法,客户购买商务飞机的部分股份,并根据持有的股份每年享有一定的飞行小时数,从而让个人和企业客户以较低成本享受私人飞机的使用权。

利用自己的数学知识,桑图利进行了全面而深入的成本分析,并计算出需要多少架飞机和飞行员,才能保证所有权人在提前四小时通知的情况下即可使用飞机。1986年,奈特捷项目正式开始运营。后来曾有人评论说,桑图利开创了一个全新的产业。

在20世纪90年代初期的经济衰退期间，奈特捷项目也经历了一段艰难的历程，但依旧实现了稳步增长。随后，在1995年，经伯克希尔旗下一家公司管理人的介绍，巴菲特了解到这家公司，并立即意识到这个运营概念的优势。他购买了豪客1000型飞机1/4的股份。在接下来的三年中，巴菲特曾公开赞扬了这个经营理念、公司及其创始人。他甚至卖掉了此时确实已站不住脚的"站不住脚"号商务机。

1995年，桑图利开始为打开欧洲市场寻找新的资金来源，将公司的部分股权出售给了他的前雇主高盛集团。三年后，高盛开始向桑图利施加压力，要求公司公开上市。尽管桑图利对上市丝毫不感到兴奋，但上市融到的资金确实可以帮助他购买更多的飞机，聘请更多的飞行员。于是，桑图利向他的一位股东征求意见。

"您怎么看这件事？"他问沃伦·巴菲特。

巴菲特回答："好吧，如果我买下这家公司，你觉得怎么样？"[16]

就这样，巴菲特以7.25亿美元的价格收购了商务机租赁公司，他非常有信心地预测，该行业将在接下来的十年中将出现井喷式增长。商务机租赁公司以前曾是唯一提供分时部分所有权的企业，现在其他公司随之而来。但凭借75%的市场份额，商务机租赁公司依旧主导着这个它自己创造的行业。

巴菲特对这个概念的数学逻辑尤其感兴趣。客户对商务机享有所有权，使得公司的原始资本投入较低。在这种情况下，即便只是中等的营业利润率，也可为股东带来可观的净资产收益率。伯克希尔·哈撒韦公司得到的是不菲的特许权使用费，并利用这些收入实施进一步的扩张计划。

在被巴菲特收购之后，商务机租赁公司便立即成为伯克希尔·哈撒韦公司增长最快的部门。此时，它面临的最大问题就是获取足够的飞机来满足不断增长的业务需求。在1999年伯克希尔·哈撒韦公司的年度报告中，巴菲特曾写道："现在，我们的订单约占全球商务机交货量的8%，我们希望能进一步提高这个比重。虽然商务机租赁公司在1999年增加的供给量有限，但作为固定的营收，每个月固定管理费和按飞行小时数缴交的管理费之和仍增长了46%。"[17]

六、伟人及其伟大的公司

要形容沃伦·巴菲特这个人并不容易。他在外表上丝毫没有过人之处，完全是一个普通的老爷爷形象。但是在智慧上，他几乎已成为天才的代名词，即便如此，他和普通人之间的关系却并不复杂。他是一个简单、直白、坦率和诚恳的人。在他的身上，干练机智和平易近人的幽默巧妙地融为一体。他对一切合乎逻辑的事物都怀有崇高敬意，对一切卑鄙的行为不屑一顾。他喜欢简单，讨厌复杂。

阅读一下伯克希尔·哈撒韦公司的年报，你就会发现巴菲特对《圣经》、约翰·梅纳德·凯恩斯或是梅·韦斯特（Mae West）等人观点的引用信手拈来、恰到好处。每一份报告有60～70页，但却包含了巨大的信息量：其中没有图片，也没有图表。只有那些有高度自律的人，才会从第一页开始，一页不漏、一气呵成地读完报告，当然，也只有这样才能体会到巴菲特对财务的敏锐性，以及他的风趣幽默和淳朴诚实。巴菲特的言辞非常坦诚。他会在报告中强调伯克希尔·哈撒韦公司在业务上的优势和劣势。他坚信，所有持有伯克希尔·哈撒韦公司股票的人，都是公司的主人，而且他会站在股东的立场上，为他们提供尽可能多的信息。

作为巴菲特所领导的企业，伯克希尔·哈撒韦也体现了他的人格魅力、经营理念和独一无二的风格。只要看看伯克希尔，我们就可以看到巴菲特的基本人生原则。在考察准备收购的目标公司时，巴菲特所寻找的全部特质都体现他自己的公司中。在这个方面，我们还会看到，巴菲特的哲学也体现在一些不寻常但却让人耳目一新的企业政策中。最有代表性的两个例子就是指定慈善机构的计划和薪酬激励计划。

高管薪酬已成为股东与管理层之间爆发利益冲突的一个重要源头。高管人员的年薪可以轻而易举地超过100万美元。除了高昂的固定薪酬之外，上市公司的高管往往还可以获得按固定价格兑现的股票期权激励，这种激励计划通常与公司收益挂钩，但却很少与高管的工作业绩关联。

这显然与巴菲特的观点背道而驰。他认为：如果不加区分地发行股票期权，业绩低于平均水平的管理者也会得到按理说应该由业绩优异者享有的奖励。在巴菲特看来，即使你的团队赢得了冠军，你在签约时，也不会按相同的待遇对待击球成功率分别为15%和35%的击球手。

在伯克希尔，巴菲特采用的薪酬制度是为了奖励管理人员的绩效。这种奖励与企业的规模、个人的年龄或是伯克希尔·哈撒韦的整体利润无关。在巴菲特看来，无论伯克希尔·哈撒韦的股价是上涨还是下跌，业绩优异的部分都应该得到奖励。相反，高管人员的薪酬取决于他们能否成功实现与相关职责领域的主要绩效目标。一些管理者会因为销售额增加而获得奖励,另一些管理者则会因为压缩开支或减少资本性支出而取得报酬。到了年底,巴菲特不会给管理者发放股票期权,而是以支票直接兑现奖励。有的时候,奖励之高会令人瞠目结舌。

最能代表巴菲特独一无二的做事风格的一个侧面,或许就是伯克希尔·哈撒韦公司指定慈善捐款的方式了。伯克希尔的善款使用计划名为股东指定计划。股东可以根据自己所持股份的比例,指定伯克希尔·哈撒韦公司慈善捐款的接受者。在大多数公司中,有高管和董事会成员直接确定接受公司捐款的慈善机构。通常,他们会选择自己中意的慈善机构,而提供捐款的股东本人却没能参与这个决策过程。巴菲特对这样的捐款做法持否定态度。他说:"当 A 把 B 的钱交给 C 时,如果 A 是立法者,那这个过程就应该被征税。但如果 A 是一家公司的高级管理人员或董事时,这个过程就应该被称之为慈善。"[18]

而在伯克希尔,则是由股东根据自己的持股比例,为慈善资金中的相应部分指定慈善机构,然后由伯克希尔埋单。1981 年,也就是执行该计划的第一年,伯克希尔向 675 家慈善机构提供了 170 万美元的慈善捐款。1999 年,公司为 3850 家慈善机构提供了超过 1700 万美元的慈善捐款。在这 19 年当中,伯克希尔为股东指定慈善机构提供的捐款总额超过 1.47 亿美元。

当然,在伯克希尔·哈撒韦公司无数令人赞不绝口的管理成就中,这只是其中小小的一个部分。在巴菲特掌管伯克希尔·哈撒韦的时候,公司的净资产为 2200 万美元。35 年后,这个数字已增长到 690 亿美元,其中的 200 亿美元来自通用再保险公司。长期以来,巴菲特的目标始终是保证伯克希尔·哈撒韦公司的账面价值以 15% 的年增长率实现成长，这个速度远高于美国企业的平均收益率。自巴菲特在 1964 年取得对伯克希尔·哈撒韦公司的控股权以来，公司的收益能力已大大提高：每股账面价值从 19 美元增长到 37987 美元，年复合增长率达到 24%。不过，需要看到的是，伯克希尔·哈撒韦公司需同时缴纳所得税和资本利得税，标准普尔 500 指数的收益率还只是税前数字的话，那这种业绩确实令人瞠目结舌。

从各年度的同比基础计算，伯克希尔的收益率在某些年份也出现过波动。股票市场的变动，会造成伯克希尔所持基础股出现波动，进而通过投资收益的变化带来每股价值的大幅波动（见表 2-1）。这种情况在 1999 年尤其明显，当时，伯克希尔的每股净增值率仅为 0.5%。产生这个结果的原因有两个方面：

(1) 非耐用消费品（可口可乐和吉列）公司收益不佳。
(2) 伯克希尔·哈撒韦未拥有的科技股表现出色。

在这个问题上，巴菲特的坦率一如既往，他在 1999 年的年报中直言不讳地承认：" 把标普指数远远甩在后面的时代已成为过去。"[19] 现在，他的目标则是 " 适当 " 超越标普指数。

但这绝不会以牺牲业绩为代价，更不会在追求长期成功的投资理念上有丝毫的削弱。我认为：长期以来，指导巴菲特投资决策的基本宗旨从来就没有被打过折扣，它们创造着为有耐心的投资者创造打败标准普尔 500 指数的机会。而本书的目的，就是介绍这些宗旨，并让它们能为善于思考的投资者所理解和使用。

伯克希尔·哈撒韦公司的结构很复杂，但并不难理解。它拥有几家公司——包括本章介绍的保险公司及其他公司，还有几家因篇幅所限而未予介绍的公司。与此同时，利用来自保险公司的保费收入，伯克希尔·哈撒韦公司还在购买公开上市公司的股票。那些想知道巴菲特到底有多成功的人，或许应该理解他的投资哲学。

表2-1 伯克希尔·哈撒韦公司年度收益率（%）

年　度	伯克希尔·哈撒韦公司的每股账面价值	标普500指数	相对业绩
	（1）	（2）	（1）-（2）
1965	23.8	10.0	13.8
1966	20.3	-11.7	32.0
1967	11.0	30.9	-19.9
1968	19.0	11.0	8.0
1969	16.2	-8.4	24.6
1970	12.0	3.9	8.1
1971	16.4	14.6	1.8
1972	21.7	18.9	2.8
1973	4.7	-14.8	19.5
1974	5.5	-26.4	31.9
1975	21.9	37.2	-15.3
1976	59.3	23.6	35.7
1977	31.9	7.4	39.3
1978	24.0	6.4	17.6
1979	35.7	18.2	17.5
1980	19.3	32.3	-13.0
1981	31.4	-5.0	36.4
1982	40.0	21.4	18.6
1983	32.3	22.4	9.9

(续)

年　度	伯克希尔·哈撒韦公司的每股账面价值	标普500指数	相对业绩
1984	13.6	6.1	7.5
1985	48.2	31.6	16.6
1986	26.1	18.6	7.5
1987	19.5	5.1	14.4
1988	20.1	16.6	3.5
1989	44.4	31.7	12.7
1990	7.4	-3.1	10.5
1991	39.6	30.5	9.1
1992	20.3	7.6	12.7
1993	14.3	10.1	4.2
1994	13.9	1.3	12.6
1995	43.1	37.6	5.5
1996	31.8	23.0	8.8
1997	34.1	33.4	0.7
1998	48.3	28.6	19.7
1999	0.5	21.0	-20.5

资料来源：1999年伯克希尔·哈撒韦公司年报。

注：1. 除1965年和1966年为截至当年9月30日的12个月数据、1967年为截至12月31日的15个月数据之外，表中其他数据均为截至12月31日的12个月公历年度数据。
2. 从1979年开始，会计准则要求保险公司对所持有的股票按市值，而不是按历史成本法或成本与市价孰低法进行估值。在本表中，对伯克希尔·哈撒韦公司在1978年以前的数据已按会计准则进行了调整。

第三章

三位投资大师给巴菲特的教诲

对于巴菲特在投资领域的基本宗旨,最好应理解为三种不同投资哲学的结合体,而这三种投资哲学又分别来自于三位有影响力的殿堂级人物,他们是:本杰明·格雷厄姆、菲利普·费雪和查理·芒格。

格雷厄姆对巴菲特的影响众所周知,在某些情况下甚至可以认为,前者的思想已被巴菲特全部吸收。考虑到两个人长期交往的历史,这种观点并不令人意外。巴菲特最初曾是格雷厄姆的忠实读者,而后变成了他的学生、员工及合作者,最后则变成了格雷厄姆的同行。是格雷厄姆将巴菲特带入投资殿堂的,并将后者塑造成投资天才。不过,对那些认为巴菲特的投资思想完全继承格雷厄姆的人来说,他们显然忽略了另外两个同样令人景仰的金融泰斗:菲利普·费雪和查理·芒格。我们将在本章随后部分研究这两位投资大师。

一、 本杰明·格雷厄姆

格雷厄姆被视为财务分析学科的开山鼻祖。他之所以值得拥有这一殊荣,是因为在他之前,还不存在财务分析这样一个学科,而在他之后,人们才将这个学科称为财务分析学。[1]格雷厄姆一生中创作了两本具有划时代意义的巨著:首先是与戴维·多德(David Dodd)合著的《证券分析》,该书于1934年首次出版,其次是初版面世于1949年的《聪明的投资者》。《证券分析》这本书直击1929年美国历史上最大经济萧条的内核。在其他学者致力于解释造成这一经济现象的根源时,格雷厄姆则帮助人们恢复财富,并采取有利可图的行动。

第三章 三位投资大师给巴菲特的教诲

格雷厄姆于1894年5月9日出生于伦敦。在他还是一个婴儿的时候,随父母移居到纽约。格雷厄姆的早期教育是在布鲁克林的男子高中完成的。在20岁的时候,格雷厄姆取得哥伦比亚大学的理学学士学位,并当选为美国大学优等生荣誉学会会员。格雷厄姆精通希腊语和拉丁语,对数学和哲学有着浓厚的学术兴趣。

尽管没有接受过财经方面的教育,但格雷厄姆的职业生涯却是在华尔街开启的。他的第一份工作是在纽伯格-亨德森-勒布证券经纪公司担任信息发布员,负责在黑板上书写债券和股票价格信息,并拿到每周12美元的薪水。从信息发布员起步,格雷厄姆后来做撰写研究报告的研究员,并很快被提升为公司的合伙人。到1919年,25岁的格雷厄姆已拿到60万美元的年薪(在当时是很高的)。

1926年,格雷厄姆和杰罗姆·纽曼(Jerome Newman)创建了自己的投资合伙企业。正是这家公司在30年之后雇用了巴菲特。格雷厄姆·纽曼公司经历了1929年的股市崩盘、"大萧条"、第二次世界大战和朝鲜战争,成功地存活下来,直到1956年正式解散。

从1928—1956年,当时还在格雷厄姆·纽曼公司任职的格雷厄姆,同时在哥伦比亚大学讲授晚上的金融学课程。很少有人知道,格雷厄姆曾在1929年的经济危机中遭受了严重的财务危机。这是他一生中遭遇的第二次财务危机,第一次是因为父亲的去世,让他和家人无依无靠。格雷厄姆开始重新开启自己的财富之路。大学校园给格雷厄姆提供了一个避风港,让他有机会去深刻反思并重新评估投资问题。在哥伦比亚大学教授戴维·多德的指导下，格雷厄姆完成了有关保守型投资的经典论文。

格雷厄姆和多德都拥有超过15年的投资经验。他们花了四年的时间完成了《证券分析》一书。1934年，该书首次出版，当时，路易斯·里奇（Louis Rich）在《纽约时报》上撰文称："这是一次全面、成熟、细致而且非常值得赞赏的学术探索和实践产物。如果能让这种影响发挥效力，那么它将会把投资者的心思集中到股票上，而不是市场。"[2]

在《证券分析》的第1版中，格雷厄姆和多德将很大一部分精力集中于公司的不当行为。在1933年和1934年有关证券的法规出台之前，公司信息往往具有误导性，而且披露极其不充分。大多数工业企业甚至拒绝披露销售信息，因此其资产估值自然不值得相信。在首次公开发行的一级市场和交易的二级市场上，公司就可以利用这种信息不对称来操纵股票价格。

即便是在证券法颁布后，公司在信息披露方面的改革依旧步伐缓慢，而且是故意的。因此，在1951年这本书的第3版出版时，格雷厄姆和多德没有再提及公司行为不当，讨论的重点主要集中于股东与管理层关系的问题，并着眼于管理层的权限以及股利政策等问题。

《证券分析》的精髓在于，只要在合理价格的基础上，通过精心选择股票，并借此创建一个多样化的普通股投资组合，才有可能是一笔健康的投资。为此，格雷厄姆在书中采取了循序渐进的手法，帮助投资者了解这种投资策略的基本逻辑。

格雷厄姆面对的第一个问题，就是坊间还缺乏对"投资"一词的统一定义。为此，格雷厄姆引用了路易斯·布兰代斯大法官的说法，他认为："投资本身是一个具有多种含义的词。"格雷厄姆认为：这个问题并不在于投资对象到底是股票（按传统定义属于投机）还是债券（按定义应属于投资）。在购买担保不足的债券时，不能仅仅因为它是债券就应被视为投资。而购买每股价格低于流动资产净值的股票时，也不能仅仅因为它是股票就应被视为投机。如果是为了一夜暴富而用借来的钱购买证券，而不管这种证券是债券还是股票，都应该归属于投机活动。在这个问题上，格雷厄姆认为，判断购买有价证券的活动属于投资还是投机，取决于意图，而不是对象。

> **格雷厄姆的投资哲学(1)**
> 真正的投资，是一种通过深入的分析，确保本金安全并能取得满意回报的活动。任何不满足这些要求的活动都是投机。

考虑到问题的复杂性，格雷厄姆对投资给出了自己的定义："投资是经过深入分析，确保可以实现本金的安全性，并能实现令人满意的回报。不符合这些要求的任何活动都是投机。"[3]格雷厄姆更喜欢将购买单一证券的操作排除在投资以外。最初，格雷厄姆曾建议以分散化投资来降低风险。

对于格雷厄姆始终坚持的"深入分析"，其含义就是："对现有措施进行详尽的研究，旨在根据既定原则以及合理的逻辑得出结论。"[4]但格雷厄姆对深入分析的解释远不止于此，他把分析进一步分成三步：

(1) 描述。

(2) 批判。

(3) 选择。

在描述阶段，分析师需要收集多方信息，并以合理方式呈现。在批判阶段，分析师需要验证这些收集来的信息。归根到底，分析师最感兴趣的是以公正的方式反映信息代表的事实。在选择阶段，分析师将对相关证券是否有足够的吸引力做出判断。

格雷厄姆说，要让一种证券成为投资对象，它就必须有一定程度的本金安全性，并能带来令人满意的回报。此外，安全性并不是绝对的，相反，一笔投资的安全性是指它在合理的条件下不会出现亏损。格雷厄姆认为：任何极不寻常或是不可能发生的事件，都可能会让债券出现违约。

作为第二个必要条件，令人满意的回报不仅包括投资带来的收益，还有投资本身的价格上涨。格雷厄姆指出："满意"具有主观性。他确实说过，只要投资者的行为理智并且遵守投资的定义，那么回报就可以是任何数额，但有可能很低。按照格雷厄姆的定义，只要一个人按照合理的逻辑进行了深入的财务分析，在遵循本金安全性的条件下选择合理的回报率，那么他就是一个投资者，不是投机者。

如果不是因为债券市场表现不佳，格雷厄姆对投资的定义很可能不会受到重视。然而，就在1929—1932年期间，道琼斯债券平均指数从97.70点下降至65.78点时，投资债券再也不会被人们不假思索地认为是纯粹的投资活动了。和股票一样，债券大幅贬值，导致很多发行商因资不抵债而破产。在这种情况下，有必要采取一种能将股票和债券的投资特性与其投机特性区分开的方法。

终其职业生涯，格雷厄姆始终受到投资和投机问题的困扰。而在生命即将走到尽头的时候，他依然沮丧地看到，即便是机构投资者也存在明显的投机行为。在1973—1974年熊市后不久，格雷厄姆应邀参加了由帝杰投资银行主持的一次基金经理人会议,专业同行公开承认的做法让他感到震惊。格雷厄姆说:"我真的无法理解,在这些大机构里,基金经理早已经放弃了稳健的投资策略,退化为一场你死我活的白刃战,每个人都试图在最短时间内获得最高回报。"[5]

除了明确投资和投机的定义之外,格雷厄姆的第二个贡献是提出了投资普通股的方法论。在《证券分析》出版之前,以定量方法选择股票几乎毫无成效。在1929年之前,大多数上市的普通股均由铁路公司发行。工业和电力公司发行的股票只占一小部分,而备受富裕投机者青睐的银行和保险公司还未有上市的先例。因此,在当时的情况下,可称得上投资的,主要就是市场价格接近其面值的铁路运输公司股票。毕竟,这些公司的价值是由真金白银支持的。

随着美国经济在20世纪20年代进入大牛市,包括工业行业在内的所有股票配置均开始改善。市场繁荣推动了投资的增长,尤其是房地产投资。尽管1925年的佛罗里达房地产繁荣期只是昙花一现,房地产泡沫在1926年便宣告破裂,但商业银行和投资银行依旧在向投资者推荐房地产。房地产投资刺激了总体投资活动的增长,并最终带动了整个商业活动。这种关联性继续烘托着市场上的乐观情绪。正如格雷厄姆指出的那样,不受控制的乐观情绪很可能会导致狂躁症,而它带来的一个主要特征,就是令人不堪回首的历史教训。

回顾那段经历,格雷厄姆总结出导致股市崩盘的三股力量。首先是交易所和投资公司对股票的操纵。股票经纪人每天都在接受公司的指令——要"调整"哪些股票,要怎样做才能让这些股票保持热度。第二股力量是采用贷款资金购买股票的普遍做法。银行将资金免费借给投机者,而投机者则在焦急等待华尔街的最新消息。银行为购买证券而发放的贷款总额从 1921 年的 10 亿美元增加到 1929 年的 85 亿美元。这些贷款以股票的价值为还款保证,因此一旦股市崩盘,整个市场都将被波及。而第三股力量是推动这股热潮的失控性乐观情绪。

如今,证券法可以保护个人免受经纪人欺诈行为的影响,而且与 20 世纪 20 年代相比,以保证金购买证券的做法也大大减少。但是在格雷厄姆看来,仍存在一个无法通过立法解决的问题,而且是会招致股灾的原因,这就是过度乐观的市场情绪。

1929 年的危险已不再是人们试图将投机伪装成投资,而是投资已彻头彻尾地演化为投机。格雷厄姆指出:前所未有的乐观主义肆虐猖狂。在历史业绩的刺激下,投资者一厢情愿地认为,增长和繁荣的时代还将延续,盛宴才刚刚开始。股票购买者开始失去价格与价值的比较意识。格雷厄姆说:人们为股票支付的价格已彻底脱离数学意义上的期望值,也不再怀疑任何市场价格,似乎不管是多么乐观的价格都是物有所值的。在这种疯狂达到巅峰的时候,投机与投资之间的界限已不再清晰。

而在人们感受到股市崩盘带来的影响时,普通股也再次被贴上了"投机"的标签。随着"大萧条"的开始,普通股投资的全部理论基础也遭遇挑战。然而,格雷厄姆指出:投资哲学也会随着心理状态的变化而变化。第二次世界大战后,人们开始重拾对普通股的信心。在 1949—1951 年期间撰写《证券分析》第 3 版时,格雷厄姆指出:普通股已成为投资者投资组合中的重要组成部分。

在 1929 年股市大崩盘后的 20 年中,很多学术研究对普通股的不同投资策略进行了分析。而格雷厄姆本人则介绍了三种普通股投资方法：

（1）横截面法。

（2）预期法。

（3）安全边际法。

横截面法相当于今天的指数投资。正如格雷厄姆所解释的那样，这种方法的实质就是放弃选择，追求多样性。投资者买入相同数量的道琼斯指数中 30 家工业公司的股票，从而取得与指数同步的收益率。格雷厄姆指出：华尔街能否取得比指数更好的结果，还是一个未知数。

对于预期法，格雷厄姆又进一步划分为短期选择法和成长股投资法。使用短期选择法时，投资者需要寻找在短期内（通常为 6 个月到 1 年）发展前景最乐观的公司，并通过股价的上涨而获利。华尔街耗费大量的资源和精力去预测目标公司的短期增长前景，包括销售量、成本和收益等。格雷厄姆认为：这种方法的谬误之处在于，销售额和收益通常是具有波动性的，而且对短期经济前景的预期并不能完全体现在股价的波动上。最后也是最重要的一点，在格雷厄姆看来，一笔投资的价值并不是它在这个月或是下个月能赚多少钱，也不在于下个季度的销售额，而是它在较长时期内预期能给投资者带来的价值。此外，基于短期数据的投资决策往往过于肤浅和短视。不难理解，对市场波动和频繁交易的重视，使得短期选择法已成为华尔街的首选方法。

成长型股票是指那些收入和收益增长速度超过市场平均增速的股票。在这个层面，格雷厄姆采用了国民投资者公司的定义，将成长型公司定义为利润持续变化的公司。格雷厄姆对此的解释是：在采用成长股投资法时，成功的最大障碍在于，投资者很难及时识别出成长型公司，而且难以判断当前股价相对公司未来成长潜力的折扣程度。

每个企业都有所谓的生命周期。在早期发展阶段，公司的收入加速增长，并开始实现收益。在进入快速扩张阶段之后，收入继续增长，利润率开始提高，收益水平急剧增加。当公司进入成熟阶段时，收入增速开始下降，收益增长也随之减速。生命周期的最后一个阶段被称为稳定下降阶段，此时，收入的绝对额开始下降，利润率和净利润开始减少。

格雷厄姆认为：成长型股票投资者面临着两难境地。在选择一家处于快速扩张阶段的企业时，他们可能会发现，企业的成功只是暂时的。由于企业没有经过多年的检验，因此利润可能会被迅速蒸发。另外，对于处于成熟增长阶段的企业，可能会马上进入收益衰减的稳定下降时期。因此，如何准确定位企业在生命周期中所处的位置，已成为一个让金融分析师困惑数十年的难题。

假设投资者能准确识别出一家成长型股票，那么这个投资者应为这家公司的股票支付怎样的价格呢？显然，如果投资者都知道这家公司正处于繁荣时期，那么它的股价会相对较高。但格雷厄姆想知道的是，我们如何判断价格是否太高呢？答案很难确定。此外，即使可以精准地确定价格，投资者也马上会面临新的风险：公司的增长速度有可能低于预期。如果出现这种情况，市场就有可能对这只股票给出较低的定价，而倒霉的投资者就会支付过高的价格。

还有第三种选择普通股的方法，格雷厄姆称其为安全边际法。如果投资者对公司的未来发展持乐观态度，并认为公司适合

于加入自己的投资组合,那么投资者可以通过以下两种策略买入股票:

(1) 在整个市场处于低位时买入目标公司的股票(在熊市或是类似的盘整期间,通常会采取这种方法)。

(2) 尽管此时整个市场并不是处于低位,当目标公司股票交易价格低于内在价值时购买股票。

格雷厄姆指出:无论采用何种策略,购买价格中都应留有一定的安全边际。

第一种仅在市场处于低位时买入股票的方法注定会遇到难题。它会诱使投资者为判断大盘形势而去开发某种量化公式,以说明大盘何时处于高位,何时处于低位。格雷厄姆认为:在这种情况下,投资者已成为预测市场拐点的人质,但这个过程有多长显然是不确定的。此外,在市场标价合理时,投资者就无法通过投资普通股获利。但如果等待市场盘整之后再寻找买入股票的机会,可能会让投资者筋疲力尽,最终竹篮打水一场空。

格雷厄姆建议,投资者最好把精力用到第二种策略上:识别被低估的股票,而不考虑大盘的高低。格雷厄姆承认,要合理发挥这种策略的有效性,投资者首先需要有一种能识别股票被低估值的方法。分析师的目标就是能推荐交易价格低于内在价值的股票。

在20世纪30年代和40年代,购买低估值股票而不考虑大盘价格水平的概念还是一个新生事物。而格雷厄姆的目标就是为这种策略塑形,并使之完善。

格雷厄姆将"合理投资"的概念简化为他所说的"安全边际"。以此为基本立足点,他试图将包括股票和债券在内的所有证券融合到单一的投资方式中。举例来说，如果分析师在审查了一家公司的经营历史后发现，在过去的五年中，这家公司的平均年收益相当于固定费用的五倍，那么按照格雷厄姆的观点，该公司发行的债券就拥有可靠的安全边际。格雷厄姆并不认为投资者能准确预测公司的未来收入。相反，他认为只要收益与固定费用之间有足够的差额，或者说安全边际足够大，投资者的收益就是有保证的，可以免受公司收入意外下跌的影响。

定义债券的安全边际并不是非常困难。真正的考验在于格雷厄姆如何将这个概念运用于普通股。为此，格雷厄姆给出的理由是：只要股价低于其内在价值，普通股的安全边际就存在。

格雷厄姆的投资哲学(2)

当股票的市场交易价格远低于其内在价值时，自然就会出现安全边际。

要让这一概念在实践中行之有效，分析师就需要一种能确定公司内在价值的方法。至于格雷厄姆对内在价值的定义，如《证券分析》一书所言：它是"由事实决定的价值"。这些事实包括公司的资产、收益和分红，以及任何可预测的未来前景。

不过，格雷厄姆也承认，确定公司价值的最重要因素，就是这家公司未来的盈利能力。简而言之，只要估计出公司的未来收益，并将这个预测收益乘以适当的资本化系数，即可得出公司的内在价值。这个资本化系数（或乘数）受公司的收益、资产、分红政策以及财务健康程度等因素的影响。

但他也提出了强烈警告：内在价值方法的有效性，取决于我们对公司未来经济前景估算的精确性。他担心的是，我们的预测很容易被诸多潜在未来因素所否定。销售收入、定价和成本都难以预测,而且还要考虑到乘数的使用,自然也让这个过程变得更复杂。

格雷厄姆并没有因此而打退堂鼓,他认为:安全边际可以在三个方面发挥有效作用。首先,它适用于债券和优先股等相对稳定的有价证券;其次,安全边际可用于比较分析;最后,如果股价与内在价值之间的差额足够大,则可以使用安全边际的概念进行选股。

格雷厄姆要求我们接受内在价值本身就是一个难以捉摸的概念。它不同于市场的交易价格。最初,人们把内在价值等同于公司的账面价值,即有形资产的总额减去全部负债后的净值。这个概念最初导致人们相信,内在价值是确定的。但分析师们逐渐认识到,公司的价值不仅仅是其净资产,也是这些资产所创造的收益价值。因此格雷厄姆建议:没有必要将企业的内在价值固化为某一个确切的数值,相反,它可以是一个近似的标准或是一个价值区间。和变幻莫测的市场交易价格相比,即使只是一个近似值,也足以衡量安全边际。

格雷厄姆说:"财务分析并不是一门精确的科学。"可以肯定的是,某些定量因素确实有助于对企业进行全面深入的分析,如资产负债表、利润表、收益、红利、资产和负债等。在现实中,尽管要对某些定性因素进行分析很难做到,但它们却是构成公司内在价值的重要组成部分。通常情况下,需要分析两个最重要的定性因素:管理层的能力和公司属性。

就总体而言,格雷厄姆对于过度强调定性因素的做法有所顾虑。因为格雷厄姆认为:针对管理层的能力和公司属性方面的观点难以做出客观评判,而难以度量的指标当然也算不上好指标。

这倒不是说格雷厄姆认为这些定性因素毫无价值。相反，当投资者过分强调这些难以捉摸的概念时，失望的概率就会大大增加。对定性因素采取乐观态度时，自然会相应抬高估值倍数。凭借自己的经验，格雷厄姆相信，当投资者的关注点从有形资产转向无形资产时，他们就更有可能采取潜在风险更大的投资策略。

格雷厄姆说："投资者必须坚持理性的出发点。"也就是说，他们的分析应该以资产净值作为基本出发点。如果你购买的是资产，那么最大的亏损也仅仅是这些资产的清算价值。格雷厄姆认为：如果预测太过于乐观，一旦落空，没有人能拯救你。假如人们认为一家公司所从事的业务非常有吸引力，并且信心爆满的管理层又给出了非常高的预测收益，那么这家公司无疑会引来越来越多的投资者。格雷厄姆说："因此，他们（投资者）会购买它的股票，从而抬高股票的价格，并进一步推高市盈率。随着越来越多的投资者对管理层承诺的回报信不疑，价格开始逐渐脱离内在价值，毫无约束地自由上涨，并最终形成一个资产泡沫。泡沫越来越大，越来越绚丽多彩，也越来越迷人，直到最终轰然破裂。"[6]

格雷厄姆说："如果公司的内在价值依赖于管理层的能力、公司属性和乐观的增长预测，那么它的安全边际也就非常有限了。"另外，格雷厄姆也发现，如果企业的内在价值主要取决于若干可衡量定量因素的总和，那么投资者的潜在风险就会相对有限。固定资产是可以计量的，红利是可以衡量的，当前收益和历史收益也是可衡量的。在这些因素中，每一个都可以用数字来表示，因此，它们是有实践经验支撑的参考依据。

格雷厄姆说，超凡的记忆力已成为他的负担。在一生中，他有过两次在财务上遭受重创的记忆,正是这两次惨痛的教训,促使他更强调股市下跌时的保障,多于上涨时的收益潜力。

格雷厄姆说:"投资应该坚持两个原则。"一是不要亏损,二是不要忘记第一条。这种"不要亏损"的理念,引导格雷厄姆采取了两种普通股选股的方法,在实际应用当中,两种方法都是以坚持安全边际为前提的:

(1)按低于目标公司净资产2/3的价格买入。

(2)专注于低市盈率的股票。

按照不超过净资产2/3的价格买入,这完全符合格雷厄姆对目标公司当前状况的判断,也满足了他对某些数学期望的要求。在计算公司的内在价值时,格雷厄姆并不考虑它的厂房、土地或设备。此外,他还扣除了公司的全部短期及长期负债。因此,唯一剩下的是流动资产净值。格雷厄姆认为:如果股价低于由此得到的每股净资产,就说明目标公司存在一定的安全边际,因而有必要买进。格雷厄姆认为:这才是一种万无一失的投资方法。不过,他也明确指出:这种选股方法最终的结果,应该是按概率分布得到的一组股票(多样化),而不是单一结果。但这样的股票在熊市中很难觅得,而在牛市中就更稀奇难见了。

格雷厄姆意识到,在进行投资之前等待市场出现调整的做法,可能是一种理性的做法。于是,他着手设计了第二种购买股票的方法。按这种方法,他的着眼点是价格下跌且按低市盈率在市场上交易的股票。此外,目标公司还必须拥有一定的净资产。换句话说,公司的负债必须低于这个数值。实际上,在整个职业生涯中,格雷厄姆都在使用这种方法的不同变异体。在他去世前不久,他还在和西德尼·科特尔(Sidney Cottle)一起修订《证券分析》第 5 版。当时，格雷厄姆分析了一组已买入股票的财务结果，而选择这组股票的依据是：拥有较低的 10 年期市盈率，市场价格等于其前一个最高位价格的一半，当然，净资产是必须考虑的。格雷厄姆对这些股票进行了一次追溯到 1961 年的检验，结果非常有说服力。

多年来，很多投资者也在寻找类似的捷径来确定公司的内在价值，而作为格雷厄姆推崇的一种方法，低市盈率始终是最受青睐的标准。但是最近，我们却逐渐认识到，仅仅根据这个比率做出的投资决策，显然还不足以确保获得可观的投资回报。如今，大多数投资者都在借鉴约翰·伯勒·威廉姆斯（John Burr Williams）对投资价值做出的经典定义，正如他在《投资价值理论》中所述：任何一笔投资的价值，都是公司未来现金流的折现值。我们将在第四章中进一步介绍这种红利折现模型。

到此为止，我们应该注意到，就本质而言，格雷厄姆提出的两种投资方法——无论是按净资产 2/3 的价格买入，还是选择低市盈率的股票，都有一个共同的特征。格雷厄姆基于这两种法选择的股票基于某种原因可能并不受欢迎。一些宏观或微观事件，往往导致市场对这些股票给出低于内在价值的价格。而格雷厄姆则强烈地认为这"低得不合情理"，因而是非常有吸引力的投资对象。

格雷厄姆的信念依赖于某些假设。第一，他相信市场会经常对股票标出错误的价格，这种错误价格通常是因为人的恐惧和贪婪心理。在市场上的乐观情绪达到最高点时，贪婪会推动股票的价格超越其内在价值，从而造就了一个价格过高的市场。而在另一种场合下，恐惧则会让价格跌至内在价值以下，从而导致市场被低估。格雷厄姆的第二个假设基于所谓的"均值回归"理论，尽管他没有明确使用这个词。不过，他引用的古罗马诗人贺拉斯（Horace）的话似乎更有说服力："很多正在衰败的，未来都将重生；很多正在当道的，未来都将迷失。"不管是统计学家的发现，还是诗人的畅想，格雷厄姆始终坚信，低效市场的自我纠正会成为投资者的利润之源。

二、菲利普·费雪

在格雷厄姆写作《证券分析》的时候，菲利普·费雪才刚刚开始了他的职业生涯，他的第一份工作是投资顾问。在从斯坦福大学商学院毕业之后，费雪进入在旧金山的盎格鲁·伦敦－巴黎国民银行，成了一名市场分析师。在不到两年的时间里，他被提升为银行统计部门的负责人。他见证了1929年爆发的那场股市灾难。随后，在当地一家证券经纪公司度过了短暂而无聊的一段时间之后，费雪决定成立自己的公司。1931年3月1日，费雪的公司正式营业，开始招揽客户。

在20世纪30年代初那段经济极度压抑的时期，成立一家投资咨询公司的想法似乎有点迂腐而固执。但费雪认为自己有两个方面的优势：首先，在经历市场暴跌之后，任何一个手里还能剩下钱的投资者，都有可能对之前的经纪人感到不满；其次，在"大萧条"期间，商人们有了更多时间坐下来和费雪聊天。

在斯坦福大学的一门商业学课程上，他需要陪同教授定期拜访旧金山地区的企业。教授会要求企业管理者讨论他们的运行情况，而且经常会帮助他们解决眼前问题。在回到斯坦福大学后，费雪和他的教授需要回顾他们所拜访的公司和管理者。费雪说："每周的这几个小时,是我接受过的最有价值的锻炼。"[7]

通过这段经历,费雪逐渐开始相信,只要:①投资于拥有超过一般企业增长潜力的公司,②让自己和最有能力的管理层合作,就能获得丰厚的利润。为了发现这些优秀的企业,费雪开发了一种计分系统,根据业务和管理层特征对公司进行评价。

> **费雪的投资哲学(1)**
> 投资的成功依赖于找到能够在未来几年内保持销售收入和利润均超过平均水平的公司。短期结果往往具有欺骗性。

对一家公司来说,留给费雪印象最深的一个特征,就是它能在长期内以高于行业平均水平的速度实现销售收入和利润增长。[8]对此,费雪认为企业要拥有这样的能力,即这家企业就需要拥有"具备足够市场潜力的产品或服务,并至少在几年的时间里实现销售收入的大幅增长"。[9]费雪不太关心销售收入的持续年增长率。相反,他是根据公司在几年内的情况来判断其成功与否。他知道,企业生命周期的变化将对销售收入和利润产生重大影响。但他相信,以下两种类型的公司有望在数十年时间内实现超过平均水平的增长:

(1) "既幸运又有能力"的公司。
(2) "因为能力而幸运"的公司。

他认为:美国铝业公司(Alcoa,以下简称美铝公司)就是典型的第一种公司。这家公司之所以"有能力",是因为公司的创始人都是有天赋的能人。在预见到产品的商业价值之后,美铝公司的管理层便积极开展工作,充分利用铝产品市场的发展来增加销售量。费雪说:"这家公司还'很幸运',因为很多管理层所无法控制的外界因素,均给公司及产品市场带来了积极影响。"航空运输市场的飞速发展,带来铝制品的销售收入迅速增长。可以说,航空业的发展,已经让美铝公司的收益远远超出管理层最初的预期。

按照费雪的说法,杜邦公司是"因为能力而幸运"的一个最佳范例。如果杜邦始终固守最初的产品(炸药),那么这家公司的经营状况将走入大多数矿业公司面对的窘境。但由于管理层充分利用从火药制造中获取的知识,使得杜邦得以相继推出包括尼龙、玻璃纸和透明合成树脂在内的新产品,从而为自己创造了新的市场,并最终给杜邦公司带来了数十亿美元的销售额。

费雪指出:一家公司的研发活动,在很大程度上决定了其销售额能否实现超过平均水平的可持续增长率。他解释说:"如果不对研发给予足够的投入,杜邦公司和美铝公司都不可能实现长期成功,这一点是显而易见的。"即便是非科技类公司,也需要通过研发活动的投入来创造更好的产品和更有效的服务。

除研发之外,费雪还要考察一家公司的销售组织。按照他的说法,企业可以提供高质量的产品和服务,但如果不能将这些产品和服务"商品化",研发活动就永远也不会转化为收入。费雪解释说:销售组织有义务帮助客户了解公司产品和服务的优势。他还进一步指出:销售组织还需要跟踪客户的购买习惯,及时发现客户需求的变化。费雪认为:销售组织已成为连接市场与研发部门之间最有效的桥梁。

但仅仅依靠市场潜力还不够。费雪认为:即使一家公司能实现超过平均水平的销售增长,但如果不能为股东创造利润,那么它依旧不是理想的投资对象。他说:"如果利润不能在长期内与收入实现同步增长,那么这种销售增长并不会让公司成为理想的投资对象。"[10]因此,费雪还要考察一家公司的利润率及其对维持和提高利润率所做的投入,当然,成本分析和会计控制同样是不可或缺的标准。

费雪认为:投资于勉强维持盈亏平衡的公司,永远不可能给投资者带来优异的投资收益。有些公司在经济扩张时期确实可以创造出足够的利润,但他们的利润却会在经济衰退期迅速下滑。因此,在费雪的心目中,理想的被投资公司不仅应该是成本最低的产品或服务提供者,而且还要维持这种状态。拥有较低盈亏平衡点或利润率较高的公司,更有能力抵御低迷经济环境的侵袭,并最终赶走实力较弱的竞争对手,进一步巩固自己的市场地位。

费雪说:"如果一家公司不能合理分解自己的业务成本,并深谙制造过程中每个流程的成本,那么就很难指望它能维持盈利能力。"对此,他解释说:"要做到这一点,公司就必须执行有效的会计控制和成本分析。"费雪指出:只有利用这些成本信息,公司才能将有效的资源配置给经济潜力最大的产品或服务。此外,会计控制还有助于发现企业运营中的存在的问题。公司可以把这些问题或者说低效行为看作是预警信号,帮助他们维持整体盈利能力。

费雪对公司盈利能力的敏感,源自对另一方面的担忧:公司在未来无须股权融资的情况下继续增长的能力。他说:"如果一家公司唯有通过发行股票才能维持增长,那么增发的股票必将摊薄现有股东从公司增长中取得的利益。"费雪对此的解释是:当一家公司拥有更高的利润率时,它就更有能力实现内部融资。在这种情况下，新筹集的这些资金被用于维持企业增长，而不会摊薄现有股东的股权收益。除此之外，如果一家公司能对固定资产和营运资本需求实施有效的成本控制，那么它就可以更好地管理现金需求，从而尽可能地避免股权融资。

> **费雪的投资哲学**（2）
> 卓越的管理是取得优异市场业绩的关键。

费雪认识到，卓越的公司不仅拥有超越一般企业的业务特征，同样不可忽视的是，它们还拥有优秀的管理者。这些管理者坚定不移地致力于开发新产品或服务，因此，在现有产品或服务的能力已发挥到极致之后，新的产品或服务随之而来，继续推动收入的增长。费雪指出：很多公司之所以拥有良好的增长前景，是因为它们的现有产品或服务线可以维持若干年，少数公司会有政策确保10~20年的持续增长。他说："管理层必须制定可行的政策来实现这些目标，以期短期利益服从长期利益。"[11]费雪认为：服从长期利益并非牺牲短期利益。优秀的管理层能在关注日常运营的同时，有效执行公司的长期计划。

费雪还考虑了另一个重要特征：公司管理层是否拥有毋庸置疑的忠实性和诚信度？管理层的行为是否符合他们作为股东受托人的要求，还是只在乎自身的福利？

费雪表示，确定管理层意图的一种方法，就是观察他们如何与股东沟通。所有企业，无论好坏，都会经历不同程度的困难时期。通常，在企业运营状况良好时，管理层可以随心所欲地与股东展开沟通。但是当业务陷入衰退时，有些管理层就会肆意夸张，对公司的困难却避而不谈。费雪指出：通过管理层应对企业困难的方式,可以了解这些掌控企业未来的人。

费雪认为:企业要取得成功,管理层还需要和所有员工建立良好的工作关系。他们必须让员工真正地感受到,公司是他们的理想就业选择。蓝领工人也需要感受到尊重和礼遇。公司干部应该明白职务上的晋升应该是能力的体现,而不是管理层的偏好。

此外,费雪还提到了管理层的深度。为此,他提出了这样的问题:公司的首席执行官是否拥有一支有才华的团队?首席执行官是否能合理下放部分业务的管理权限?

最后,费雪研究了公司的某些独特之处,如与同行比较公司有何差异。在这几个方面,费雪试图发现某些线索,了解一家公司相对于其他竞争对手的优势。他认为:仅仅阅读公司的财务报表,还不足以验证一笔投资的合理性。他解释说:"谨慎投资的一个关键步骤,就是向熟悉目标公司的人尽可能多地了解这家公司。"费雪认为,通过这种无所不包的调查询问,就是所谓的"闲聊"方式。今天,我们可以把这种信息收集方式称为小道消息。费雪称,只要方式得当,闲聊可以带来大量有用的信息,帮助投资者发现高质量的投资对象。

通过这种"闲聊"式调查,费雪有机会接触尽可能多的信息来源。他与客户和供应商进行交谈,寻找以前为公司工作的员工以及企业顾问,联系了大学的研究人员、政府雇员和行业协会的高管。此外,他还会拜访竞争对手。尽管高管在针对披露本公司的信息方面有时会犹豫不决,但费雪发现,他们从不吝惜对竞争对手发表的看法。他说:"这确实令人振奋,汇集各方面对某个特定公司的观点,我们可以从多个角度认识和判断这家公司,从而对它在行业中的相对优势和劣势做出准确的判别。"[12]

很多投资者不愿意投入费雪认为理解一家公司所必需的时间和精力。约见不同的人"闲聊"是一项非常耗时的工作,而针对每个目标公司重复进行访谈,自然会让人筋疲力尽。而费雪则找到了减少工作量的一种简单方法,那就是减少自己投资的公司数量。费雪始终在说,他宁愿拥有少数出类拔萃的公司,也不愿拥有一大堆平庸的公司。通常,他的投资组合中只包括不到十家公司,而且在这十家中,对三到四家公司的投资会占到总仓位的75%。

> **费雪的投资哲学(3)**
> 宁愿拥有少数出类拔萃的公司,也不要投给大批平庸的公司。除其他优点之外,这种方法至少可以减少你用来研究的时间。

费雪相信,要取得成功,投资者只需要做好几件事。其中之一便是在能力圈内投资。费雪说,他以前遭遇的失误,就是"超出了自己的能力圈,开始投资自认为很了解的领域,但实际上完全不是那么回事,那是一个我没有相关知识背景的领域。"[13]

三、查理·芒格

1956年,当沃伦·巴菲特在奥马哈创建自己的投资合伙企业时,他拥有的资金只有10万美元。因此,创业初期的一项重要任务,就是说服更多的投资者和自己签约。他像往常一样,在向邻居埃德温·戴维斯医生夫妇详细推销自己的投资理念时,戴维斯医生突然打断了他,出人意料地告诉巴菲特:"我准备投资10万美元。"当巴菲特问及原因时,戴维斯回答说:"因为你让我想到了查理·芒格。"[14]

查理·芒格是谁呢？

尽管两个人都在奥马哈长大，而且有很多共同的熟人，但实际上，巴菲特和芒格直到1959年才见面。那时的芒格已移居南加州。父亲去世时，芒格回到了奥马哈，此时，戴维斯医生安排这两个年轻人见面了。在当地一家餐馆的晚餐上，戴维斯医生让两个人聚在一起。这是一个非凡伙伴关系的开始。

芒格的父亲是一名律师，而祖父则是一名联邦法官，他本身已在洛杉矶地区创办了非常成功的律师事务所，但他对股票市场兴趣浓厚。在这次初见的晚餐上，两个年轻人发现彼此有很多共同的话题，自然也包括证券。从那时起，他们先后又进行了十次沟通，在这些谈话中，巴菲特一直鼓励芒格放弃律师工作，专注于投资。曾有一段时间，芒格同时涉足法律和投资两个行业。1962年，和巴菲特一样，芒格也成立了一家投资合伙公司，但同时兼着律师事务所的工作。在投资公司运营的前三年，芒格取得了非常成功的业绩，于是他彻底离开律师行业，尽管这家律所至今仍保留了一间以芒格这个名字命名的办公室。

芒格在洛杉矶的投资合伙公司与巴菲特在奥马哈的投资合伙公司采用相似的投资策略。两者都试图购买相对潜在价值存在折扣的股票（而且他们也取得了相近的结果，均以惊人的利润将道琼斯工业平均指数抛在后面）。随后，他们甚至开始购买部分相同的股票，自然也就不足为奇了。和巴菲特一样，芒格也在20世纪60年代后期开始购买蓝筹印花公司的股票，并最终成为这家公司的董事长。1978年，伯克希尔与蓝筹印花公司合并，芒格成为伯克希尔的副董事长，一直到今天。

第三章 三位投资大师给巴菲特的教诲

尽管芒格和巴菲特的工作关系不是那种合同关系，但多年以来，两人已建立起更密切的相辅相成、相互依托的共生关系。实际上，即便是在芒格加入伯克希尔董事会之前，两人就已经共同做出了很多投资决定，他们几乎每天都会进行沟通和商议。逐渐地，他们的投资也开始有了更多的互通性。

如今，芒格继续担任伯克希尔·哈撒韦公司的副董事长，并担任韦斯科金融公司的董事长，该公司由伯克希尔·哈撒韦持有80%的股份，并拥有很多与伯克希尔·哈撒韦相同的投资。可以说，从各方面看，芒格都是巴菲特公认的合作者，并在不断自我完善中与巴菲特成为伯克希尔的共同管理者。要了解两个人之间的密切关系，我们只需看看巴菲特在年报中有多少次提到"查理和我"是这样做的、"查理和我决定……""查理和我相信……""查理和我研究……"或是"查理和我认为……"，"查理和我"似乎就是一个人的名字。

至于他们的工作关系，芒格不仅带来了金融智慧，还有坚实的商业方面的法律基础。此外，他还拥有一种与巴菲特截然不同的思维视角。芒格对科学、历史、哲学、心理学、数学等诸多领域都有着浓厚的兴趣，而且他坚信，这些领域都有各自重要的观念，而每一个有思想的人都可以而且应该把这些观念用于自己的事业中，其中自然也包括投资决策。他称这些观点为"普世智慧"——我们曾在第一章里介绍过芒格的投资智慧模型网格，这个概念的核心便是所谓的"普世智慧"。

财经知识、法律背景以及对其他学科的理解，所有这些智慧结合到一起，让芒格创立了一种不同于巴菲特的投资哲学。在巴菲特仍在寻找廉价股票的投资机会时，芒格却认为，应该为优质企业支付公平的价格。他的观点往往非常有说服力。

芒格曾说服了巴菲特，按账面价值3倍的价格收购喜诗糖果店，后来的事实证明，这确实是一笔划算的交易（相关内容请参见第二章）。这也是巴菲特的思想发生突破式转变的开端，他欣然承认，正是查理将他推向了一个全新的方向。当然，两个人都会不失时机地告诉你：当你找到一家优质公司，而且又碰巧赶上这家公司的股价大打折扣，那你当然碰到金矿了。对于伯克希尔来说，他们遇到的第二个金矿就是可口可乐公司（请参阅第四章）。

巴菲特和芒格两个人之所以能长期保持默契合作，一个重要的原因是，两个人对常识性商业原则都始终保持着坚定不移的信念。巴菲特也曾在保险业遭遇过收益低下的情形，以至于他甚至一度拒绝出售保单。同样，面对不受监管的储贷行业，芒格在担任韦斯科金融公司首席执行官期间也曾拒绝发放贷款。两个人都展示出经营高质量企业所必需的管理素质。

伯克希尔·哈撒韦的股东确实很幸运，因为有公司执行合伙人保护他们的利益，让他们在各种经济环境下都能赚到钱。按照巴菲特对强制退休采取的政策——实际上，他本人也不相信自己需要退休，让伯克希尔股东永远受益的智慧不仅仅来自于巴菲特一个人，而是"查理和我"。

芒格的投资哲学

寻找拥有高水平现金收入和低水平资本性支出要求的公司。

* * *

为一家优秀的公司付出公平的价格，总比为一家平庸公司付出高昂价格要好得多。

四、大师智慧的融合

就在1976年格雷厄姆去世后不久,巴菲特便已成为格雷厄姆价值投资方法的公认代言人。实际上,巴菲特的名字早已成为价值投资的代名词。[15]至于为什么这么说,原因应该不难理解。在格雷厄姆无数勤奋好学的弟子中,巴菲特的名气无疑是最大的,而且巴菲特本人也始终承认,自己的知识来源于格雷厄姆的教诲。即使是在今天,巴菲特仍然认为,格雷厄姆是继父亲之后对自己投资生涯影响最大的一个人。[16]

那么,在购买《华盛顿邮报》公司(1973年)、大都会/ABC公司(1986年)以及可口可乐公司(1988年)等的股票时,巴菲特是如何利用他从格雷厄姆那里学到的知识呢?这些公司显然无法通过格雷厄姆对被收购对象设置的严格财务测试,但巴菲特还是对它们进行了大量投资。

早在1965年,巴菲特便逐渐开始意识到,格雷厄姆购买廉价股票的策略在现实中的局限性。[17]按照导师设计的方法,需要寻找市场价格低于其净营运资金的公司,但巴菲特在据此进行投资后,结果却是一场彻头彻尾的失败。他开始认识到,他之所以能以较低价格购买几家公司的股票(这些公司确实满足格雷厄姆设置的购买标准),完全是因为它们的基础业务已经破烂不堪。

从最初的投资失误起,巴菲特便开始逐渐偏离格雷厄姆的理论。他并不隐瞒对格雷厄姆观点的调整:"我在进化,但这种进化绝不是简单地由猿到人,或是从人退化到猿。"[18]他开始注重企业的定性因素。尽管如此,他仍在寻找市场上的便宜货,但结果有时不尽如人意。他也坦然承认:"短期农场设备制造商(登普斯特轧机制造公司)、三流的百货商店(霍克希尔德·科恩)和新英格兰的纺织品制造商(伯克希尔·哈撒韦),确实让我好好接受了一次经济学教育。"[19]但巴菲特也承认,他的进化之所以有些晚,是因为格雷厄姆教给他的东西弥足珍贵,让他难以割舍。

在对股票进行评估时,格雷厄姆从不考虑公司业务的细节,也没有考虑到管理层的能力。他的研究和调查仅限于公司提交的文件和年报。如果因为股价低于公司资产价值而在理论上存在盈利可能性的话,那么格雷厄姆就会买下这家公司的股票,而不管它的业务或管理层如何。为了增加成功的可能性,他会按这些统计公式买入尽可能多的股票。

如果说格雷厄姆的教诲仅仅局限于这些概念,那么巴菲特也不会对他有如此强烈的敬意。毫无疑问,格雷厄姆所强调的安全边际理论,对巴菲特而言意义重大,以至于让格雷厄姆方法论中的其他所有缺陷都显得无足轻重了。即使是在今天,巴菲特仍坚定维护格雷厄姆的基本观点,即安全边际理论。巴菲特指出:"在读完这本书的42年之后,我依然认可安全边际理论对投资的绝对指导意义。"[20]从格雷厄姆的身上,巴菲特学到的最有价值的一堂课是:成功的投资,就是买入那些价格大大低于价值的股票。

除已成为巴菲特投资哲学理论基础的安全边际理论之外,格雷厄姆还帮助巴菲特认识到追逐股市波动是愚蠢的。格雷厄姆认为:股票兼具有投资性和投机性,而投机性是人们恐惧和贪婪带来的结果。这些存在于大多数投资者中的情绪,导致股价起伏波动，有时会远高于公司的内在价值，更重要的是，有时远低于内在价值，因为此时会形成一定的安全边际。格雷厄姆教会巴菲特：如果能让自己免受股市情绪波动的干扰，就有机会利用其他投资者的非理性行为受益，因为其他投资者是基于情绪买卖股票的，而不是逻辑。

从格雷厄姆那里，巴菲特学会了如何独立思考。格雷厄姆曾建议巴菲特，如果你基于理性判断而得出合乎逻辑的结论，那么千万不要仅仅因为别人的否定而放弃。他在《聪明的投资者》一书中写道："你自己的对与错，并不取决于群体是接受还是反对你。只有依赖数据和推理，你才能做出正确的判断。"[21]

费雪在很多方面与格雷厄姆恰恰相反。费雪认为：要做出理智的决定，投资者就需要充分了解企业。这就意味着，你必须调查公司的方方面面，必须透过数字去了解企业本身，因为业务类型至关重要。此外，投资者还需要研究公司管理层的特性，因为管理层的能力同样会影响基础业务的价值。费雪指出：投资者应尽可能多地了解公司所处的行业以及竞争对手，而且应充分利用每一种信息来源。从费雪的身上，巴菲特认识到了沟通的价值。多年来，巴菲特已建立了广泛的人脉网络，为他评估不同公司提供了有价值的参考信息。

最终，费雪让巴菲特懂得了不要过度强调多样化的道理。他认为：教育投资者把鸡蛋放入不同篮子来降低风险的做法是错误的。购买太多股票的风险在于，你无法看好每个篮子中的全部鸡蛋。因此，投资者就会冒着对熟悉的公司投入太少而对不熟悉的公司投入太多的风险。按照他的说法，如果不花点时间对企业做一番全面了解，就去贸然购买一家公司的股票，远比放弃分散性而购买有限几只股票更危险。

格雷厄姆和费雪之间的区别是显而易见的。作为一名强调定量分析的投资者,格雷厄姆仅关注可以量化分析的因素:固定资产、本期收益和股息。而且他的调查研究仅限于公司提交的文件和年度报告。他从不花时间去拜访客户、竞争对手或企业管理层的情况。

费雪的方法恰恰与格雷厄姆形成了鲜明的对比。作为一位强调定性分析的投资者,费雪更关注能增加公司价值的因素,其中,主要是企业的未来前景和管理能力。格雷厄姆只对购买廉价股票感兴趣,而费雪感兴趣的,则是内在价值有长期增长潜力的公司。他会不遗余力地了解企业,只要能提高选股效率,他甚至会为了一点点的信息而去四处调研。

在拜读了费雪的著作《怎样选择成长股》之后,巴菲特便开始寻找这位作者。巴菲特说:"当我第一次见到他的时候,他的人如同他的思想一样让人印象深刻。和格雷厄姆一样,费雪同样举止优雅、谦逊平和,显然是一位不可多得的老师。"巴菲特认为:尽管格雷厄姆和费雪的投资方式有所不同,但他们"在投资领域是平行的"。[22]如果可以用自己的话来说,那么我倒是认为,与其使用"平行"这个词,还不如说这两位大师在沃伦·巴菲特的身上实现了"交互":因为在巴菲特的投资策略中,既强调对企业及其管理层的定性分析(如费雪所讲),也包含了对价格和价值的定量分析(如格雷厄姆所讲)。

但在这个问题上,还少不了另一个非常重要的人,这个人就是查理·芒格。

巴菲特曾说过:"我的方法是15%的费雪和85%的格雷厄姆

第三章 三位投资大师给巴菲特的教诲

的结合体。"[23]这句话广为流传,但是需要注意的是,这句话是巴菲特在1969年时说过的。此后,他开始转向费雪的投资哲学,尽管这种转变是循序渐进的,但却非常明确,即只购买少数高质量企业的股票,并长期持有。按照我的直觉,如果要让巴菲特现在发表类似的声明,那么这个比例可能会接近50%∶50%。

毫无疑问,在巴菲特向费雪思想的转变过程中,查理·芒格是最重要的推动力量。

从现实意义上说,芒格完全就是费雪定性理论最积极的执行者。从一开始,芒格就高度评价优质企业的价值以及为其支付合理价格的智慧。喜诗糖果店就是一个最有说服力的例子。这家公司给伯克希尔带来了巨大的现金收入,而且每年都不需要什么资本性支出。芒格深知,这是一家货真价实的优质企业,最终的支付价格却是账面价值的3倍,这显然有悖于格雷厄姆的买入标准。在芒格的鼓励下,伯克希尔最终还是买下了这家公司。这次收购是巴菲特投资方法发生重大转变的开始。在他和芒格共事的岁月中,芒格始终坚持为优质企业支付合理价格的观点。

但是在一个很重要的方面上,芒格则成为格雷厄姆的现代版知音。多年之前,格雷厄姆曾教导过巴菲特情绪在投资中的双重性:对那些基于情绪做出非理性决策的人来说,情绪是恶魔;而对那些因为畏惧而避免让自己坠入同一个陷阱的人来说,则是一次机遇。正是在这句话的基础上,芒格继续演绎并提出了自己的观点,也就是他所说的"误判心理学",我们将在第六章深入分析。而这个改变也始终贯穿于伯克希尔的每一个决策,并成为其中不可分割的一个组成部分。"误判心理学"是芒格最重要的贡献之一。

巴菲特对格雷厄姆、费雪和芒格的推崇完全是可以理解的。格雷厄姆给巴菲特的投资带来了安全边际，并帮助他学会掌控情绪，从而更理性地对待市场波动。费雪为巴菲特提供了一种更新颖而且更可行的投资方法，能够有效识别良好的长期投资对象，以及集中的投资组合。芒格则帮助巴菲特认识了购买和持有优质企业所带来的经济回报。因此，我们能认识到，巴菲特的投资智慧是这三个人的有机结合，那么围绕巴菲特的投资行为而引起的种种混淆，自然也就迎刃而解了。

笛卡尔写道："拥有良好的心智还远远不够，最重要的事情是如何很好地实践。"巴菲特与其他投资管理者最大的区别恰恰就在于实践。他的很多同辈人同样不缺少智慧、自律和专注。但巴菲特之所以高于他们，就是因为他拥有让这三位智者的投资策略融合为一体的强大力量。

第四章 投资的 12 个永恒宗旨

巴菲特深谙股票市场，以至于即便是对股市不感兴趣的人，也对他的名字和声誉如雷贯耳。还有一些人，只要随随便便浏览一下报纸杂志的财经版面，就有可能会知道，巴菲特是某个公司的领导者，而这家公司的股票价格已高达每股70000美元。很多疯狂追捧市场消息的投资新手，甚至将巴菲特当作最优秀的选股者。

很少有人会否认，在这个世界上，最著名同时也是最成功的投资者应该就是一个杰出的选股大师。但是对于巴菲特来说，这显然会严重低估投资这份职业的精髓。他真正的天赋在于挑选公司。我的意思需要从两方面理解。首先，很多不了解情况的评论家或许没有意识到，除了持有令人垂涎的股票投资组合之外，伯克希尔·哈撒韦公司还直接拥有很多公司。其次，在考虑购买新的股票时，巴菲特会使用一套经过多年锤炼而成的基本宗旨，事无巨细地去了解这家公司，就像他准备买下整个公司一样。

实际上，巴菲特认为：在直接购买企业与购买企业发行的股票之间，并不存在真正的区别。在这两种情况下，他都需要遵循相同的基本策略：寻找自己最熟悉的公司，这些公司有良好的长期发展前景，管理者诚信谨慎而且能力超群，而最重要的是，价格有足够的吸引力。

巴菲特始终青睐于直接拥有一家公司，因为这可以让他去影响企业中最关键的一个问题：资本配置（近年来，伯克希尔一直在朝着这个方向发展。但巴菲特还指出：尽管不直接控制企业确有弊端，但这些缺陷很容易被两个显而易见的优势所弥补）。在股票市场上：

（1）选择投资目标的范围更大。

（2）可以提供更多发现便宜股票的机会。

巴菲特说："在做投资的时候，我们将自己看作是业务分析师，而不是市场分析师，也不是宏观经济分析师，更不是证券分析师。"[1]在评估一家公司的时候，无论是为了潜在的收购还是买入其股票的可能性，巴菲特首先都是从经营者的角度入手。他会从整体上看待这家公司，审视企业管理中的每一个定量和定性方面，分析它的财务状况和购买价格。

回顾巴菲特的职业生涯及其全部的投资，我们会发现其中的很多共同点，在此基础上，我们可以归纳出指导其投资决策的12条基本原则，或者说12个投资宗旨。通过对这些宗旨的提炼并对它们进行深入解析，我们把它们划分四个类别：

(1) **企业宗旨**：企业本身的三个基本特征。
(2) **管理宗旨**：高管必须具备的三种基本素质。
(3) **财务宗旨**：必须维持的四项关键财务标准。
(4) **市场宗旨**：相互关联的两个成本准则。

巴菲特的所有收购并非都要满足全部12个宗旨，但作为一个整体，这些宗旨则是巴菲特股权投资策略的核心。

此外，这12个宗旨也是巴菲特所经营的伯克希尔·哈撒韦公司的基本原则。他的希望是：每天走过自己的办公室前门时，自己的企业也能展现出这样的品质。

沃伦·巴菲特的12个投资宗旨

企业宗旨

企业是否简单易懂？

企业是否拥有持续稳定的经营历史？

> 企业是否拥有良好的长期发展前景？
>
> **管理宗旨**
> 管理层是否理性？
> 管理层是否对股东坦诚相待？
> 管理层是否会抵制惯性驱使的诱惑？
>
> **财务宗旨**
> 关注净资产收益率，而不是每股收益。
> 计算的是"股东盈余"。
> 寻找具有高利润率的企业。
> 每1美元的留存利润，确保至少创造1美元的市场价值。
>
> **市场宗旨**
> 企业的市场价值是多少？
> 是否能按相对于价值的折扣价格购买企业？

一、企业宗旨

对于巴菲特而言，股票是一种抽象概念。[2] 他从来不会从市场理论、宏观概念或是行业趋势等方面去认识股票。他的投资决策完全依赖于企业的运营方式。他认为：如果人们实施一笔投资的依据只是肤浅的理论，而不是基于企业的基本面，那么他们就更可能在遭遇困境时惊慌失措、落荒而逃，而且很可能在此过程中蒙受损失。因此，巴菲特只专注于尽可能地了解目标状况。他主要关注以下三个方面：

> **企业宗旨**
> 企业必须简单易懂。
> 企业必须拥有持续稳定的经营历史。
> 企业必须拥有良好的长期发展前景。

1. 简单易懂

巴菲特认为：投资者的回报与他们对投资的理解程度有关。这种"理解"是区分不同投资者的一个重要属性，有些投资者着眼于公司的长远发展，而大多数投资者只是买股票，打一枪换一个地方。

多年以来，巴菲特曾在诸多不同行业拥有企业。他对其中部分企业拥有控制权。而在其他情况下，他只是作为一名少数股东。但是，他总能敏锐地感知这些企业的运行方式。对于伯克希尔·哈撒韦旗下的所有企业，巴菲特对其收入、成本、现金流、劳资关系、定价弹性和资本配置需求等方面都了如指掌。

巴菲特之所以能始终对伯克希尔·哈撒韦旗下的企业如数家珍，就是因为他会有意识地将选择范围锁定在所能理解的财务和业务领域内。他的逻辑令人信服。如果你在自己不了解的行业中拥有一家公司（无论是全资持有还是作为少数股东），都有可能无法准确解释它的发展态势，更不要说做出明智的决定了。巴菲特建议："一定要投资于能力圈之内的企业。问题的关键不在于这个圈子到底有多大，而是你能否准确定义这个圈子的范围。"[3]

评论家们认为：巴菲特给自己设定的能力圈，会让他失去能带来最大投资潜力的行业，例如科技企业。但巴菲特的回答是：投资的成功不在于你懂多少，而是你对自己不了解的事物的认知程度。

"对投资者来说，最重要的一件事就是不要犯大错。"[4]巴菲特早已经认识到，即便是超过平均水平的回报，往往只来自于普普通通的事情，但关键就是做好这些事情。

2. 持续稳定的经营历史

巴菲特不仅主张避免复杂投资，还要规避因发展失败而陷入危机或是需要进行基础性转型的公司。按照巴菲特的经验，最好的投资收益通常来自那些长期稳定提供相同产品或服务的公司。重大业务调整显然会增加出现重大错误的概率。

巴菲特指出："重大调整和超额回报往往互不相容。"[5]遗憾的是，大多数投资似乎在追求相反的逻辑。近年来，很多快速变化的行业（如技术行业）让投资者趋之若鹜，他们争先恐后地购买重组企业的股票。巴菲特说："由于某些无法解释的原因，这些投资者总是被未来可能发生的事情所吸引，以至于忽略了企业的现状。"

企业经营和投资领域的经验告诉巴菲特，这些企业很少能迎来转机。一个在合理价格购买的好企业比以便宜价格购买的坏企业，可以带来更高的回报。巴菲特承认："查理和我还没有学会如何解决棘手的企业管理问题。但我们知道，如何避开这些问题。至于我们的成功，完全是因为我们专注寻找并跨越1英尺障碍物，而不是因为我们拥有跨越7英尺障碍物的能力。"[6]

3. 良好的长期发展前景

根据巴菲特的说法，经济领域可以划分为少数拥有特许经营型企业（伟大的企业）和多数的大宗商品型企业（平庸的企业），后者大多数不值得投资。巴菲特认为具有特许经营性质的产品或服务，应具有如下特征：

（1）被市场所需要或期望。
（2）没有相近的替代品。
（3）不受管制。

正是因为这些特征，使得特许经营型企业可以在定期提高价格的时候，不必担心失去市场份额或销售量。即使在需求持平且产能未充分利用的情况下，特许经营型企业也可以经常性地提高价格。这种价格弹性是特许经营的决定性特征，它可以给企业带来超过平均水平的资本回报。此外，特许经营权还具有巨大的经济商誉，从而让企业能更好地抵御通胀影响。

> 因此，要完全了解企业的长期发展前景，首先要确定它是特许经营型企业（伟大的企业）还是大宗商品型企业（平庸的企业）。

另外，大宗商品型企业所提供的产品或服务与竞争对手几乎没有差异。几年前，大宗商品还局限于石油、天然气、化学品、小麦、铜、木材和橙汁等传统产品。如今，计算机、汽车、航空服务、银行和保险都已成为大宗商品型产品。即使投入巨大的广告预算，它们也无法实现实质性的产品差异化。

大宗商品型企业通常具有较低的收益率，并且是"盈利问题的主要对象"。[7]他们的产品与竞争对手的产品在本质上不存在区别,因此,这些企业只能依赖价格进行竞争,这当然会严重降低它们的利润率。对大宗商品型企业而言,最可靠的盈利手段就是降低成本。大宗商品型企业的另一种盈利情况是市场上供不应求,但这种现象很难出现。巴菲特指出:确定大宗商品型企业长期盈利能力的关键,就是"出现供应紧张的年份数量与供应充裕年份数量"之比。但这个比率通常很小。巴菲特开玩笑说:伯克希尔纺织业务最近出现的一次供不应求时期,持续了"整整一个早晨"。

在分析了公司的经营特征之后,巴菲特还要继续考察其长期发展前景,然后判断公司的竞争优势和劣势。他表示:"我喜欢的企业,应该属于我非常熟悉的行业,并拥有我认为可以持续的经济实力。"[8]

经济实力常见于特许经营型企业。一种实力表现为能自由提高价格并取得高资本回报的能力。另一个实力则是在经济困境中坚持下来并持续生存的能力。巴菲特说,在这样的行业中,即使犯错也能实现高于平均水平的收益率,当然是一件令人鼓舞的事情。他告诉我们:"特许经营型企业可以容忍管理不善。尽管不称职的管理者可能会削弱企业的盈利能力,但不能给企业造成致命伤害。"[9]

特许经营权的一个主要缺陷就是价值易于受到侵蚀。成功不可避免地会吸引其他企业进入市场,竞争将随之而来。这些竞争对手会引入新的替代品,导致产品之间的差异化缩小。在这个竞争激烈时期,特许经营型企业会慢慢地受到侵蚀,从而退化为巴菲特所说的"弱特许经营",而后,进一步演变为"强势企业"。最终,曾经大有前途的特许经营型企业彻底退化为大宗商品型企业。

在发生这种情况时,高水平管理的价值和重要性将大幅增加。特许经营型企业可以容忍低水平的管理,而大宗商品型企业则会因此而失败。

二、 管理宗旨

巴菲特对管理者给予的最高称赞是:管理者会不折不扣地像公司股东那样去思考和行动。和股东言行一致的管理者通常会做到以下两点:

(1) 不会忽略为股东创造价值的公司基本目标。
(2) 通过合理的决策去实现这个目标。

当管理者认真履行向股东全面、真实汇报工作的义务,并勇于抵御他所说的惯性驱使、避免盲目跟风时,巴菲特同样会大加赞赏。

当考虑企业收购时,巴菲特着眼于管理质量。他告诉我们,对于伯克希尔·哈撒韦公司所收购的公司,必须由德才兼备的管理者运营,这些必须是他所钦佩和信任的人。巴菲特尤其关注以下三个方面的特征:

> **管理宗旨**
>
> 管理层是否理性?
> 管理层是否对股东坦诚相待?
> 管理层是否会抵制惯性驱使的诱惑?

1. 理性

管理者最重要的管理力是对公司的资本配置。之所以将这项能力放在第一位,是因为从长时期来看,资本配置是股东价值的最终决定要素。在巴菲特看来,要决定是将公司的收益用于企业再投资还是返还给股东,是一次逻辑和理性的练习。《财富》杂志的卡洛尔·卢米斯(Carol Loomis)表示:"巴菲特认为,理性是巴菲特经营伯克希尔所采用的风格,而这种风格往往是其他公司所缺乏的。"[10]

收益的配置方式与公司在生命周期中所处的阶段有关。公司在经济生命周期中所经历的各个阶段分别为:

(1) 发展阶段。
(2) 快速增长阶段。
(3) 成熟阶段。
(4) 衰退阶段:增长率、销售收入、收益和现金流急剧变化。

在发展阶段,公司会因测试和推出新产品的以及建立市场时出现亏损。进入第二个阶段,也就是快速增长阶段,公司会迎来利润,但由于增长速度太快,以至于缺乏支持增长的资金。通常,公司需要将全部收益留存,并通过负债或发行股票为快速增长筹集资金。

在第三个阶段,即成熟阶段,公司的增长率开始下降。此时,公司创造的现金开始超过开发和运营成本所需要的现金。在最后一个阶段衰退阶段时,公司的销售收入和收益均有所下降,但仍会产生大量的现金。在第三个阶段和最后一个阶段,尤其是第三阶段,公司会出现一个新的问题:应如何配置这些收益?

如果由于内部再投资的超额现金能创造出高于平均水平和资本成本的净资产收益率,那么公司就应该将所有收益留存在公司内部,对其进行再投资。[11]这是唯一合乎逻辑的做法。如果留存收益再投资带来的资本收益率低于平均资本成本，那么这种再投资就完全非理性的。

当公司能创造出大于需求的超额现金时，如果再投资收益率只能达到甚至是低于平均水平，那么此时的公司可以有以下三种选择：

(1) 可以忽略问题，继续将收益以低于平均收益率进行再投资。

(2) 通过外部收购维持增长。

(3) 可以把利润分配给股东。

正是在这种情况下，巴菲特才有机会敏锐地观察管理层行为。管理层的行为到底是理性的，还是非理性的？

> 对管理层理性的最大考验，就是如何制订关于配置超额现金的决策。

通常，当管理者在回报率低于平均水平时仍继续进行再投资，他们的依据是：这种情况只是暂时的。因为他们坚信，凭借自己的管理才能，他们完全有能力提高公司的盈利能力，而且股东也会被管理层乐观的盈利预测所迷惑。如果公司继续对这种情况视而不见，现金将成为闲置资源，进而导致股价下跌。一个经济收益率低、拥有大量现金和低股价的公司，注定会吸引公司掠夺者——而这就会终结当前管理层的任期。为保护自己，高管们往往会选择第二种方案：通过收购另一家公司来换取增长。

宣布收购计划会产生激励股东和阻击公司掠夺者的效果，但巴菲特对通过收购而实现外延式增长的必要性表示怀疑，因为：

(1) 这种增长往往是以支付过高收购价格换来的。

（2）公司必须对被收购企业进行整合和管理，任何失误都将给股东造成难以估量的损失。

巴菲特认为：当一家公司的现金水平持续增加，而且又无法以超过平均水平的收益率进行再投资，唯一合理、负责的做法就是将这些资金分配给股东。具体可以采取两种方式：提高分红或是回购股票。

有了以分红形式拿到的现金，股东就有机会将目光投向别处，去追求更高的收益率。从表面上看，这似乎是一笔好的买卖：因为在很多人看来，分红增加是公司业绩良好的标志。但巴菲特认为这是有条件的——也就是说，投资者用这笔现金带来的收益，要超过将这笔钱留存公司进行再投资所能创造的现金。

多年以来，伯克希尔·哈撒韦公司的资本收益率始终维持在非常高的水平，并留存了全部收益进行再投资。有了如此高的回报，如果股东以分红形式收回现金，只会让他们感到痛苦。因此，伯克希尔从不派息是可以理解的。这只会给股东带来更多的回报。1985年，巴菲特曾要求股东在以下三种分红方案中选出他们最喜欢的一种：

（1）继续将全部收益用于再投资，不支付任何现金红利。
（2）派发少量红利（占营业收入的5%~15%）。
（3）按全美平均派息率（占收益的40%~50%）分配红利。

在接受调查的股东当中，绝大多数（88%）倾向于继续执行现有政策，即不支付现金红利。能彰显股东对公司新任管理者的最终考验，就是他们允许管理层留存全部收益用于再投资。而伯克希尔·哈撒韦的股东显然对巴菲特给予了这样的信心。

有时候，如果红利的真实价值难以确定，或许就应该采用将收益分配给股东的第二种方式——股票回购。不过,从很多方面来看,这种方式给股东带来的利益没那么直接、有形,也不会立竿见影。

当管理层回购股票时,巴菲特认为:股东得到的回报是双重的。如果股票的市场价格低于其内在价值,那么回购股票带来的经济意义是显而易见的。例如,一家公司的股价为 50 美元,而内在价值为 100 美元,管理层在回购股票时,就相当于用 1 美元的价格取得 2 美元的内在价值。对尚持有股份的股东而言,这种性质的交易显然是非常有利的。

此外,巴菲特还指出,当管理层在市场上积极回购本公司发行的股票时,他们实际上就是在告诉市场:他们正在追求股东利益的最大化,而不是在漫不经心、毫无约束地扩大公司规模。这种姿态实际上就是在向市场释放积极的信号,从而吸引为增加股东财富而正在寻找优质公司的其他投资者。在这种情况下,股东通常会得到双重收益:一方面是首次公开发行时得到的股权升值,另一方面是市场关注推动的股票价格上涨。

2. 坦诚

巴菲特最欣赏的管理者具有这样的特征,他们能全面、真实地披露公司的财务状况,从不隐瞒。既能和股东分享成功的快乐,也从不忌讳承认错误,而且能对所有问题和股东坦诚相待、开诚布公。他尤其尊重那些敢于直面公司业绩、从不违背《一般公认会计原则》(GAAP)粉饰业绩的管理者。

《一般公认会计原则》仅要求按行业分类披露业务信息。因此,部分管理者会刻意利用这个最低要求,将公司的所有业务堆砌到一个行业领域,这样,股东就很难掌握各项业务收益情况的动态。巴菲特始终认为:"不论采用《一般公认会计原则》还是其他会计原则,真正需要披露的只是数据,因为只有数据,才能为使用者提供足够的信息,帮助他们回答如下三个关键问题:

(1) 这家公司的价值大约是多少?

(2) 公司达到未来目标的可能性有多大?

(3) 管理者在所完成的工作中表现如何?"[12]

伯克希尔·哈撒韦公司本身的年度报告就是一个很好的范例。他们不仅严格履行《一般公认会计原则》的规定,而且还给自己提出了更高的要求。在他们的年报中,巴菲特不仅披露了伯克希尔·哈撒韦公司每一项业务的收益情况,还提供了他认为有助于使用者判断公司经济业绩的信息。对那些能以开诚布公的态度与股东沟通的首席执行官,巴菲特始终赞赏有加。

此外,巴菲特也非常钦佩那些敢于公开承认失败的人。他认为:公开接受失败的管理者更有可能纠正错误。按照巴菲特的说法,大多数公司的年度报告都存在不同程度的虚假信息。在长期内,任何一家公司都会犯下这样或者那样的错误。他认为:更多的管理者喜欢报喜不报忧,他们只考虑夸大甚至粉饰业绩,而不坦诚面对问题,这或许有利于他们在短期内实现个人利益的最大化,但从长远来看,所有人都将为此付出代价。

在这方面,巴菲特非常感谢查理·芒格,因为正是有了查理的帮助,他才能学会从错误中汲取教训,而不只是盯着成功沾沾自喜。在伯克希尔·哈撒韦公司给股东的年报中,巴菲特对公司的财务和管理业绩就始终持开放和坦诚的态度,无论好与坏,从不隐瞒或粉饰。他曾多次承认,伯克希尔在纺织和保险业务上遇到的困难,以及他本人的管理失误。在1989年的伯克希尔·哈撒韦公司年报中,他再次延续了以列举自己的错误为开篇的惯例:"第一个25年的错误(浓缩版)"。两年后,他又把这部分的标题改为"最近的错误"。在这部分描述中,巴菲特不仅坦然承认了以前的错误,而且还列举了由于没有采取适当的措施而错过的机会。

评论家们认为:巴菲特公开承认自己错误的做法其实并不困难,因为作为伯克希尔·哈撒韦的最大股东,他永远不需要担心被解雇。事实确实如此。但这丝毫没有影响巴菲特的观点:坦率的品质会使管理层至少与股东一样受益。他说:"在公开场合误导他人的首席执行官,最终很有可能会让自己迷失方向。"[13]

3. 惯性驱使

如果管理层能因为面对错误而获得智慧和信誉,那么为什么还会有那么多的年报只吹嘘成功呢?既然资本配置的逻辑这么简单,为什么现实中的资本使用效率依旧如此低呢?巴菲特逐渐认识到,问题的答案就在于一种看不见的力量,也就是他所说的"惯性驱使",即从众心理会促使公司管理者自然而然地去模仿其他管理者的行为,而不管这种被模仿的行为是否合理,甚至是愚蠢的。

巴菲特承认,这是他职业生涯中最令人不可思议的发现。按照学校里接受的教育,经验丰富的公司管理者应该理性、聪明,而且富有诚信精神,因而会找到合理的企业决策。但是在身处现实中的商业世界之后,他却发现,"当惯性驱使占据上风时,理性往往会枯萎。"[14]

根据巴菲特的说法,惯性驱使往往会带来几种令人不安的常

见状况:

(1)(组织)抵触对当前方向的任何调整。

(2)增加工作量的唯一目的就是为了消耗可用时间,而开展新项目或收购的唯一目的则是为了消耗可用资金。

(3)不管领导者的业务目标有多么愚蠢,都能迅速得到下属的迎合,他们会马上杜撰出满足这个目标的可行性报告。

(4)不加思考地盲目模仿同行的行为,不管是扩大公司规模、收购、制定高管薪酬或是其他任何方面。[15]

巴菲特很早就认识到这一点。伯克希尔曾在 1967 年收购了国民保险公司。公司负责人杰克·林格沃尔特(Jack Ringwalt)帮助巴菲特体会到这种惯性的破坏力。当大多数保险公司都在销售低回报甚至是赔钱的保单时,林格沃尔特毅然决定退出这些市场,拒绝销售新的保单(完整的故事请参阅第二章)。巴菲特意识到,林格沃尔特的策略是明智的,因此也如法炮制。时至今日,伯克希尔·哈撒韦旗下的保险公司仍坚持这一原则开展业务。

惯性驱使到底有何魅力,能让那么多的企业乐此不疲地效仿呢?答案就在于人的本性。大多数管理者不愿意让自己显得比别人更愚蠢,当其他"像旅鼠随大流"的公司仍能报出季度收益时,明知和他们一道的命运就是一同葬身大海,也不愿独树一帜,直面本公司出现亏损的尴尬。改变方向从来就不是一件轻而易举的事情。这种从众心理,促使很多管理者宁愿追随其他公司踏上失败之路,也不愿迷途知返,调整公司的发展方向。

在这个问题上,不得不承认的是,巴菲特和芒格所享有的地位让他们可以对任何坏消息欣然接受:他们不必担心被解雇,因此，他们可以做出非常规的决定。不过，对于一个拥有较强沟通能力的管理者来说，如果他的策略能在长期内带来更好的结果，那么他完全有能力说服股东接受短期收入亏损并转型。巴菲特已经认识到，能否抵御惯性驱使的诱惑，与公司股东的关系不大，而是取决于公司管理者是否接受根本性变革。

即使管理者接受公司必须进行根本性变革或是有可能面临倒闭的风险，但对他们中的大多数人来说，要实施这样的计划显然是非常困难的。相反，很多人宁愿收购新公司，也不愿意面对当前问题造成的财务困境。

他们为什么要这样做呢？在影响到管理者行为的诸多因素中，巴菲特提炼出三个影响最大的因素：

（1）大多数管理者无法控制他们的行为欲望。这种通过过度行为寻找存在感的愿望可以通过企业收购得到释放。

（2）大多数管理者始终在拿自己的销售收入、利润和高管薪酬与行业内外的其他公司进行比较。这些比较不可避免地会引发他们采取过度行为。

（3）大多数管理者会难以抑制地夸大自己的管理能力。

另一个普遍存在的问题就是资源配置能力不足。正如巴菲特说的那样，很多首席执行官往往是因为在公司其他部门（包括行政、工程、市场或生产）的优异表现而得到晋升。因此，为弥补自己在资金配置方面的经验不足，大多数首席执行官会求助员工、外部顾问或投行专家。在这种情况下，惯性驱使会悄然无声地渗透到企业决策过程中。巴菲特指出：当首席执行官渴望实施一笔潜在的收购时，如果需要至少15%的投资收益率才能证明这笔收购的合理性，我们会有不可思议的发现：他的下属提交的可行性报告一定会成功论证这笔收购的投资收益率为 15.1%。

归根到底，造成惯性驱使的最终原因就是不加思考地效仿。如果 A 公司、B 公司和 C 公司都在做相同的事情，D 公司的首席执行官会说："我们公司也必须这么做。"

巴菲特认为：导致这些公司失败的原因不是唯利是图或愚蠢，而是惯性驱使的力量让他们难以抗拒失败的宿命。在对印第安纳州圣母大学学生做的演说中，巴菲特给出了一份 37 家破产投资银行的名单。他解释说：尽管纽约证券交易所的成交量增长了 15 倍，但这些投行还是以失败而告终。这些公司的管理者无不是智商超高而又非常勤奋的天才，而且每个人都渴望着成功。在演说过程中，巴菲特突然停下来，眼睛扫视了着整个房间，声色俱厉地说："你们不妨想想，他们是如何沦落到这样的境地呢？我告诉你们，就是他们盲目地模仿同行。"[16]

巴菲特有幸与美国企业最杰出的管理者共事，其中包括大都会/ABC 公司的汤姆·墨菲（Tom Murphy）、可口可乐的罗伯特·戈伊苏埃塔（Roberto Goizueta）和唐纳德·基奥（Donald Keough）以及富国银行的卡尔·雷查德（Carl Reichardt）。但巴菲特知道，即便是最聪明、最有能力的管理者，也无法拯救陷入困境的企业。巴菲特说："如果让他们去领导一家老掉牙的公司，他们同样难有作为。"[17] 老掉牙的公司迟早都会破产。

4. 管理层是否真的有价值

巴菲特肯定会率先承认，按照理性、坦诚和独立等维度来评价管理者，要比衡量财务指标困难得多，原因很简单——人远比数字更复杂。

的确，很多分析人士认为：由于对人类活动的衡量模糊且不精确，因此，我们根本没有任何信心去评估管理层，所以说，这种尝试完全是徒劳的。他们似乎是在说，如果不能使用数字，就不存在衡量。还有些人则认为：管理层的价值完全体现在公司的业绩统计数据上，包括销售收入、利润率和净资产收益率，因而无须以其他标准衡量。

尽管这两种观点都有一定的道理，但在我看来，两种说法都不足以推翻最初的前提。之所以有必要花点时间去评估公司管理层，是因为它能提供早期预警信号。只要认真观察管理层的言行，总能发现有助于衡量管理层工作价值的线索，而不是等到在公司财务报告或报纸杂志股票专栏中看到这些信息。当然，这需要挖掘，而挖掘往往会让内心软弱的人或是懒惰者望而却步。但这就是关键所在，他们会因此而成为失败者，而你则会因为内心的强大和勤劳而成为胜利者。

为收集必要的信息，巴菲特也给我们提供了一些小窍门。阅读前几年的年报，尤其要注意管理层对未来战略的看法。然后，将这些计划与目前已经得到的结果进行比较：看看计划的实现程度如何？再对比一下几年前的策略与当年的策略和观点：看看他们的观点有何改变？此外，巴菲特还建议：将被研究公司的年度报告与同行业类似企业报告进行比较，同样是非常有价值的。尽管很难找到完全相同的可比公司，但这种相对业绩的比较或许可以带来有价值的洞见。

尽可能地扩大阅读范围。一定要关注报纸和金融杂志上有关目标公司以及相关行业的报道文章。阅读公司高管的言辞及其他人的评价。如果你发现公司董事长刚刚发表了讲话或演说，务必向投资者关系部门获取相关副本,并仔细研究。利用公司网站获取最新信息。充分利用你可以想到的每一种方式,对目标公司保持高度警惕。如果能养成对信息保持警觉的习惯,你的判断过程就会变得更容易。

不过,有一点还需提醒大家:不要仅仅因为某条信息来之不易,就对这条信息给予过高权重。它只是大量信息中的其中一个要素,因而不能代表整体。无论管理者有多么出色,巴菲特都不会仅仅因为他们而对公司进行投资。他曾在书中写道:"如果让一个声名显赫的管理者去接手一个基本面低劣的企业,那么唯一不变的只会是企业的声誉,因为这些烂公司注定会成为管理者的滑铁卢。"[18]

三、 财务宗旨

在评价管理水平和财务表现时,巴菲特所采取的财务宗旨全部依赖于某些典型的"巴菲特式"原则。一方面,他并不十分重视公司的年度业绩。相反,他强调的是四年或五年内的平均业绩水平。他指出:企业的收益率往往不可能像地球围绕太阳运转那样精确无误。此外,他对以会计手法粉饰甚至伪造期末数字的做法非常不屑,因为做这样的数字游戏几乎没有任何价值。相反,巴菲特始终遵循少数恒久不变的财务宗旨:

> **财务宗旨**
> (1) 关注净资产收益率,而不是每股收益。
> (2) 只计算"股东盈余"。
> (3) 寻找具有高利润率的企业。
> (4) 每1美元的留存利润,确保至少创造1美元的市场价值。

1. 净资产收益率

通常，分析师是通过每股收益（EPS）来衡量公司的年度业绩：是否比去年有所增加？是否高得值得吹嘘？但是在巴菲特看来，每股收益就是一个烟幕弹。大多数公司会留存上年部分收益作为增加股权基数的方式。因此他认为：再漂亮的每股收益数据都不值得令人兴奋。如果一家公司在将每股收益增加 10% 的同时，还将股权基数增加 10%，那么这实际上对企业没有任何影响，只是司空见惯的会计伎俩。他解释说：这其实就相当于把钱存入储蓄账户，然后按期得到利息。

巴菲特认为：考量公司经营业绩最主要的指标，就是公司能否实现较高的净资产收益率（既没有过度的杠杆效应，又不涉及会计操纵等），而不是每股收益是否能持续增长。[19]在衡量公司的年度业绩时，巴菲特更喜欢使用净资产收益率（即营业利润与股东权益之比）。

但是在使用这个比率时，我们还需做一番调整。首先，由于大盘价值会在很大程度上影响到每一家具体公司的净资产收益率，因此，所有可交易的有价证券均应按成本计价，而不是以市值计价。比如，假如股票市场在某个年度大幅上涨，那么按市值计价，一家公司的净值就会增加。在公司利润不变的情况下，当分母增加时，原本优异的经营业绩也会有所下降。相反，股价下跌会减少股东权益，因此，原本平庸的业绩似乎会比实际情况好看得多。

其次，我们还要控制非经常性项目对净资产收益率分子带来的影响。在计算这个比率时，巴菲特会剔除所有资本损益以及任何有可能影响到营业利润的非经常性项目。他会剔除这些特别年度的业绩。他想知道的是，在使用既定资本的情况下，管理层在为企业创造营业利润方面的表现如何。巴菲特说：这是他衡量管理层经营业绩的最佳方法。

此外，巴菲特还认为：企业应在极少或不承担债务的情况下取得良好的净资产收益率。我们都知道，公司可以通过增加资产负债率来增加净资产收益率。巴菲特也意识到这一点，但仅通过增加债务为伯克希尔·哈撒韦公司的净资产收益率增加几个百分点的做法对他没有任何吸引力。他说："好的企业或投资决策无须借助财务杠杆，也能产生令人满意的回报。"[20] 此外，高杠杆公司在经济衰退期间往往很脆弱。因此，他宁愿在财务质量方面犯错误，也不愿因为增加债务带来的不确定性而将伯克希尔的股东利益置于风险之中。

尽管巴菲特始终采取保守态度，但他并不害怕借钱。实际上，他宁愿在预期将要使用资金之前未雨绸缪，也不愿在真正需要钱之后再去借钱。巴菲特曾指出：最完美的时刻，就是收购企业的有利时机恰好同时出现资金到位的情况。但经验表明，在现实中，更多的情况恰恰相反。便宜的资金会推动资产价格进入上行空间。紧缩银根和利率上调会提高负债的成本，并往往迫使资产价格进入下行通道。在目标公司的最优收购价格出现时，资金的高成本（相当于较高的利率）很有可能会降低机会的吸引力。因此，巴菲特指出：公司应分开管理资产和负债。

今天，这种先借钱后找投资机会的投资策略大多会伤及短期收益。因此，只有在合理确信潜在收购业务的投资回报足以覆盖债务成本时，巴菲特才会采取这种做法。考虑到真正有吸引力的收购机会寥寥无几，因此，巴菲特希望伯克希尔·哈撒韦公司必须随时做好准备。他建议道："如果你想猎到难得一见而且还在快速奔跑的大象，就应该时刻带好你的猎枪。"[21]

至于一个企业的债务到底多少算是合适，巴菲特从未给我们提供过任何建议。不同的公司，应根据现金流的水平确定不同的债务水平。巴菲特确实告诉过我们，一个好的企业应在没有财务杠杆的情况下取得良好的净资产收益率。如果一家公司只能依赖大量的债务才能获得良好的净资产收益率，那么这家公司的真实能力显然是值得怀疑的。

2. 股东盈余

巴菲特提出警告：投资者必须认识到，会计上的每股收益只是确定企业经济价值的起点，但不是终点。他说："首先需要了解的是，并非所有收益都是在相同条件下创造的。"[22]他指出：重资产型企业财报中提供的利润数据常常是被粉饰过的。由于通货膨胀会给重资产型企业带来亏损，因此，这些企业的收益可能会给人海市蜃楼般的虚幻感。因此，分析师只有在能对公司的预期现金流做出估算时，会计收益才是有意义的。

但巴菲特还警告说：即使是现金流，也不是估值的完美指标。现金流往往会误导投资者。现金流指标适用于评估最初投资较大且后期支出较少的企业，如房地产、天然气和有线电视等公司。另外，对于持续需要资本性支出的制造商业，则难以适用现金流指标进行准确估值。

公司的现金流通常被定义为税后净利润，加上折旧、摊销及其他非现金费用之和。但巴菲特认为：这个定义的问题在于，它忽略了一个重要的经济要素——资本性支出。在一家公司每年的利润中需要多少用于购置新设备、工厂升级，以维持其市场地位？按照巴菲特的说法，大约95%的美国企业每年需要投入的资本性支出约等于当年的折旧。他说：尽管企业可以将资本性支出递增一年或更久，但是如果长期不进行必要的改进，企业竞争力将下降。这些资本性支出就像公司的人工费用和水电成本等一样不可或缺。

在20世纪80年代，杠杆收购大行其道，由于坊间普遍认为，高现金流值得收购方支付更高的收购价格，因此，现金流数字的普及性也大为提高。巴菲特认为：现金流数字"通常源自那些专门推销股票和待出售公司的人，他们的目的就是将一些低质量公司或股票粉饰包装，让它们看上去熠熠生辉，充满诱惑力。但是，当收益似乎不足以覆盖垃圾债券的利率或是难以支撑愚蠢的超高股价时，让投资者的注意力转移到现金流上自然是最容易不过的手法。"[23]但巴菲特则告诫投资者，没有扣除必要资本性支出的现金流是不值得信赖的。

因此，巴菲特并不看好现金流，相反，他更倾向于采用他所说的"股东盈余"，即一家公司的净利润加上折旧、损耗和摊销，再扣除资本性支出和其他必要的营运资本。

巴菲特也承认，股东盈余并不是一个在数学上的精确指标，原因很简单——资本性支出的计算往往需要进行一定程度的预估。但巴菲特仍借用凯恩斯的话说："宁要模糊的正确，不要精确的错误。"

3. 利润率

像菲利普·费雪一样，巴菲特也意识到，如果管理层不能将收入转化为利润，那么伟大的企业也将变成糟糕的投资。按照他的经验，高成本运营的管理者往往会绞尽脑汁地增加管理费用，而低成本运营的管理者总会想方设法地削减开支。

巴菲特从来就不接受那些任由成本快速上涨的管理者。通常，这些管理者不得不通过重组计划来降低成本增速，使之与收入保持同步。因此，每当公司宣布削减成本计划时，巴菲特就知道，这家公司还没有弄清，到底哪些费用能给公司股东带来收益。巴菲特说："真正的优秀管理者不会每天早上醒来就说，'今天是我要削减成本，'就像他每天醒来无须练习呼吸一样。"[24]

为此，巴菲特列举了部分与之共事的优秀管理者在削减不必要开支方面采取的措施，包括富国银行的卡尔·雷查德和保罗·黑曾（Paul Hazen）、大都会/ABC 公司的汤姆·墨菲以及丹·伯克（Dan Burke）的成就。巴菲特说：这些人"不喜欢过多的人员编制"，且这两个管理团队"无论在利润达到历史最高水平还是承受盈利压力时，都会不遗余力地为降低成本而努力。"[25] 提到控制成本和不必要的费用，巴菲特同样身体力行。他对伯克希尔的利润率非常敏感。他了解适合公司员工规模或是业务领域，而且他相信，获得每 1 美元的销售收入都需要与之相适应的成本比例。

伯克希尔·哈撒韦是一家与众不同的公司。在基威特广场任职的员工数量甚至还凑不成一支棒球队。伯克希尔·哈撒韦公司不设法务部门，也没有公共关系或投资者关系部门，也没有由

MBA毕业生组成的战略规划部专门负责并购规划。伯克希尔从不雇用豪华轿车司机或通联。该公司的税后管理费用还不到营业收入的1%。巴菲特说：与伯克希尔·哈撒韦公司相比，其他收入相近公司的这个比例通常为10%左右。也就是说，仅仅是因为这些没有意义的管理费用，就让股东所拥有的价值减少了9%。

4. 一美元的前提

我们都知道，在长期范围，股票价格会理性地回归企业价值，尽管在任何一个年度中，股票价格可能会因价值以外的其他原因而发生剧烈波动。对此，巴菲特解释说：留存收益也遵循这个规律。如果一家公司在长期内低效使用留存收益，那么市场最终会给它的股票做出合理定价——也就是说，这家公司的股价将被大打折扣。反之，如果公司能取得高于平均水平的超额收益，那么这种成功同样会体现为股价的上涨。

巴菲特认为：如果他选择的公司不仅拥有良好的长期发展前景，而且管理者又坚持以股东利益为导向，那么这些要素最终将在公司不断增长的市场价值中得到体现。为此，他采用了一种快捷检验标准，即增加的价值应超过留存收益的数量，而且越多越好。巴菲特解释说："总而言之，股票市场就是一个巨大的拍卖市场，在这个领域，我们的任务就是挑选出优秀的企业，它拥有把每1美元转化为至少1美元市场价值的能力。"[26]

四、市场宗旨

上述的所有宗旨均包含了一个关键点：买还是不买。在这个点上,任何投资者都必须权衡两个要素:这家公司是否有价值?此时是否是购买的好时机,或者说此时的市场价格合理吗?

价格由股票市场决定。价值是由分析师和投资者在权衡公司业务、管理和财务等全部已知信息之后确定的。价格未必等于价值。如果股票市场确实有效,那么价格将即时按所有已知信息进行调整。但我们都知道,这种情况在现实中不会出现。股价会基于多种原因而围绕价值上下波动,并非总有逻辑性可言。

从理论上讲,投资者的行为取决于价格和价值之间的差异。如果价格低于其价值,那么理性的投资者会决定买入股票。如果价格高于其价值,那么任何理性的投资者都会放弃买入。

随着企业不断进入经济生命周期的下一个阶段,分析师需要定期参照市场价格来评估企业价值,并据此做出买入、出售或持有股票的决策。

总之,两个永恒的市场宗旨构成了理性投资的关键组成部分:

> **市场宗旨**
> (1)确定企业价值。
> (2)按相对于价值的折扣价格购买公司股票。

1. 确定企业价值

多年来,金融分析师始终使用形形色色的公式来计算公司的内在价值。有些人喜欢用各种各样的简易估值法:低市盈率、低市净率和高红利收益率。但巴菲特认为:最合理的估值体系还是60年前由约翰·伯勒·威廉姆斯(John Burr Williams)在《投资价值理论》中提出的。巴菲特告诉我们,按照威廉姆斯的理论,一家公司的价值是指它在整个生命周期中预期创造的所有现金流（股东盈余），并按合理的折现率上的折现。[27]他认为：这种方法适合于评估任何类型投资工具的价值：政府债券、公司债券、普通股、公寓楼、油井和农场。

巴菲特告诉我们，这个数学计算过程类似于债券的估值。在债券的估值中，市场每天将未来票面利息按当前利率对这些票息进行折现，加入债券的价值中。债券的价值就是按这个过程确定的。同样，要确定一家公司的价值，分析师需要估计该公司在未来一段时间内将会产生的"利息"，然后将这些利息全部折现为现值。巴菲特说："按这种方法估值，不管是生产马鞭的企业，还是手机运营商，所有企业在经济价值上都具有了可比性。"[28]

总而言之，要计算企业的当前价值，首先需要估计在企业的整个生命周期中可能创造的总收益。其次，再将这些收益折现为今天的现值（切记，对于这里的"收益"，巴菲特采用的是股东盈余，即按资本性支出调整后的净现金流）。为估算未来的总收益，我们需要用到有关公司业务特征、财务状况和管理者水平等方面的全部信息，并使用本章此前介绍的全部分析原则。而对于第二部分，我们只需要确定折现率的数字即可。我们将在稍后进行更多的解释。

> 要确定一家公司目前的价值，首先需要估计其未来现金收益总额，然后再以适当的比率对这个收益总额进行折现。

巴菲特始终坚持的一点是：对于他所看好的公司，应该拥有和债券收益一样确定的、可预测的未来收益。巴菲特相信，只要公司拥有持续的盈利能力，而且业务简单易懂，那么他就以较高的确定性预测公司的未来现金流。如果不能,他将会放弃。

这就是巴菲特估值方法的与众不同之处。尽管巴菲特认为:微软确实是一家充满活力的公司,而且他对公司的管理者比尔·盖茨赞赏有加,但他也承认,他不知道该如何估算这家公司的未来现金流。这就是他所说的"能力圈"。他对科技行业的了解还不够,因而无法预测任何一家科技企业的长期盈利潜力。

这就把我们带入第二个部分:合适的折现率应该是多少?巴菲特的答案很简单:这个折现率应该是无风险收益率。多年来,他始终将当期的长期政府债券利率作为折现率。由于美国政府在未来30年内将支付票息的确定性几乎是100%,因此,我们可以说,政府债券的利率是无风险收益率。当无风险收益率较低时,巴菲特会上调折现率。当债券收益率跌至7%以下时,巴菲特会将折现率提高到10%。如果利率随后高于这个水平,那么说明他对折现率进行了成功的调整,使之与长期利率相互匹配。如果长期利率没有上调,那么投资的安全边际就会再增加3个百分点。

有些学者认为:不管实力如何,任何公司都不能保证其拥有和债券利息一样确定的未来现金收益。因此,他们坚持认为:更合适的折现系数应该是无风险收益率与权益风险溢价之和,增加这个溢价是为了反映公司未来现金流的不确定性。但巴菲特并不考虑风险溢价。取而代之的是,他强调从开始就以较大折扣价格进行投资,从而获得稳定的安全边际,在此基础上,他只考虑具有收益稳定且可预测的公司。巴菲特说:"我对确定性非常重视。对我来说,在具有较高确定性的情况下,风险因素也就毫无意义了。"[29]

2. 低价买入

关注易于理解、基本面持续稳定且管理者坚持股东利益至上的企业。巴菲特说：尽管这些原则都很重要，但它们本身并不能保证投资一定会取得成功。要想取得成功，投资者首先需要以合理的价格买入。其次，公司的表现符合预期。虽然说第二项活动不是投资者所能控制的，但第一项活动显然是投资者自己的事情。如果价格不符合要求，巴菲特就会放弃这笔投资。

巴菲特的基本目标就是找到收益能力超过平均水平的企业，然后以低于内在价值的价格购买这些企业。格雷厄姆曾教导巴菲特，只有存在价格和价值之差所代表的安全边际时，才能购入股票。时至今日，这仍然是巴菲特最重要的投资指导原则，尽管我们都知道，他的合伙人查理·芒格鼓励他，偶尔应该为优秀的公司支付更高的价格。

安全边际原则为巴菲特提供了两个方面的指导。首先，保护他免受价格下跌风险的影响。如果他计算的企业价值仅略高于每股价格，那么他就不会买入这家公司的股票。他的理由是，如果公司的内在价值只是略微下降，股价就会低于买入价。但如果价格和价值之间的安全边际足够大，那么价值下降的风险就会相对较小。因此，如果巴菲特能按内在价值的75%（折扣25%）买入股票，那么即使后来价值意外降低了10%，最初买入价格仍可以为他带来足够的回报。

> **巴菲特投资策略的精髓**
> 寻找收益率超过平均水平的公司，并以低于内在价值的价格买入股票。

此外，安全边际还可以为股票投资带来高额回报的机会。如果巴菲特正确识别出一家拥有超额收益能力的公司，那么该公司股票的长期价值就应该稳步上升。当这家公司持续取得15%的净资产收益率时，其股价每年的涨幅必定超过净资产收益率只有10%的公司。此外，利用安全边际，如果巴菲特能以明显低于内在价值的价格购买一家优秀的企业，那么当市场调整企业的价格偏差时，伯克希尔就将获得额外的红利。巴菲特说："市场就像上帝，总会帮助那些自助的人。但是和上帝不同的是，市场不会原谅那些不知道自己在做什么的人。"[30]

多年来，巴菲特使用本章介绍的12个投资宗旨完成令人称道的股票收购案。通过美国运通公司（见第二章），《华盛顿邮报》公司、大都会/ABC公司以及早期对盖可保险公司股票的收购，他将这些投资宗旨付诸实践，并取得了令人瞠目结舌的成功。但这些投资无一能和1988—1989年买入可口可乐的案例相提并论。巴菲特的投资宗旨在这个案例中尽显无遗，因此，我们有必要详细探讨这笔交易。

五、可口可乐公司

可口可乐公司是全球最大的碳酸软饮料浓缩物和糖浆制品制造商、销售商和分销商。该公司最早在1886年于美国首次推出软饮料产品，如今，他们的销售网络已覆盖全球近200个国家和地区。

巴菲特与可口可乐的关系可以追溯到他的童年时代。有一次，他用25美分在祖父开的杂货店里购买了6瓶可口可乐，然后，他又按每瓶5美分的价格把这些可乐卖给自己的邻居。巴菲特说：在随后的50年中，他始终在关注可口可乐公司的惊人成长历程，不过，他收购的却是纺织厂、百货商店以及风车和农用设备制造企业。即便是在1986年，当他在伯克希尔·哈撒韦公司的年会上宣布，可口可乐公司生产的"樱桃可乐"将成为公司年会的官方指定饮料时，巴菲特仍未购买可口可乐的股票。直到两年后的1988年夏天，巴菲特才开始买入可口可乐公司的股票。

宗旨一：简单易懂

可口可乐公司的业务相对简单。公司采购大宗原材料，并通过配方生产浓缩原浆，最终出售给瓶装企业。随后，瓶装企业将浓缩原浆与其他成分混合，再将成品出售给包括小商店、超市和自动售货机等零售终端。此外，可口可乐公司还向餐馆和快餐连锁店等零售企业提供软饮料，在这里使用杯装和玻璃杯向消费者直接销售。

公司生产的主要产品包括可口可乐、健怡可乐、雪碧、Mr. PiBB、Mello Yello、Ramblin' Root 啤酒、芬达、无糖可乐和Fresca。此外，可口可乐的软饮料产品还包括 Hi–C 橙汁汽水、美汁源果汁、动乐运动饮料、雀巢柠檬茶和 Nordic Mist 乳品。公司对可口可乐公司持有44%的股权——后者是全美最大的瓶装饮料生产企业，此外，公司还持有澳大利亚可口可乐阿玛提尔公司37%的股份，后者不仅在澳大利亚开展业务，还在新西兰和东欧市场拥有企业。

可口可乐公司的实力不仅体现在它的品牌产品，还反映在无与伦比的全球分销体系上。如今，可口可乐公司产品的海外业务已占公司净销售额的62%和利润的68%。

宗旨二：持续稳定的经营历史

今天，没有任何一家公司拥有像可口可乐公司这样持续稳定的经营历史。公司创立于 19 世纪 80 年代，当时只卖一种饮料产品。100 多年后的今天，可口可乐公司仍在销售相同的饮料。尽管公司会定期投资一些非相关的业务，但作为核心的饮料业务基本未发生任何变化。

今天，唯一称得上重大变化的就是公司的规模和地理位置。100 多年前，公司只雇用 10 名推销员即可覆盖整个美国市场。当时，公司每年售出 116492 加仑的糖浆，年销售额为 148000 美元。[31] 到了 50 年后的 1938 年，公司每年可售出 2.07 亿箱软饮料（请注意，销售量的单位从加仑变成了箱）。同年，《财富》杂志上刊登的一篇文章指出："很难找到一家能和可口可乐相提并论的公司，它能像可口可乐一样，在 10 年的时间里只出售一成不变的产品。"[32]

在这篇文章发表 60 多年后的今天，可口可乐公司仍在销售糖浆，唯一的变化就是数量还在增加。到 2000 年，公司在 200 多个国家和地区销售了 165 亿箱软饮料，年销售额达 200 亿美元。

宗旨三：良好的长期发展前景

1989 年，就在伯克希尔公司公开宣布持有可口可乐公司 6.3% 的股份后不久，巴菲特接受了《亚特兰大宪法报》商业专栏撰稿人梅利莎·特纳的采访。她向巴菲特提出了一个经常被谈及的问题：为什么不早点买这家公司的股票？在回答中，巴菲特讲述了他最终做出这个决定时的想法。

他解释说:"假设你打算离家十年之久,在出发之前,你想做一笔投资,并完全了解目前所掌握的所有信息,而且你很清楚,在你离开这段时间,你无力对这笔投资带来任何影响。那么你会怎么考虑这笔投资呢?"当然,你投资的企业业务必须简单易懂;当然,在这些年里,这家公司必须展示出持续稳定的经营业绩;当然,公司的长期发展前景将是良好的。巴菲特解释说:"如果我对所有的事都胸有成竹,知道市场会继续增长,领先者还会继续成为市场的领先者,而且我指的是全球市场的领先者,而且还我知道,公司的销售数量还会有很大的增长。这样的目标,除了可口可乐公司之外,我不知道还有哪家公司可以实现。我相对可以肯定的是,等我回来的时候,它们肯定会比现在做得更好。"[33]

但到底是什么让他花这么长时间才做出决定呢?正如巴菲特所说的那样,可口可乐公司的商业属性已存在了几十年。那么他为什么会在这个时点买入呢?他承认,引起他的注意的是可口可乐在20世纪80年代的领导层调整,在罗伯特·戈伊苏埃塔(Roberto Goizueta)和唐纳德·基奥(Donald Keough)领导下发生的变化。那两个人让这家公司发生了天翻地覆的变化。

20世纪70年代对可口可乐公司来说是悲惨的。在这十年中,公司与瓶装企业的纠纷持续不断,公司美汁源厂区受到虐待外籍工人的指控,环保主义者声称公司使用不可回收容器加剧了国内的污染问题,联邦贸易委员会指控公司的独家经销特许权系统违反了《谢尔曼反垄断法案》。可口可乐公司的海外业务同样麻烦不断。因为可口可乐公司授予以色列拥有独家代理特许权,于是，阿拉伯国家开始联合抵制可口可乐，导致多年的投资就此土崩瓦解。即便是收入增长最快的日本，也因为公司的屡屡失误而变成梦魇之地。其中最有破坏性的一件事就是 26 盎司的家庭装可口可乐瓶子在商店的货架上突然爆炸。此外，日本消费者强烈反对公司在葡萄味芬达中使用人造煤焦油色素。但是，当公司生产以真正使用葡萄皮的新产品时，这些瓶装汽水却因出现发酵被倒进了东京湾。

在 20 世纪 70 年代，可口可乐支离破碎，在饮料行业里也没有创新。1962 年，保罗·奥斯汀（Paul Austin）被任命为公司总裁，并在 1971 年成为公司的董事长。尽管面对种种危机，公司依然能创造出数百万美元的利润。但奥斯汀并没有将这些利润对公司本身的饮料行业进行再投资，相反，他试图通过投资水利项目和养虾厂等项目实现多元化经营。此外，他还收购了一家酿酒厂。但股东强烈反对这项投资，他们认为：可口可乐公司不应该和酒精搭上关系。但是，奥斯汀一意孤行，在广告宣传方面投入了空前巨大的资金。

与此同时，可口可乐公司的净资产收益率高达 20%，但公司的税前利润率却在下滑（见图 4-1）。在 1974 年的熊市末期，可口可乐公司的市值为 31 亿美元（见图 4-2）。六年之后，该公司的市值已增至 41 亿美元。换句话说，从 1974—1980 年，公司的市值平均每年增长 5.6%，远远低于标准普尔 500 指数的增长速度。在这六年中，公司每 1 美元的留存收益仅创造了 1.02 美元的市场价值。

奥斯汀的措施加剧了可口可乐公司的困境。[34]奥斯汀为人强势，难以接近，而他的妻子也在公司内部造成了极其恶劣的影

图 4-1 可口可乐公司的净资产收益率和税前利润率

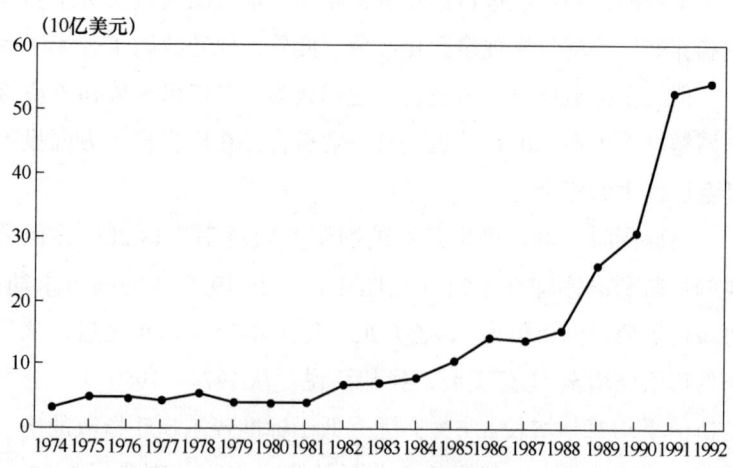

图 4-2 可口可乐公司的市场价值

响。她换掉了诺曼·罗克韦尔的经典画作,并用现代艺术品重新装修了公司总部。她甚至还订购了一架公务机,专门供她寻找艺术品。但正是她的最后一笔订单彻底毁掉了丈夫的前程。

1980年5月,奥斯汀夫人下令公司的公园,不再为员工提供午餐。她抱怨说:"员工的食物残渣掉落在公园精心修剪的草坪上,引来了鸽子。"员工们的士气跌落到了极点。罗伯特·伍德拉夫(Robert Woodruff)从1923—1955年一直是可口可乐的最高领导者,作为公司的教父级人物,当时已年近91岁高龄的罗伯特,至今仍担任董事会的金融委员会主席。他勒令奥斯汀辞职,并由罗伯特·戈伊苏埃塔继任。

戈伊苏埃塔出生于古巴,是可口可乐公司的第一位来自海外的首席执行官。他的外向与奥斯汀的沉默寡言形成了鲜明对比。他的第一个举措就是在加州棕榈泉召集可口可乐的50名高管开会。他说:"公司到底出了什么问题?我想知道这一切,而且一旦找到解决方案,我希望各位能不折不扣地执行这些方案。如果有人不愿意接受,我们会给你提供合理的补偿方案,然后请你走人。"[35]在这次会议之后,公司制定了"八十年代的策略",这个只有900字的小册子概括了可口可乐公司的企业发展目标。

戈伊苏埃塔鼓励公司管理者合理冒险。他希望可口可乐能主动出击,而不是被动接受。他开始削减成本,并提出了更明确的要求——可口可乐旗下的全部企业都必须实现资产收益率的最优化。而这些行动也立即使利润率得到提高。

宗旨四:高利润率

1980年,可口可乐公司的税前利润率已跌至12.9%。此前,公司利润率已连续五年下降,大大低于公司1973年18%的利润率。但是在戈伊苏埃塔上任的第一年里,税前利润率便恢复到

13.7%。到 1988 年，当巴菲特购买可口可乐的股票时，利润率已达到创纪录的 19%。

宗旨五：净资产收益率

在"八十年代的策略"中，戈伊苏埃塔指出：公司将剥离净资产收益率不能达标的所有业务。所有新业务必须拥有足够的增长潜力，否则投资将不予批准。可口可乐对参与呆滞的市场竞争不再感兴趣。戈伊苏埃塔宣布："增加每股收益和实现更高的净资产收益率仍是经营的主题。"[36] 他以行动践行自己的诺言。1983 年，可口可乐便将酒业生意出售给施格兰公司。

尽管公司在 20 世纪 70 年代取得了 20% 的净资产收益率的好成绩，但戈伊苏埃塔并未止步。他还需要更令人激动的净资产收益率，而公司也再一次实现了他的要求。到 1988 年，可口可乐的净资产收益率已提高到 31.8%。

无论采用什么指标，在戈伊苏埃塔的领导下，可口可乐公司的财务业绩都达到奥斯汀时期的两倍甚至是三倍。这种进步在公司的市值上得到了体现。1980 年，可口可乐的市场价值达到 41 亿美元。

到 1987 年年底，也就是说在 10 月的股市崩盘之后，可口可乐的市值依旧上涨到 141 亿美元（见图 4-2）。7 年来，可口可乐的市值年均增长了 19.3%。在此期间，可口可乐凭借每 1 美元的留存收益创造了 4.66 美元的市值。

宗旨六：坦诚的管理层

在"八十年代的策略"中，戈伊苏埃塔清晰无误地纳入了对股东利益的考虑。他在这一策略中写道:"在接下来的十年中,我们将继续完全致力于股东利益,全力实现其投资的保值和增值。"[37]此外,他还进一步指出:"为了给股东的投资创造出高于平均水平的收益率,我们必须选择收益能力超过通货膨胀率的投资。"

戈伊苏埃塔不仅要发展业务,而且还要求开展资本性投资,此外,他还要履行提高股东价值的义务。要实现这些目标,可口可乐需要通过提高利润率和净资产收益率,一边提高分红数量,一边降低分红率。在整个20世纪80年代,分红数量每年实现了10%的增长,而分红率则从65%降至40%。这样,可口可乐就可以将公司的大部分收益再投资,在维持公司盈利增长速度的同时,又不会降低股东收益。

在每年的可口可乐年报中,开始部分都是针对财务数据和管理层的讨论:"管理层的主要目标是长期股东利益的最大化。"公司的经营战略强调长期现金流的最大化。为此,公司始终关注收益率较高的软饮料业务,在增加现有业务收益能力的同时,优化资本成本。如果能兑现这些目标,现金流的增加、净资产收益率的提高以及股东总收益率的上升自然不是问题。

宗旨七:理性的管理

通过净现金流的增加,可口可乐得以在增加股东分红收益的同时,在公开市场上回购公司的股票。1984年,可口可乐公司批准了有史以来的第一次回购,戈伊苏埃塔宣布,公司将回购600万股股票。自此之后,公司已合计回购了超过10亿股。截至1984年1月1日,回购股份的总数已达到全部已发行流通股总量的32%，平均回购价格为每股12.46美元。换句话说，可口可乐公司为回购股票合计支付了124亿美元，按今天的交易价格计算，这部分股票的市值约为600亿美元。

宗旨八：股东盈余

1973年，可口可乐的"股东盈余"（净利润 + 折旧/摊销 − 资本性支出）为1.52亿美元（见图4-3）。到1980年，公司的股东盈余为2.62亿美元，年复合增长率达到8%。从1981—1988年，股东盈余从2.62亿美元增加到8.28亿美元，年均复合增长率为17.8%。

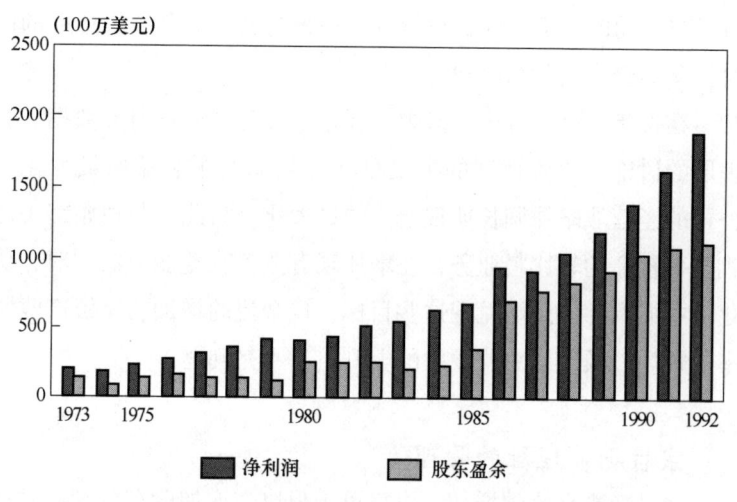

图4-3 可口可乐公司的净利润和股东盈余

股东盈余的增长体现在可口可乐的股价中。如果我们回看10年期的数据，这一点尤其明显。从1973—1982年，可口可乐的总收益率仅以年均6.3%的速度增长。而在1983—1992年，年均增长率则达到了惊人的31.1%。

宗旨九：抵制惯性驱使

在戈伊苏埃塔接管可口可乐之初，戈伊苏埃塔的第一个举措就是放弃前任首席执行官保罗·奥斯汀开发的非关联业务，让公司重归核心业务：卖糖浆饮料。这清楚地表明，可口可乐有能力对惯性驱使说"不"。

毫无疑问，将公司回归为单一产品型企业是一项大胆的举措。戈伊苏埃塔的战略之所以更令人称道，是因为他敢于在整个行业追求多元化大潮的情况下逆势而为。一些全球领先的饮料公司纷纷将利润投资于其他非关联业务。例如，百威啤酒利用啤酒业务创造的利润投资主题公园。葡萄酒及烈酒的生产销售商布朗-福曼酒业将其利润投资于瓷器、水晶、白银和箱包等业务，但这些业务的盈利能力均远低于酒品业务。全球烈酒和葡萄酒企业施格兰公司则收购了环球影城。作为可口可乐最主要的饮料行业竞争对手，百事可乐则收购了休闲食品企业（菲多利公司）和快餐连锁业务，包括塔可钟、肯德基和必胜客。直到最近（1999年4月），百事可乐才将餐厅业务剥离给百胜餐饮集团。

更重要的是，戈伊苏埃塔的措施不仅将公司的关注点集中在规模最大同时也是最重要的产品上，而且还致力于将企业资源重新配置在盈利能力最强大的业务上。由于糖浆饮料销售业务的收益能力远超其他业务，因此，公司也是在将利润再投资于盈利能力最强的业务。

宗旨十：确定价值

当巴菲特于1988年首次购买可口可乐公司的股票时，人们不禁发问:"可口可乐的价值到底体现在哪里?"PE是15倍,股价是现金流的12倍,分别比市场平均水平高出了30%和50%。然而,巴菲特为这家收益率为6.6%的公司支付了5倍的市净率。他之所以愿意这样做,是因为可口可乐公司拥有无可比拟的商誉。尽管公司实现了31%的净资产收益率,但资本投资却相对较少。巴菲特曾解释说:价格并不代表价值。他指出:可口可乐公司的价值计算过程也和其他所有公司一样——将整个生命周期内的预期股东盈余总额按适当比率进行折现。

1988年,可口可乐公司的股东盈余为8.28亿美元(见表4-1)。而当年的30年期美国国债(无风险利率)收益率接近9%。因此,将可口可乐公司的1988年股东盈余按9%进行折现,得到的内在价值为92亿美元。在巴菲特买入可口可乐公司的股票时,其市值为148亿美元,乍一看,巴菲特似乎买高了。但这92亿美元只是代表了可口可乐公司当期股东盈余的折现值。如果买家愿意支付的价格比92亿美元高出60%,这只能说明,在他们的头脑里,可口可乐公司的价值将在很大程度上来自未来的成长机会。

当一家公司无须借助额外资本即可增加股东盈余时,就应将无风险收益率和股东盈余预期增长率的差额作为折现率,对股东盈余进行折现。通过分析可口可乐公司的情况后我们发现,从1981—1988年,股东盈余每年以17.8%的速度增长,远高于无风险收益率。在出现这种情况时,分析师需使用两阶段折现模型。也就是说,目标公司首先在有限年份内按超常增长率实现成长,而后以较低的速度在后续成长期内永续增长,这样就可以按两个阶段计算其未来收益。

表 4-1 可口可乐公司的股东盈余分析

(单位:100 万美元)

年度/期间	年销售额	年利润	折旧	资本性支出	股东盈余
1973	2145	215	59.1	121.3	152.8
1974	2522	196	59.5	150.1	105.4
1975	2872	239	67.7	143.3	163.4
1976	3032	285	71.7	182.2	174.5
1977	3559	326	85.4	260.9	150.5
1978	4337	374	95.0	306.0	163.0
1979	4961	420	117.0	409.3	127.7
1980	5912	422	138.0	298.0	262.0
1981	5889	447	144.9	329.6	262.3
1982	6249	512	150.7	400.3	262.4
1983	6829	558	156.0	492.0	222.0
1984	7364	629	170.0	565.0	234.0
1985	7904	678	335.0	652.0	361.0
1986	8669	934	430.0	665.0	699.0
1987	7658	916	153.0	300.0	769.0
1988	8338	1045	170.0	387.0	828.0
1989	8966	193	184.0	462.0	915.0
1990	10236	1382	236.0	593.0	1025.0
1991	11572	1618	254.0	792.0	1080.0
1992	13074	884	310.0	1083.0	1111.0
复合年增长率					
1972—1980	15.6%	10.1%	12.9%	13.7%	8.0%
1981—1988	5.1%	12.9%	2.3%	2.3%	17.8%
1988—1992	11.9%	15.9%	16.2%	29.3%	7.6%

我们不妨采用两阶段折现模型,计算一下可口可乐公司在 1988 年未来现金流的现值。1988 年,可口可乐的股东盈余为

8.28亿美元。我们假设可口可乐公司的股东盈余在未来10年内按15%的年均增长率实现增长（这是一个合理的假设，因为这个增速低于公司此前7年的平均增速），那么到第10年，股东盈余应为33.49亿美元。我们不妨进一步假设，从第11年开始，股东盈余的增长率降至每年5%。假设以9%作为折现率（当时的长期国债利率），那么我们可以推算出可口可乐公司在1988年的内在价值为483.77亿美元（计算过程见表4-2）。[38]

表4-2 可口可乐公司的股权现金流折现

（使用两阶段的折现模型，假设第一阶段为10年）

	1	2	3	4	5	6	7	8	9	10
上年度现金流	828	952	1095	1259	1448	1165	1915	2202	2532	2912
增长率	15%	15%	15%	15%	15%	15%	15%	15%	15%	15%
本年度现金流	952	1095	1259	1448	1665	1915	2202	2532	2912	3349
折现率（倍数）	0.9174	0.8417	0.7722	0.7084	0.6499	0.5963	0.547	0.5019	0.4604	0.4224
每年的现值	873	922	972	1026	1082	1142	1204	1271	1341	1415
以前年度现值合计					11248					
剩余价值的计算										
第10年的现金流			3349							
永续增长率（g）			5%							
第11年的现金流			3516							
资本化率（k−g）			4%							
第10年年末的现值			87900							
第10年年末的折现率（倍数）			0.4224							
剩余价值的现值					37129					
公司的市场价值					48377					

注：假设第一阶段的增长率为15.0%；假设第二阶段的增长率为5.0%；折现率为9.0%；金额单位为100万美元。

我们可使用不同的增长率假设重复上述计算过程。如我们假设,可口可乐的股东盈余能在未来10年内按12%的速度增长,10年之后,再以5%的速度永续增长,那么公司的现值(折现率为9%)则为381.63亿美元。如果未来10年的年均增长率为10%,然后再以5%的速度永续增长,那么可口可乐公司的价值为324.97亿美元。此外,如果我们仅假设公司的年均增长率始终维持在5%,那么公司价值至少应为207亿美元[8.28亿美元除以(9%-5%)]。

宗旨十一:以折扣价格买入

1988年6月,可口可乐股票的市场价格约为每股10美元(按除权调整后)。在接下来的10个月里,巴菲特陆续买入了9340万股,总投资金额为10.23亿美元。也就是说,巴菲特购买可口可乐公司股票的平均每股成本为10.96美元。到1989年年底,对可口可乐公司的投资占伯克希尔投资组合的35%。

从戈伊苏埃塔掌管可口可乐以来,公司的股价每年都在上涨。在巴菲特购买第一手可口可乐公司股票之前的五年中,股价的年均增长率为18%。这家公司的前景实在是太好了,以至于连巴菲特都没有办法以更低的价格买入。尽管如此,巴菲特仍在继续买入。他一直在提醒我们,价格和价值是两码事。

在1988—1989年巴菲特增持股票的期间,可口可乐的股票市场平均价格为151亿美元。但是需要提醒的是,按巴菲特的估计,这家公司的内在价值应在207亿美元(假设股东盈余按5%的速度增长)到324亿美元(假定股东盈余的增长率为10%),甚至可以达到381亿美元(假定股东盈余的增长率为12%)或

483亿美元（股东盈余的增长率为15%）。按照这个估算巴菲特这笔投资的安全边际，买入价格对内在价值的折扣最低可以达到比较保守的27%，而最高可达70%。

宗旨十二：1美元净利润的再投资假设

自巴菲特开始购买其股票以来，可口可乐公司股价的表现就一直非同寻常。1989年12月31日，假如买入可口可乐公司的100美元普通股，并假设将分红收益全部用于再投资，那么在10年后，这笔投资的税前价值将增加到681美元，平均年复合收益率为21%。自1989年以来，可口可乐的市值从258亿美元增长到1439亿美元。1989年12月31日至1999年12月31日期间，公司合计创造了269亿美元的利润，向股东派发了105亿美元的红利，并将164亿美元用于再投资。也就是说，公司用作留存收益的每1美元，可以创造出7.20美元新的市场价值。截至1999年年底，伯克希尔对可口可乐公司最初10.23亿美元的投资，价值已达到116亿美元。

可口可乐是唯一一家能把产品送到世界各地的生产和分销企业。在美国，每人每年消耗425罐8盎司容量的可口可乐饮料。与此相比，在中国，每人每年的消耗量则是7罐。公司的增长潜力是显而易见的。如果东欧印度、非洲和东亚地区的可口可乐饮料人均消费量继续增加，那么公司将实现销售额增长速度超过平均水平的目标。

巴菲特说：最值得拥有的企业，就是那些较长时期内以超高收益率使用大量资本的企业。可口可乐公司显然完美地诠释了这句话。它已成为全球上最受欢迎、最值得尊重的品牌之一。不难理解，巴菲特为什么认为可口可乐是世界上最有价值的特许经营型企业的典范了。

六、做一个聪明的投资者

在巴菲特的投资哲学中一个最鲜明的特征，就是他能清晰地认识到，通过投资持有股份拥有一家企业，而不是几张纸片。巴菲特说：如果不了解公司的运营状况（产品和服务、劳资关系、原材料成本、厂房和设备、资本再投资需求、存货、应收账款以及营运资金需求）的情况下，就去购买一家公司的股票，这样的想法显然是不合理的。因此，按照巴菲特的观点，投资者必须像企业所有者那样去对待投资，而不只是超脱于企业之外的股票持有者，实际上，这也是投资者唯一应该具备的心态。在《聪明的投资者》一书中，格雷厄姆写道："在像做企业那样去投资时，投资就成为最需要智慧的事情。"巴菲特说："这句话道出了投资的真谛。"

一个持有股票的投资者，既可以选择成为企业的所有者，也可以只选择做一个可交易有价证券的持有者。如果投资者认为自己持有的股票只是一张纸片，那么他们就会对公司的财务报表漠不关心。在这种情况下，他们会让自己的行为完全受制于瞬息万变的市场，似乎市场的价格比公司的资产负债表和利润表更能准确反映股票的价值。他们会像打扑克牌那样去拿起或是放弃一只股票。对巴菲特而言，普通股持有者和企业所有者的活动是休戚相关的。因此，两者也应该完全以相同的方式去认识企业的所有权。巴菲特说："因为我是商人，所以我才是更好的投资者；另外，因为我是投资者，所以我也是更好的商人。"[39]

经常会有人问巴菲特，他将来准备收购哪些类型的公司。他会说："我会避开大宗商品型企业以及对管理层缺乏信心的企业。"也就是说，他心仪的企业首先是那种他了解的公司，而且这家公司应该具有良好的经营状况和值得信赖的管理层。对此，他这样总结自己的标准："一个好企业不一定是好的投资目标，我们可以关注，但还要考虑一些其他因素。"[40]

第五章 集中式投资:理论与机制

到此为止，我们已讨论沃伦·巴菲特选择股票投资目标的方法，并把这种方法所依赖的永恒原则归结为 12 个宗旨。在巴菲特对可口可乐的投资中，我们已经看到这些宗旨是如何在现实中得到应用的。与此同时，我们通过分析认识到，来自其他人的投资洞见是如何影响巴菲特投资哲学的。

但每个投资者都知道，决定要购买哪些股票仅仅是巴菲特投资故事的一部分，更重要的部分是对投资组合进行的持续管理。知道该持有哪些股票，以及应该持有多长时间；决定是否应该变现部分投资，并将资金转到其他投资上，以及应该在什么时间变现，如何变现；并在做出这种决定的过程中，学会如何控制不可避免的情绪波动。

可以预见，在这个方面，巴菲特同样会给我们有价值的启发。

好莱坞以最形象的手法，让我们认识到基金经理们的标准工作模式。同时拿着两部电话与客户沟通，疯狂记录着东西，并目不转睛地盯着一排计算机屏幕上不断闪烁、跳动的数字，当股价下跌时，脸上便流露出痛苦的表情。

但巴菲特的投资显然与"疯狂"这个词不沾边。他的一举一动都冷静如初、充满自信。他也不需要同时盯着十几个计算机屏幕。因为价格的瞬间变化对他而言并不重要。巴菲特考虑的不是几分钟、几天或几个月，他对时间的量度是几年。他从不盯着数百家公司，因为他的投资只集中在少数几家公司。他称自己是"集中式投资者""我们只关注少数最优秀的企业"。[1]他将这种投资策略称为集中式投资，这种策略极大简化了对投资组合的管理任务。

集中式投资是一个非常简单的概念，但是和大多数简单的想法一样，它也依赖于由诸多相关性概念搭建起来的复杂基础。在

第五章　集中式投资：理论与机制

本章及下一章中，我们将深入研究其中的每一个基础性概念，以及它们给投资带来的影响。换句话说，本章介绍了进行集中式投资的原因和方式。而在接下来的章节中，我们再进一步介绍"下一步该做什么"。这两章的基本目标，就是为我们提供一种认识投资决策和管理投资组合的新方法。必须提醒的是：这种新方法极有可能和我们所熟知的一些股市投资策略背道而驰。

1. 现状：两种选择

当下的投资组合管理似乎陷入两种基本策略之间非此即彼的拉锯战。

(1) 主动型投资组合管理。

(2) 指数投资。

主动型投资组合管理者始终在做一件事：不断地大量买卖普通股。他们的工作就是设法让客户满意，也就是说，他们的唯一目标就是要永远跑赢大盘，因为客户每天都在用同样的量尺衡量他们——"与整个市场相比，我的投资组合表现如何？"只有得到肯定的回答，客户才会把钱继续留在基金中。因此，为了维持超越大盘的领先地位，主动型基金经理总试图去预测未来六个月内的股票走势，并不断调整投资组合去迎合自己的预测。就总体水平而言，普通股共同基金会持有超过100只股票，并达到80%的换手率。

指数投资则是采取了一种买入并持有的被动投资策略。它是构建一个高度分散的普通股投资组合，然后长期持有这一组合。而构建这个分散性组合的目的，就是让组合业绩模仿并跟踪某个基准指数的行为，如标准普尔500指数。

与主动型投资组合管理相比，指数投资似乎还是一个有点新颖的改变，而且运用也没有那么普遍。自20世纪80年代以来，指数基金成为一种被市场认可的另类投资策略，而投资者也就此划分为两大阵营，相互较量，以确定到底哪种方法最终会产生更高的投资回报。

主动型投资组合管理者认为：凭借其出色的选股技巧，他们可以战胜让任何指数。而对指数投资者来说，他们的从业历史还是不够悠久。一项追踪20年期间投资业绩（1977—1997年）的研究显示，在过去四年的全部股票共同基金中，收益率超过标普500指数的比重已从早期的50%大幅下降到只有25%。如果追溯到1997年，降幅更为明显。截至1998年11月，90%的主动型基金业绩不佳（平均收益率比标准普尔500指数低14%），这意味着，只有10%的主动型基金能跑赢大盘。[2]

按目前的操作惯例，主动型投资组合管理的回报超过指数投资的概率非常小。原因不难理解，在某种意义上，它们每年都在疯狂地买卖数百只股票。他们的基本逻辑是：不管这只股票到底是什么，只要预期很快会获利，就立刻买进。但这个逻辑显然有一个致命缺陷：考虑到金融市场的复杂性，任何股票的价格都是无法预测的。而高频交易固有的高交易成本，则让这个原本就根基不牢靠的逻辑愈加复杂化。毫无疑问，这些成本降低了投资者的净收益。如果将这些成本考虑在内，那么有一点是显而易见的，主动型投资组合管理的失败完全咎由自取。

指数投资则在很多方面优于主动型投资组合管理，因为它不会带来频繁交易带来的交易成本。但即使是好的指数基金，其最高的收益能力也只能受限于整体市场表现。指数投资者的回报既

第五章 集中式投资：理论与机制

不可能明显落后于整体市场，但也不能好多少。

从投资者的角度看，两种策略的优势是有共性的：通过分散投资，最大限度地降低风险。通过持有代表众多行业和市场板块的大量股票，投资者希望为自己建立一个暖洋洋的庇护所，防止遭遇把全部鸡蛋放在一个篮子里而这个篮子被打坏的灾难性损失。因此在正常情况下，人们会认为：在一个高度分散的基金组合中，某些股票可能会下跌，但另一些股票会上涨，这样，我们就可以祈祷后者的上涨可以补充前者下跌的损失。主动型投资组合管理者认为：投资组合中包含的股票越多，盈利的机会就越大。十胜于一，百胜于十。

从理论上说，指数基金确实满足符合这种多样化投资的观点，但前提是，它所跟踪的指数本身就是多样化的（大多数指数基金确实如此）。传统的股票共同基金也是如此，这些基金始终持有超过100只不同的股票。

长期以来，多样化已成为所有人的口头禅，以至于我们在思想上似乎已对其出现不可避免的结果感到麻木：业绩平庸。尽管主动型和指数型基金都可以提供多样化的投资，但是就总体而言，它们都不会给投资者带来非凡的回报。

精明的投资者一定要学会反问自己：我对"平均水平"会感到满意吗？我可以做得更好吗？

2. 新的选择

对于这场旷日持久的辩论，巴菲特会怎么评判呢？在指数投资和主动型投资组合管理这两个特定的方案中，他会毫不犹豫地选择指数投资。对风险承受能力很低的投资者，以及对企业运营状况了解甚少但仍希望通过普通股投资分享企业长期收益的投资者，也会如此选择。巴菲特对此给出了一个非常特别的解释："通过定期投资指数基金，即便是一无所知的投资者也能让大多数专业投资者自叹不如。"[3]

但巴菲特很快指出：实际上，投资者还可以选择第三种策略，这是一种完全不同的主动型投资组合策略，而且更有可能击败指数投资。这种策略就是集中式投资。

一、集中式投资：着眼大局

从本质上说，集中式投资意味着：选择在长期内有可能跑赢大盘的少数股票，将大部分资金集中投资于这些股票，即便是遭遇市场的短期震荡，也依旧守住这些股票，耐心如初。

我们可以把这种投资策略分解为若干独立的要素，然后再对这些要素逐一探讨。

1. 寻找最优秀的公司

多年以来，对于哪些公司值得投资，巴菲特已开发出一种独有的选择方法。他的方法基于一个非常普遍的观念，即如果公司本身表现良好，而且是由聪明的管理者打理，那么其内在价值最终将反映在公司的股价中。因此，巴菲特将大部分精力并不是放在跟踪股价上，而是放在目标公司基础业务合理性的分析以及管理质量的评估上。

巴菲特就是要将分析对象按一组投资宗旨或基本原则进行判断，从而对每个机会做出评判。我们已在第四章对这些宗旨进行了描述，实际上我们可以把这些宗旨视为是一个工具箱。每一个宗旨都是一种分析工具，从总体上看，这些工具可以帮助投资者找出最有可能带来高收益的公司。

只要严格遵循巴菲特的投资宗旨，必然会找到适合集中式投资组合的优秀公司。而据此选择的公司，必将有长期优异的经营业绩和持续稳定的管理层，而这种稳定性则表明，这些公司在未来极有可能复制过去的优异表现。这就是集中式投资的核心：把投资集中在那些收益能力非常有可能超过平均水平的公司。

属于数学领域的概率论，也是集中式投资策略立足的基础之一。我们将在本章后续部分详细介绍概率论。

2. 少即是多

还记得巴菲特给"一无所知"的投资者买指数基金的建议吧？他接下来说的话更有趣："如果你是一位'懂一些'的投资者，熟知商业经济的来龙去脉，而且能找到5～10个定价合理，且具有长期竞争优势的公司，那么传统多样化概念（广义上的主动型投资组合管理）对你而言就没有任何意义。"

传统的多样化投资到底有什么问题呢？一方面，它会大幅增加你买入自己不了解的公司的可能性。巴菲特建议：按照前面提到的宗旨，"懂一些"的投资者更适合将注意力集中到5～10个公司上。而对普通投资者而言，这个范围扩展到10～20个是比较合理的。

比确定具体数字更重要的就是理解这背后的基本概念。如果将投资组合的范围扩大为数十只股票，那么集中式投资自然也就不复存在了。

集中式投资者的黄金法则

（1）将投资集中于少数几家由卓越管理层经营的优秀公司。

（2）将投资集中于自己真正了解的公司范围内。10家公司比较合适，而超过20家公司就是自找麻烦了。

（3）在这些优秀公司中挑选出最好的，然后把你的大部分投资交给它们。

（4）采取至少5~10年的长期视角。

（5）波动不可避免，但一定要有耐心坚持下去。

第三章告诉我们，巴菲特的思想深受菲利普·费雪的影响，而且这种影响在投资组合管理方面很明显。费雪始终以其高度集中的投资组合而闻名。他总是说，他宁愿拥有少数几家自己非常了解的好公司，也不会拥有大量不了解的平庸公司。如我们所见，费雪通常将自己的投资组合限制在10家公司以内，并将总投资中的75%集中于其中的三四家公司。

费雪的儿子肯·费雪（Ken Fisher）同样是一位非常成功的基金经理。他将父亲的投资哲学总结为："我父亲的投资方法基于一个不同寻常但却颇有见地的思想——少即是多。"[5]

1. 把大赌注押在大概率事件上

费雪的影响还体现在巴菲特的另一个观点中，巴菲特认为：在面对重大机遇时，唯一合理的行动是做大手笔的投资。今天，巴菲特再次诠释了这种观点："对于你的每一笔投资，你应该拥有把至少10%净资产投入那只股票的勇气和信念。"[6]

如果说每只股票至少应获得10%的投资份额，那么按照这个逻辑，我们自然很容易理解巴菲特为什么认为理想的投资组合不应超过10只股票。然而，集中式投资并不只是简单地找到10只好股票，然后将全部资金在它们之间平均分配即可。即使集中式投资组合中的都是好股票，其中的几只一定具备更好的回报，那么它们将占据更大的投资份额。

21点的玩家对这个逻辑再熟悉不过了。当占据优势的时候，他们会押下大额赌注。所以，投资者和赌徒都需要掌握同一门学科——数学。数学和概率论共同缔造了另一个重要的集中式投资原理——凯利最优化模型，我们将在本章后续部分对此进行详细描述。在这种情况下，凯利模型使用概率计算出最优投资比例。

回想一下第二章的内容：巴菲特针对有限合伙公司购买美国运通的股票做出的决策。当丑闻导致公司股价下跌近一半的时候，巴菲特将高达40%的有限合伙公司资产投资于这只股票。他坚信，尽管存在争议，但公司的基本面依旧稳固，股价迟早会恢复到合理水平。与此同时，他还辨识到另一个绝佳的机会。但这个机会是否值得拿出总资产的一半呢？这显然是一次收益丰厚的豪赌：两年后，他卖掉了已经大幅增值的股票，获得了2000万美元的利润。

2. 务必耐心

集中式投资与广泛持股、高频交易的投资策略形成了鲜明对比。尽管在所有的主动型投资策略中，集中式投资最有可能在长期内打败指数投资，但是在其他策略表现更好的情况下，它却需要投资者耐心地持有投资组合。我们都知道，在较短时期内，利率、通货膨胀或短期公司盈利的变化会影响股价。但随着时间跨度的增大，企业的基本面终将反映到股价上。

那么，理想的时间跨度应该是多长呢？显然找不到普遍适用的硬性标准（尽管巴菲特可能会说，以不到五年时间作为标准的任何观点都是愚蠢的）。当然，也不能要求不交易，这完全是另一个愚蠢的极端，因为这会导致我们丧失更有利的机会。我建议：从一般性经验出发，应将换手率控制在 10%～20%。10% 的换手率表明投资者持有一只股票的时间应为 10 年，而 20% 的换手率则意味着对一只股票持有 5 年时间。

3. 不要因为价格变动而恐慌

集中式投资追求超过平均水平的投资收益率，而且正如我们将在下一章里所看到的那样，不管是在学术研究还是实际的案例中，大量强有力的证据表明，这个目标基本是可实现的。但毋庸置疑的是，实现这个目标的道路总是布满坎坷和颠簸，因为价格波动是集中式投资不可避免的"副产品"。集中式投资者必须忍受这种波动，因为他们知道，从长远来看，公司的基本面确实最终将弥补短期的价格波动带来的折磨。

巴菲特是一个对波动视而不见的大师。他的合伙人查理·芒格同样如此，芒格提出以另一种不同方式进行集中式投资的基本理念。对此，芒格解释说："早在 20 世纪 60 年代，我实际上就拿着一张复利表，根据大盘的表现对需要买入哪些股票做出各种假设。"[7] 他会研究几种情况，以确定投资组合中需要的股票数量以及预期可以出现的波动。

"我从扑克玩家的经验中认识到，遇到对自己有利的情况时要加大筹码。"他由此得出的结论是，只需要持有三只股票就足以应对价格的波动。"我知道我从心理上可以接受股价的波动，因为我就是在市场的震荡中成长起来的。"[8]

也许你也来自众多接受市场波动论的群体。即使你生来没有那么幸运,但总可以从他们身上学到一些特质。你需要有意识地去调整思维方式和行为方式。养成新的习惯和思维模式,这显然不是一朝一夕的事,但还是要循序渐进地敦促自己,不要因为市场的波动而感到惊慌或冲动。

二、做好计算

在进行集中式投资之前,我们首先可以利用第四章介绍的投资宗旨,找到少数几个业绩优异的公司。没有人会否认,要进行如此深入的研究需要花费一定的时间,但实际上,这个过程并不需要任何超常或是深奥的技能。为做好这项研究,你必须知道如何判断和认识自己已经拥有的技能。不过,在这个过程当中,你还需要了解一点数学知识,其中有些可能对你来说还是新知识,比如概率论和优化论。

1. 概率论

把股市设想成一个不确定的世界,这种说法确实有点简单化,但也并不夸张。在这个世界里,成百上千甚至数千种不同力量相互结合,并最终体现在价格上。每一种力量都在不断变化,其中任何一种力量的变化都有可能突然影响股价,而且每一种力量都是绝对无法预测的。因此,对投资者来说,他们的任务就是通过识别并剔除最不确定的事物,然后将注意力集中于不确定性最小的事物上。这项任务的核心就是概率计算。

当我们不太确定一件事，仍想表达自己的意见时，我们往往说"可能……"或"不太可能……"来描述这件事。如果我们想再进一步，尝试对这些笼统的表达方式予以量化时，那么我们就需要用到概率了。概率是一种表达不确定性的数学语言。

一只猫生下一只鸟的概率是多大呢？0。明天太阳照样在东方升起的概率是多少呢？这个事件的发生是必定无疑的，因此它发生的概率为1。所有既非确定性又非不可能事件的发生概率都在0~1，可表述为分数。而确定这个分数就是概率论的基本内容。

1654年，布莱斯·帕斯卡（Blaise Pascal）和皮埃尔·德·费马（Pierre de Fermat）相互之间的信件往来奠定了今天概率论的理论基础。帕斯卡是数学和哲学领域的天才少年，遭到哲学家兼赌徒希瓦利埃·德·梅内（Chevalier de Méré）的挑战，试图解开一个难倒很多数学家的难题。如果在游戏结束前，其中一方需要离开，在这种情况下，两个人应如何分配赌资才算公平。针对梅内提出的问题，帕斯卡找到数学天才费马，并通过一系列书信往来讨论应对梅内的挑战。

在《与天为敌：风险探索传奇》一书中，作家彼得·伯恩斯坦对这个片段做出了精彩介绍："1654年，帕斯卡和费马通过书信对这个话题进行了交流，这是一个在数学和概率论中具有划时代意义的事件。"[9]尽管他们对这个问题给出的答案有所不同（费马使用的是代数方法，而帕斯卡则采用了几何方法），但有一点是毋庸置疑的，他们构建了一个能确定不同结果发生可能性的理论体系。的确，帕斯卡的数字三角形可以解答很多现实问题，比如，在输掉首场比赛后，你最喜欢的棒球队赢得世界职业棒球大赛总冠军的可能性。

帕斯卡和费马的理论也标志了决策论的形成。决策论就是一个在不确定未来的情况下确定采取何种行动的过程。伯恩斯坦在《与天为敌》一书中道："做出决策是风险管理重要的第一步。"[10]

帕斯卡和费马被后人奉为概率论的鼻祖，而另一位数学家托马斯·贝叶斯（Thomas Bayes）的一篇文章为概率论付诸实践奠定了基础。

1701年，贝叶斯于出生于英国的一个普通家庭，他比费马晚出生了100年，比帕斯卡晚出生了78年。尽管贝叶斯是皇家科学院院士，但一生中却没有发表过任何数学方面的著作。直到他去世之后，人们才注意到他撰写的"在机会原则中解决问题"的文章。当时，并没有人重视这篇文章。但根据彼得·伯恩斯坦的说法，贝叶斯的这篇文章是"绝对惊天之作，它让作为统计学家、经济学家和社会科学家的贝叶斯永留青史。"[11]它也为投资者利用数学概率论解决问题提供了一种方法。

通过贝叶斯的分析方法，我们可以采用一种逻辑方法来考虑事件：这个事件有可能会出现多种结果，但最终只能有一个结果能成为现实。从理论上说，这个过程非常简单。我们根据已知信息，为每个结果分配一个发生率，或者说是概率。如果随后又出现新的信息，那么可以通过修改初始概率来反映新的信息。贝叶斯定理为我们根据新的信息调整原来的预期，以改变相应的概率提供了一种数学模式。

概率论如何在现实中使用呢？不妨做一个假设，你和朋友用整个下午玩喜欢的棋盘游戏。现在，在游戏即将结束时你们还在闲聊。朋友提出不妨做个下注的游戏：掷一下骰子，看能否得到6点。出现6点的可能性是1/6，即概率约为16.67%。但随后你的朋友掷出之后马上用手盖住，并从缝隙里看一眼。她说："是个偶数，我只能告诉你这么多。"现在，你得到了新的信息，按照这个信息，你猜中点数的可能性便大幅提高到1/3，即概率为33.33%。当你考虑是否更改赌注时，朋友开玩笑地说："还可以告诉你，不是4。"于是，你按照这个最新的信息再次调整猜测的结果，此时，猜对的可能性变成了1/2，即达到50%的概率。

这个非常简单的例子中使用的是贝叶斯分析。每个新的信息都会让我们调整原有的概率，这就是所谓的"贝叶斯推理"。

在贝叶斯分析中，我们试图将全部已知信息整合到一个过程中，从而对基础状态做出推断或决策。在高校中，老师可以使用贝叶斯定理帮助学生制订学习决策。在课堂上，被称为决策树理论。决策树的每个分支代表新的信息，而这些信息反过来又会改变做出某个决策的概率。查理·芒格解释说："在哈佛商学院，把一年级的全部课程结合到一起就是所谓的决策树理论。他们所做的事情，就是使用高中代数知识来解决现实生活中的问题。学生都喜欢这种方法。他们惊讶地发现，高中代数居然也能在生活中体现价值。"[12]

2. 概率的主观解释

正如查理·芒格所指出的那样，基础代数在概率计算中非常有用。但是要让概率论在投资中得到实际应用，我们还需深入研究数字的计算方法，尤其需要关注频率的概念。

如果说，在投掷一次硬币的时候，出现正面向上的概率是1/2，这是什么意思呢？或者说，在掷一次骰子时，偶数面向上的概率为1/2表示什么呢？如果一个盒子里装了70个红色弹球和30个蓝色弹球,大理石在这个盒子中拿出一个蓝色的概率是3/10,这又代表了什么呢?在这些例子中,事件发生的概率就是所谓的频率解释,它基于平均法则。

如果一个不确定事件发生了无数次,那么这个事件发生的频率就体现为该事件的概率。比如,如果我们反复10万次掷一枚硬币,那么正面向上的事件预期将出现5万次。请注意,我没有说出现这个事件的次数等于5万。按照大数定律,仅对于无限次重复的事件,其相对频率才会等于概率。我们都知道,从理论上说,在抛硬币的过程中,每一次正面向上的概率为1/2,但只有在经过无数次抛掷之后,我们才能说,出现正面和反面的概率是相等的。

显然,在涉及不确定性的问题上,我们不能给出绝对的答案。但是,如果我们对问题做出明确的定义,那么我们就应该能列出所有可能出现的结果。如果让不确定事件重复足够的次数,那么结果的频率应反映出不同结果的概率。但是,如果我们关注的只是偶然发生一次的事件,问题就出现了。

我们该如何估计明天通过理科考试的概率或是绿湾包装工队赢得超级碗的概率呢?在每一种情况下,我们需要回答的问题都是不同的。尽管我们可以回顾一下绿湾包装工队的所有比赛数据,但却无从知道到底哪些球员出现在这些比赛中。我们也可以通过回顾以前的考试成绩,以判断我们在测试中会有怎样的表现,但必须承认,每一次考试都是不一样的,而且我们的知识也不是一成不变的。

如果不能重复足够次数的测试得到频率分布,我们该如何计算一个事件发生的概率呢?没有办法。在这种情况下,我们只能依赖对概率的主观解释。而且我们确实一直在这么做。我们会说包装工队获得冠军的概率是 1/2，或者通过一次艰难考试的概率为 1/10。它们都是对概率的表述——描述了我们对某个事件的"置信度"。如果不能对某个事件进行足够次数的重复，我们就无法基于频率来解释概率，此时，我们就只能依靠自己的主观判断了。

我们会马上看到，两个例子中，很多主观解释将会误导我们得出错误的结论。在主观概率中，最大的问题就是要对假设进行分析。仔细想想，你是否会因为考试的难度太大、准备不足或是假装谦虚，而断定你在考试中得到优异成绩的可能性只有 1/10？你对包装工队的狂热支持，是否会让你对另一支球队的明显优势视而不见呢？

根据贝叶斯分析理论，如果你认为自己的假设是合理的，那么让某个事件的主观概率等于频率概率是"完全可接受的"。[13] 在这个过程中，唯一需要做的事情就是筛选出不合理和不合逻辑的部分，并留下合理的部分。主观概率不过是对频率概率方法的拓展而已。在很多情况下，主观概率是有价值的，因为它可以让你考虑实际应用因素，而不是依赖于长期统计规律。

无论投资者是否意识到这一点，他们实际所做的每个决定都是一次概率练习。若要合理使用概率论，最关键的一点，就是将历史数据与最新数据结合到一起。这就是现实中的贝叶斯分析。

3. 概率：巴菲特的风格

巴菲特说："我们要做的全部事情就是，将出现收益的概率乘以可能收益的金额，减去亏损的概率乘以可能亏损的金额。尽管这样得到的结果不够完美，但这就是概率论的内涵。"[14]

说明投资与概率论关系的一个最有说服力的例子就是风险套

利。纯粹的套利无非是利用相同证券在两个市场上的价格差异获利。比如,大宗商品或外汇价格在全球各个市场上进行交易,因而形成不同的报价。如果两个市场对同一商品或货币的报价不同,那么套利者就可以在一个市场买入,同时在另一个市场卖出,并从中赚取差价。

在已宣布的公司合并或收购中,风险套利已成为常见的操作手法。(一些投机者对未宣布的公司事件进行风险套利,但巴菲特一直规避这个领域,我们也应该这么做。)在对斯坦福大学学生发表的演讲中,巴菲特谈及了对风险套利的看法。他说:"我的任务就是评估(已宣布合并)实际发生的概率和利润率。"[15]

至于巴菲特对斯坦福大学学生谈到的下一个观点,我们不妨用一个例子来做铺垫。假设雅培公司以每股18美元的价格开盘交易。早盘时段,公司宣布在今年某个时候——也许是六个月后,雅培公司将按每股30美元的价格出售给科斯特洛公司。新消息发布后,雅培公司股价立即飙升到27美元,随后在这个价格附近震荡。

巴菲特也看到即将合并的消息,而且必须做出决定。首先,他需要评估这个事件成功的概率。某些公司并购交易并不一定能最终成功。比如,董事会可能会出人意料地否决,或是联邦贸易委员会可能对并购交易提出异议。没有人能确定风险套利交易的最终结果,而这就是风险的源泉。

巴菲特的决策过程就用到了主观概率的评估。他解释说:"如果我认为股价上涨3美元的概率是90%,而下跌9美元的概率是10%,那么我们就需要在2.70美元中减去0.90美元(即,3美元×90%−9美元×10%),最终的预期收益应该是1.80美元。"[16]

接下来，巴菲特说："你必须弄清楚这笔交易的时间跨度，然后将投资回报与可利用的其他投资机会进行比较。"按照巴菲特的计算，如果你以每股 27 美元的价格购买雅培公司的股票，那么这笔投资的潜在收益率为 6.67%（1.80 美元/27 美元）。如果预期这笔交易将在六个月内完成，那么该投资的年化收益将是 13.3%（1.8/27×2）。然后，巴菲特将这笔风险套利交易的收益与其他潜在交易的收益进行比较。巴菲特也承认，风险套利存在亏损的可能。他说："我们宁愿冒既定交易中的可确定亏损的风险——套利就是一个例子，也不愿参与任何不能把握的交易，尤其是交易涉及大量相互独立且拥有预期亏损的类似事件。我们希望参与的交易，是那些可以合理进行概率计算的交易。"[17]

我们可以非常清楚地看到，巴菲特进行的风险套利的判断就是主观概率分析，因为这种风险套利不涉及预先可知的频率分布。每一笔交易都各不相同，因而需要不同的评估。即使如此，在风险套利交易中采用某些合理的数学计算还是有意义的。

这和我们投资普通股没有任何区别。为说明这一点，我们不妨再看看伯克希尔·哈撒韦公司另一笔石破天惊的投资——收购富国银行的普通股。

4. 投资富国银行

1990 年 10 月，伯克希尔·哈撒韦公司购买了 500 万股富国银行集团股票，他们以每股 57.88 美元的平均价格向这家公司投资 2.89 亿美元。[18] 通过此次收购，伯克希尔·哈撒韦公司拥有富国银行 10% 的股票，并成为这家银行的最大股东。

这是一个极具争议之举。当年早些时候，富国银行的股价曾高达每股86美元,随后,由于投资者大量抛售加州银行的股票,导致公司股价暴跌。当时,美国西海岸正处于经济衰退时期。一些观察家推测,这家银行的贷款组合中充斥了大量的商业及住宅抵押贷款,而当地房地产业几乎已陷入绝境。在加州银行中,由于富国银行对商业性地产涉足很深,因而也被认为缺乏应对危机的抵抗力。

巴菲特很清楚这点,但他对富国银行却给出了不同的结论。他是否知道其他专业投资者不知道的事情呢?并非如此。他只是从不同角度对形势进行了分析。我们不妨复盘一下巴菲特是如何思考的,因为这可以为我们提供一个如何使用概率的清晰示例。

如果概率得到的加权平均收益明显超过加权平均亏损,那么风险投资也就没有那么危险了。

巴菲特认为:"持有银行股远非无风险的投资。"[19]但是,"但只要你相信,概率加权的收益远远超过加权亏损,那么你就可以有意识地进行一笔风险投资。"[20]在分析富国银行这笔投资时,巴菲特划分了几种情况,并为每一种情况分配了概率。在他看来,投资富国银行的风险主要有三种。

"第一种风险是加州的银行存在遭遇大地震的特殊风险,这可能会给借款人造成严重损失,进而殃及为他们提供贷款的银行。第二种风险则是系统性的:出现经济萎缩或金融恐慌的可能性非常大,以至于运行再良好的高杠杆机构也不能超然物外。而当前市场最担心的是第三种风险,即西海岸的房地产价格因供给过度而下跌,因为这将导致提供房地产资金的银行蒙受巨大损失。"[21]

巴菲特说,尽管这些风险都不能被一一排除。但是,他根据合理证据得出结论,发生地震或严重金融危机的可能性很低(尽管巴菲特并没有提供具体数据，但这个"低"概率对应的数字可能不到10%）。

然后，他将注意力转向出现第三种风险的可能性。巴菲特认为：对于像富国银行这种管理良好的企业，并不会因房地产大幅贬值造成重大问题。在年度报告中，他对伯克希尔·哈撒韦公司的股东解释说："可以看看一些数字。即使扣除3亿多美元的贷款亏损，富国银行目前的每年税前收入也会达到10亿美元。在富国银行的1991年全部480亿美元贷款中，假设遭受亏损的房地产贷款占10%，而且这些贷款的亏损（包括放弃的利息）相当于本金的30%，即便在这种情况下，富国银行依旧可以实现盈亏平衡。"现在，我们再考虑一下，在银行的资产组合中，假设有10%的亏损可归结为是由严重经济萎缩带来的（而这种危险被巴菲特视为"低"概率事件）。但即使出现这种情况，银行仍将维持盈亏平衡。巴菲特继续指出："至于存在上述两种情况的年份，我们认为真正出现的可能性很小。但即使这样的事情确实发生，也不会对我们构成压力。"[22]

巴菲特设想导致富国银行遭受长期重大损失的可能性非常小，甚至几乎是不存在的。但尽管如此，富国银行的股价仍下跌了50%。在巴菲特看来，如果现在购买富国银行股票的话，实现盈利的概率约为1/2，而出错的概率几乎没有增加。

5. 凯利优化模型

无论你什么时候踏进赌场，赚钱的概率是非常低的。这也没有什么可大惊小怪的。毕竟，我们都知道赌场庄家几乎总是最后的赢家。但如果玩法正确，在赌场里赚到钱的概率还是存在的：

21点游戏就是一个例子。在风靡全球的《打败庄家：21点游戏的制胜策略》一书中，拥有数学背景的爱德华·O. 索普（Edward O. Thorp）为我们总结了一个制胜赌场的过程。[23]

索普的策略基于一个非常简单的概念。当牌桌上有很多10、J、Q、K或A的时候，我们就可以说，玩家（比如你自己）相对庄家拥有统计学意义上的优势。假设将"抓到大牌"这一事件赋值为 -1，将"抓到小牌"这一事件赋值为 +1，那么你就能轻而易举地跟踪发牌情况。此时，你只需做心算即可：每拿到大牌就减1，每拿到一张小牌就加1。如果你在某一轮计算出的得分为正数，那么你就会判断出，下一轮抓到大牌的概率更大。因此，在汇总分数是一个较大的正数时，聪明的玩家就会押上最大的赌注。

实际上，隐含在索普这本书中的一个重要概念，就是凯利投注模型。[24]另外，凯利的灵感则来自于信息论的创始人——美国数学家克劳德·香农（Claude Shannon）。

在20世纪40年代，香农还是贝尔实验室的一位数学家，在大部分职业生涯中，他都在寻找有线电视信息传输的最优方式，减少随机噪声分子的干扰。1948年，他发表了一篇具有划时代意义的论文，名为《通信的数学原理》。[25]在这篇文章中，他使用数学公式，计算出根据成功概率可以通过有线电视传输的最优信息量。

几年之后，另一位数学家约翰·拉里·凯利（J. L. Kelly）看到了香农的文章，他意识到，这个公式可以轻而易举地用于人类的另一项活动——赌博，毕竟，只要知道取得成功的概率，赚钱的可能性就会大大增加。1956年，凯利在一篇题为《信息速率的新解读》的论文中指出，香农提出的不同传输速率和同一事件出现不同结果的可能性论述在本质上都属于概率事件，这个公式对两者都有用。[26]

凯利优化模型也被称为"最优成长策略"，它主要基于这样一个概念：如果你知道成功的概率，那么你就可以把资金配置在胜算最大的事件上，从而实现增长率的最大化。这个选择过程可以表述为如下公式。

$$2p - 1 = x$$

按照这个公式，2乘以成功的概率（p），再减去1，就是你应该配置的资金比例（x）。如果打败赌场庄家的概率为55%，那么你拿出手头10%（55%×2−1）的资金去下注，即可实现盈利增长的最大化。如果成功的概率为70%，那么可以用来配置的资金比例则是40%（70%×2−1）。此外，如果你知道成功的概率可以达到100%，那么这个公式就会告诉你：拿出手里所有的钱，疯狂地赌一场吧。

当然，股市要比21点游戏复杂得多。在游戏中，你可以拿到的纸牌数量是有限的，因此，出现不同结果的可能性也是有限的。而在拥有数千只普通股和数亿投资者的股市上，有可能出现的结果是无穷无尽的。因此，要使用凯利优化模型，就需要在整个投资过程中进行持续性的重复计算，并据此调整不同投资的比例。尽管如此，这个公式的基本原理仍可以为我们提供重要的启发，即概率水平与投资规模存在某种数学上的关联性。

我相信，对集中式投资者而言，凯利优化模型绝对是一种有价值的工具。不过，它只会让那些认真使用它的人受益。使用凯利优化模型是有风险的，因此，最明智的做法就是让投资者了解其固有的三个局限。

(1) 无论是否打算使用凯利优化模型，投资者都应做好长期打算。虽然 21 点游戏的玩家确实有机会打败赌场庄家，但不能就此认为，马上成功，成功更可能会姗姗来迟。投资也是一样，即使投资者已经屡屡找到好公司，但市场却始终含情脉脉，让投资者体会苦尽甘来的快乐。

(2) 审慎使用杠杆。格雷厄姆和巴菲特都曾大声疾呼使用借款投资股市的危险（即通过保证金账户买入股票）。当你最需要钱时，反而意外收到补仓的要求，这种风险往往发生在市场最低迷的时刻。如果对保证金账户使用凯利优化模型，那么在股市大跌时，就有可能迫使你放弃胜算最大的投资，从而出局。

(3) 在概率游戏中，最大的风险就是过度下注。如果你认为某个事件的成功概率为 70%，而实际上只有 55%，那么你就会面临"赌徒破产"的风险。而最大程度降低这种风险的方法，就是采用所谓的"半凯利"或"局部凯利"优化模型，以避免过度下注。例如，如果凯利优化模型表明，你应该配置的资金比例为 10%，那么你可以选择只投入 5%。在投资组合管理中，局部凯利优化模型可以提供一定的安全边际。考虑到选择个股时预留的安全边际，它可以为投资组合提供双重保护。

由于过度下注的风险远超过因下注不足而带来的潜在亏损，因此我认为：所有投资者，尤其刚刚开始尝试集中式投资策略的投资者，都应按局部凯利优化模型确定出资比例。遗憾的是，投注的最小化也会带来潜在收益的最小化。不过，在凯利优化模型中，由于出资和收益的关系呈抛物线形分布，因此，投资不足的亏损并不严重。比如，按照"半凯利"优化模型，当投入资金减少50%时，潜在收益率只减少25%。

> **凯利优化模型的成功使用**
> （1）学会概率思维。
> （2）只有在游戏中停留足够长的时间，才有机会获得回报。
> （3）避免使用杠杆，规避它带来的不良后果。
> （4）每次下注都要建立一定的安全边际。

6. 概率至上

1994年，查理·芒格接受吉尔福德·巴布科克（Guilford Babcock）博士的邀请，在南加州大学商学院的学生投资研讨会上致辞。而他在这一天发表的演说已被投资者奉为传世之作，实际上，整个讲演稿都值得投资者认真研读。查理在当天谈到了很多话题。此外，他还尽其所能地对概率和优化提出了自己的看法。

他说："我喜欢通过这种模型梳理和简化市场的变化，它就像赛马场的赌金计算系统的概念。如果仔细想想，其实这个赌金计算系统就是一个市场。每个人都在这里下注，赔率随着赌注的变化而变化，这和股市上发生的事情是一样的。"

"就算是一个傻瓜也能看出来，和一匹以往成绩糟糕而且骑手超重的赛马相比，骑手体重轻、以往胜率高且赛道位置有利的赛马更有可能获胜。依此类推。在赔率上，低水平赛马的赔率为100∶1，而好马的赔率则是3∶2。因此，从统计上说，很难判断押哪匹赛马获胜最合适。无论是赔率还是价格都在变化，因此你很难打败系统。"[27]

芒格讲到的赛马比喻同样非常适用投资者。在很多情况下，投资者会被一匹赔率非常高的慢马所吸引,但不计其数的原因会导致这匹马甚至跑不到终点线。但投资者也会选择几乎确定无疑却收益微薄的目标。在我看来,无论是赌马还是投资股票,最明智的方法就是等着那匹赔率诱人的好马登场。

《华盛顿邮报》专栏作家安德鲁·拜尔(AndrewBeyer)撰写了几本关于赛马的书籍,他花了很多时间去观察赌徒的行为,注意到很多人因为心浮气躁而亏了钱。赛马场也和其他地方一样,赌徒的心理会让参与者两手发痒:掏出赌资、掷出骰子、转动轮盘,那种迫不及待的心情让他们丝毫没发现自己的行为有多么愚蠢,他们根本就没有时间去思考自己到底在做什么。

拜尔很熟悉游戏参与者的冲动心理,因此他建议:玩家应该把全部赌资划分为游戏赌资和基本赌资。玩家对基本赌资采取谨慎态度,除非出现以下两种情况,否则不会轻易拿出基本赌资。

(1) 对赛马的获胜能力非常有信心。

(2) 取得回报的赔率大于应有的赔率。

游戏赌资用于追求大赌注而给一般赛马下注,满足玩家的游戏娱乐心理。这部分赌资的金额很小,不应该占据玩家全部赌资的大部分。

拜尔说:"如果玩家混淆基本赌资和游戏赌资之间的区别,那么他们不可避免地会采取仓促盲目的措施,放弃重点,无法在强弱之间做出适当的平衡"。[28]

7. 概率论与股票市场

现在,我们不妨暂时离开赛马场,把所有有关赛马下注的理论用于股市中。可以看到,两种场合下的思维导向是一致的。

（1）计算概率。 这才是我们应该关心的概率：从长期来看，我选择的股票收益率能否跑赢大盘？

要想做出最合理的估计，如有数据的话，应使用频率概率，否则应使用主观概率。尽最大可能地收集和分析公司的全部相关信息，然后将分析结果转换为百分数。这个数字表示你认为这家公司成为赢家的概率有多大。

（2）根据获取的新信息调整概率。 在认识到你需要等到机会对你有利时，密切关注公司的一举一动。管理层是否已开始采取不负责任的行动？财务决策是否已开始改变？是否出现可改变企业竞争格局的事件？如果是的话，概率就有可能发生相应改变。

（3）决定投资多少。 在可用于股市投资的全部资金中，应在某只特定股票上投入多大比例的资金？首先从凯利公式开始，然后向下调整投资比例，有时可能需要直接折半。

（4）等待最有利的时机。 如果你拥有一定的安全边际，那么成功的概率就会对你有利。形势越不确定，你所需要的安全边际就越大。在股票市场中，这个安全边际来自于股票的折扣价格。当你钟爱的公司股价低于内在价值时，这就是买入信号。

从概率角度认识事物对你来说或许是新鲜事，但这并非不可能。如果你能让自己学会以这种方式认识股票，那么你就有可能从概率论的学习中受益。20世纪80年代末可口可乐公司（市场价格远远低于内在价值的杰出企业）这样的机会并不总会出现。但是一旦机会出现，了解概率的人就会发现这个机会，而且知道该怎么做。正如查理·芒格所说的那样："当世界为他们带来机会时，聪明的投资者会全力以赴。只要有机会，他们就会重金投入。但没有等来机会时，他们绝不会勉强自己。就那么简单。"[29]

三、现代投资组合理论

在集中式投资的基本思想上,巴菲特与很多金融大师心有灵犀,而这些人共同创建的一整套理论则被统称为现代投资组合理论。考虑到我们在继续学习投资的过程中,会经常听到现代投资组合理论这个概念,因此我认为了解该理论的基本要素非常重要。与此同时,我们还有机会让巴菲特先生为我们诠释其中的每一个要素。

1. 以多样化实现投资组合管理

1952年3月,刚刚毕业的大学生巴菲特来到父亲的证券经纪公司工作。大约就在这个时候,《金融日报》上刊登了一篇名为"投资组合选择"的文章,文章出自芝加哥大学的一位学生,他的名字是哈里·马科维茨(Harry Markowitz)。这篇文章只有14页,而且按学术期刊的标准,也算不上出类拔萃:其中只有4页的文字(其他页则被各种各样的图形和数学方程式占用),并且只引用了3篇论文。然而,正是这篇短小精悍的文章,开创了现代金融理论的新时代。[30]

从马科维茨的角度说,根本就没有必要用长篇大论去解释一个在他看来再简单不过的概念:收益和风险本来就是密不可分的。作为一个研究经济学的人,他认为:完全可以对两者之间的关系进行量化分析,并确保这种分析在统计学上达到一定的置信度,进而通过这种量化关系确定不同收益水平所对应的风险程度。在马科维茨的文章中,他提出了支持这个结论的计算方法:

如果不承担高于平均水平的风险，任何投资者都无法取得超过平均水平的收益。

马科维茨后来曾回忆说："我们不应该只对收益感兴趣，还要考虑风险。"[31]基于我们对投资的了解，这种说法在今天似乎是不言而喻的道理，但是在20世纪50年代，这却是具有革命性的观点。在此之前，投资者几乎从不考虑管理投资组合或是风险的概念。投资组合完全是随意构建的。如果管理者认为某只股票的价格将上涨，那么他就会把这只股票增加到投资组合中。至于其他事情，就无从顾及了。

这让马科维兹感到困惑。在他看来，无须承担任何风险即可收获高额回报的想法，显然再愚蠢不过。为证实自己的想法，马科维茨提出了"有效边界"的概念。

他解释说："作为一名经济学家，我认为风险和收益之间存在互换关系，反映在坐标图上，一个轴代表预期收益，另一个轴代表风险水平。"[32]而有效边界则是一条从左下角向右上角倾斜的曲线。实际上，曲线上的每个点代表了既定潜在收益与相应风险水平的组合，这条线就是所有组合构成的交集。最有效的组合就是既定组合风险水平上收益率最高的组合，低效的投资组合则是指投资者承担既定风险但却不能得到相应收益水平的组合。马科维茨说："作为投资组合的管理者，其目标就是在限制或规避低效组合的同时，让组合与投资者的风险承受能力相匹配。"

1959年，马科维茨根据博士学位论文出版了自己的第一本书《资产选择：有效的多样化》。在这本书中，他更全面地介绍自己的风险观。马科维茨解释说："我使用标准差作为风险的衡量指标。"根据马科维茨的说法，根据方差（偏差）偏离平均值的程度，离平均值的距离越大，风险就越大。

我们可能会认为：按照马科维茨的定义，投资组合的风险水平只是投资组合中个别股票的加权平均方差。但这种说法显然有失偏颇。虽然方差可以衡量个别股票的风险水平，但却不能用两个方差（或100个方差）的平均值来衡量由它们构成的投资组合的风险。而马科维茨的成就，是找到了一种能衡量整个投资组合风险水平的方法。很多人认为：这才是他对金融学最伟大的贡献。

根据已有的加权方差公式，马科维茨将代表组合风险水平的变量称为协方差。协方差衡量的是一组股票的变动方向。我们可以说，两只股票的价格走势因某种原因而趋于一致时，它们会展现较高的协方差。反之，当两只股票的价格走势相反时，两者之间的协方差降低。按照马科维茨的观点，投资组合的风险并不是个别股票方差的组合，而是组合所持有股票之间的协方差。这些股票价格走势的一致性越强，经济变化导致它们同时下跌的概率就越大。同样的逻辑，如果个股之间的价格一致性很低，则即使这些个股的风险水平都很高，由它们构成的投资组合实际上也相对较为保守。马科维茨认为：无论哪种方式，个股之间的多样化始终是降低组合风险水平的关键。

马科维茨认为：对投资者而言，合理的行动就是确定自己可以轻松应对的风险水平，在此基础上，构建一个成分股之间协方差较低的多样化投资组合。

就像七年前的那篇原创文章一样，在很长一段时间里，马科维茨的这本书同样在投资圈内默默无闻。

2. 风险的数学定义

大约在马科维茨首次发表文章的十年之后，一个名叫比尔·

夏普（Bill Sharpe）的年轻博士生找到马科维茨。当时的马科维茨还兰德研究所从事线性编程工作。夏普给自己的毕业论文寻找一个方向，在加州大学洛杉矶分校一位教授的建议下，他开始关注马科维茨。马科维茨对年轻的夏普非常友好，向他介绍了自己在投资组合理论方面的工作，但也提出需要对无数个协方差进行预估的必要性。夏普听得津津有味，带着疑问回到加州大学洛杉矶分校。

第二年，也就是1963年，夏普发表了自己的论文，题为"投资组合分析的一个简化模型。"他首先充分肯定了马科维茨理论，但与此同时，他建议采取一种更简单的方法，从而避免马科维茨需要计算无数个协方差的要求。

夏普认为：所有股票都与某些基本要素有着共同的关联性。这些要素可能是股票市场指数、国民生产总值（GNP）或其他价格指数等，换句话说，它是对证券价格行为影响最大的一个要素。根据夏普的理论，分析师只需理出有价证券与这个唯一基本要素之间的关系即可。显然，这大大简化了马科维茨的分析方法。

我们不妨以股票为例。根据夏普的观点，市场本身就是股价的基础要素，也是影响股价波动的最大单一要素（行业类别和股票本身的特有属性同样意义重大，但其影响相对有限）。如果个股的价格比市场的波动更大，那么该股票的加入将会导致投资组合更具可变性，因而放大了组合整体的风险。

反之，如果股票价格的波动小于市场，那么在组合中加入这只股票会降低整个投资组合的可变性和波动性。这样，我们就可以通过个股波动性的简单加权平均，轻而易举地确定整个投资组合的波动性。

夏普提出的组合波动性指标被命名为一个参数：贝塔系数（β）。贝塔系数表示两种价格变动之间的相关性：市场的波动和个别股票的价格波动。如果个股价格的涨跌变化与市场完全同步，那么两者之间的贝塔系数为1.0。如果股票价格的涨跌幅度是市场的2倍，则贝塔系数为2.0；如果股票价格的涨幅仅为市场涨幅的80%，则贝塔系数为0.8。仅仅利用这个信息，我们即可确定投资组合的加权平均贝塔系数。因此，我们可以得出这样的结论：当贝塔系数大于1.0时，投资组合的风险将高于市场整体水平，而贝塔系数小于1.0的投资组合，其风险则相对较小。

在这篇有关投资组合理论的论文发表一年之后，夏普提出了一个影响深远的概念，资本资产定价模型（CAPM）。根据CAPM模型，所有股票都具有两种不同的风险。一种风险就是所有市场参与者都需要面对的风险，夏普称之为"系统性风险"。系统性风险的水平值显示为贝塔系数，因而是无法通过多样化予以分散的风险。第二种风险被称为"非系统性风险"，是指与个别公司具体经济状况有关的特定风险。与系统性风险不同的是，将不同股票纳入投资组合，即可分散个别股票的非系统性风险。

彼得·伯恩斯坦不仅是著名的作家和研究者，也是《证券投资管理杂志》的创始编辑。他曾在很长时间内与夏普共事。他认为：夏普的研究揭示了一个"无可争辩的结论"，即"最有效的投资组合就是股票市场本身。除此以外，其他任何具有相同风险的投资组合都无法带来更高的预期收益。同样，其他任何具有相同预期收益的投资组合，也不可能拥有比市场整体更低的风险。"[33]换句话说，资本资产定价模型意味着，市场组合恰恰就在马科维茨的有效边界上，因而是一种有效的投资组合。

在十年的时间里，两位学者先后总结出两个被后人视为现代投资组合理论奠基石的重要结论：马科维茨提出收益/风险组合取决于多样化的理论，而夏普则对风险做出了定义。至于有效市场理论的第三块基石，则来自芝加哥大学的一位青年金融学助理教授——尤金·法玛（Eugene Fama）。

3. 有效市场理论

尽管很多著名学者都曾经就有效市场进行过研究，包括麻省理工学院的经济学家保罗·萨缪尔森（Paul Samuelson），但无一能和尤金·法玛相比，他的最大成就在于为股票市场行为创建了一个综合性理论。

20世纪60年代初，法玛开始研究股票价格的变化。作为一名敏锐的读者，法玛对当时所有关于股票市场行为的论著兼容并蓄，但对他影响最大的，还是法国数学家伯努瓦·曼德布罗特（Benoit Mandelbrot）的理论。曼德布罗特创建了分形几何学，他的观点是，由于股票价格的波动非常不规则，因此始终无法满足基础性和统计学研究的需要。此外，不规则的价格走势势必加剧，从而导致出现无法预料的大幅度剧烈变动。

1963年，法玛的博士学位论文《股票价格的行为》在《商业杂志》上公开发表，后来又被《金融分析师杂志》和《机构投资者》摘录。于是，当时还非常年轻的法玛成为金融界的焦点人物。

法玛的观点很清晰：因为市场是高效的，因此股价是不可预测的。在有效市场中，随着信息的获取，大量理性人（法玛称他们为"理性的利润最大化者"）主动响应和利用这些信息，从而导致价格立即进行调整，不给任何人留下可乘之机。因此，在有效的市场中预测未来已毫无意义,因为股价调整得实在是太快了。

但法玛也承认,他还无法对有效市场的观点进行实证检验。他认为:一种替代方案就是寻找收益超过市场均值的交易系统或交易员。如果存在这样的群体,那么就说明市场显然是无效的。但如果没有人能显示出打败市场的能力,那么我们就可以假设,市场价格已反映了全部已知信息,因此市场是有效的。

在现代投资组合理论中,不同脉络之间相互交织,令提出这些观点的学者和研究人员们兴趣盎然,但是在20世纪50年代和60年代,这些观点几乎不被华尔街所关注。对此,彼得·伯恩斯坦给出的理由是:在这段时间内,投资组合管理还是一个"未知领域"。然而,到了1974年,这一切都改变了。

在大多数分析师的眼里,1973—1974年的熊市是美国历史上仅次于"大萧条"之后的第二大金融灾难。它给整个美国带了毁灭性打击,其严重性也只有1929年的股市崩盘才可相比。但这场灾难并非一个充满戏剧性的恐怖一日,而是一个漫长而曲折的过程,市场在整整两年时间里经受着折磨与煎熬。大盘下跌超过60%。即便是低息债券的持有者,也不得不承受投资缩水的压力。利率和通货膨胀率飙升至两位数;石油和汽油价格暴涨;抵押贷款利率居高不下,以至于几乎没有人买得起新房。那是一段至暗、残酷的时期。

由于财务亏损过于严重,投资经理开始质疑他们的操作模式。数十年漫不经心的投机给他们带来了难以愈合的自我伤害,更留下了无比惨痛的经济损失。在寻找答案的过程中,大多数专业投资者逐渐不情愿地放弃旧有思路,转而支持一批在过去20年基本被他们忽略的学术研究。

伯恩斯坦说:"1974年的市场灾难让我确信,必须找到一种更好的方法去管理投资组合。即使我可以说服自己对学术界创建的理论视而不见,但不可否认的是,大学校园里确实诞生了太多让我无法拒绝的新成果,以至于我很难接受同行对这些新生事物的嗤之以鼻。"[34]

因此,在我们的历史中,金融的命运第一次不再由华尔街或是华盛顿哥伦比亚特区决定,甚至不依赖于企业所有者。相反,未来的金融前景将由一群大学教授来书写,金融专业人士终于敲开了理论通往实践的大门。他们走出象牙塔,来到现实中,成为现代金融世界的新教主。

4. 巴菲特与现代投资组合理论

与此同时,尽管巴菲特的主要精力集中在伯克希尔·哈撒韦的业务上,但他仍以高度的热忱密切关注股票市场。尽管在大多数专业投资者的眼中,1973—1974年的大熊市是一段令人痛苦的衰退期,但作为格雷厄姆的门徒,巴菲特看到的却是机会。而且他知道,应该在什么时候采取行动。

不妨看看在《华盛顿邮报》公司发生的事情。

回顾那段时期,巴菲特曾在斯坦福大学法学院的一次演讲中提到:"1974年,我们按8000万美元的估值收购了《华盛顿邮报》公司的股份。如果你问100位股票分析师,在我们买入《华盛顿邮报》公司的股票时,这家公司的价值是多少,没人会对4亿美元这个估值提出异议。但是现在,按照公司的贝塔系数和现代投资组合理论,即使估值是4亿美元,但如果当初股票波动太大的话,即使按4000万美元买入,也比我们按8000万美元价格买入的风险更大，其中的差异，就在于代表投资风险的股价波动性。因此，尽管我花了8000万美元，但我最终成了赢家。"[35]

收购《华盛顿邮报》公司是一个明确的信号，它表明巴菲特正在走上一条与大多数专业投资者背道而驰的投资之路。此外，他还以自己的方式，对构成现代投资组合理论的三个基本要素进行了阐述：风险、分散投资和有效市场。

5. 巴菲特论风险

在现代投资组合理论中，风险被定义为股票价格的波动性。但是，在整个职业生涯中，巴菲特始终坚持股价下跌反而是赚钱的机会。因为在他看来，价格下跌实际上反而会降低风险。他指出："从一家公司的所有者同时也是从股东的视角来看，学术界对风险的定义完全词不达意，甚至可以认为他们就是在胡说八道。"[36]

巴菲特则对风险给出了不同的定义，即遭受侵害或伤害的概率。巴菲特说："风险是构成企业'内在价值风险'的一个基本要素，而不应被归结为股票的价格行为"。[37]巴菲特认为：真正的风险就是投资的税后收益，是否能"让他（投资者）收回最初拥有的购买力以及初始投入按适当利率计算的收益。"[38]巴菲特认为：投资者之所以会受到侵害或伤害，是因为误判了企业的未来盈利能力，税收及通货膨胀带来的不可控、不可预测的影响。

> **风险观**
> 风险并不在于价格的变动，而在于对内在价值的错误计算。

此外，对巴菲特而言，风险与投资者选择的时间跨度密不可分。他解释说："如果你在今天买入一只股票，并打算在次日卖出,那么你实际上就是在从事风险交易。准确预测股价短期内会上涨还是下跌的概率,与预测硬币抛售结果的概率不相上下;你会浪费一半的时间。"但巴菲特认为:如果将时间跨度延长到几年,那么让这笔交易成为高风险交易的概率就会显著下降。当然,前提是你最初买入股票的行为是理性的。巴菲特说:"如果你让我评估一下在今天上午买进可口可乐公司的股票并在明天上午卖出的风险,那我只能说,这是一笔非常冒险的交易。"[39]但按照巴菲特的思维方式,如果你在今天上午买入可口可乐公司的股票,然后持有十年,那么这笔投资的风险几乎为零。

6. 巴菲特论多样化投资

巴菲特的风险观也决定了他的投资多样化战略。在这个方面,他的观点同样与现代投资组合理论截然相反。需要提醒的是:按照投资组合理论,高度分散的投资组合最大好处在于,它可以缓解个别股票价格波动给整个组合带来的影响。但是,如果你也像巴菲特那样不在乎价格波动,那么你也会从不同视角去看待投资组合的多样化。

巴菲特说:"我们采用的投资策略,与下面提到的标准多样化准则格格不入。因此,很多专业投资者会说,这种策略肯定比传统投资者采用的策略更危险。我们认为,如果在买入股票之前,适当提高投资者对企业的认识程度,让他们更好地接受企业的基本面特性,那么这种策略很可能而且也应该降低投资风险。"[40]也就是说,通过有针对性地关注少数几家企业,你就可以更好、更深入地要求它们,理解它们的内在价值。你对企业的了解越多,承受的风险就越小。

巴菲特解释说："多样化能保护我们免受无知的伤害。但是要保证你的投资不会因为落后于市场而遭受亏损，那么你就应该持有整个市场。这当然没错。对那些不知道该如何分析企业的人来说，这确实是一种完美无瑕的方法。"[41]

7. 巴菲特论有效市场理论

如果说有效市场理论是正确的，那么我们就可以认为：除了纯偶然的机遇之外，任何人或机构都不可能跑赢市场，当然它们更不可能始终如一地实现超额收益。但巴菲特在过去30年里取得的业绩却说明，这种小概率事件是有可能的。那么，巴菲特会如何看待有效市场理论呢？

对于有效市场理论，巴菲特最终落在一个核心点上：它不能帮助投资者分析全部已知信息，并因此而获得竞争优势。"市场经常是有效的，这确实是他们所看到的事实，但绝不能据此得出错误结论——市场始终是有效的。经常有效和始终有效完全是两个不同的概念，它们之间的区别有如黑白之分。"[42]

尽管如此，商学院依旧在乐此不疲地讲授有效市场理论，这一事实让巴菲特感到无止境的满意。对此，巴菲特挖苦地说："在以囫囵吞枣的方式接受有效市场理论之后，这些'脑残'的学生和盲目轻信的专业投资者已成为我们和格雷厄姆其他追随者的最大财富。在任何形式的竞争中——无论财务、心理还是身体的状态，当我们的对手因为只知道市场不可控进而从不去尝试的时候，我们的优势是显而易见的。从自私的角度出发，我们应向商学院捐助一些桌椅，以确保他们将有效市场理论永远传承下去。"[43]

对那些了解企业有限且又不知道如何评估企业的投资者来说,现代投资组合理论确实可以在很多方面为他们提供保护。按巴菲特的说法:"现代投资组合理论只能告诉你如何计算平均数。但我认为,只要是一个读到小学五年级的人,应该都可以弄清楚怎样计算平均数。"[44]

如果一个人认可巴菲特依靠集中投资策略取得的辉煌成功,那么他要做的第一件事,就是彻底抛弃现代投资组合理论架构的约束。拒绝一个被视为无效的模型往往并不困难。将自己束缚在平均水平的框架里,甘当一个平庸者,显然不是什么引以为荣或是值得为之付出的事情。但现代证券理论毕竟历史已久、根深蒂固,而且它确实会让人们想到很多简洁漂亮的公式和若干诺贝尔奖获得者。因此,有一件事显然是我们不应期待的:它的捍卫者会悄无声息地离开自己的阵地。

很幸运,我们根本就不必承担废除现代投资组合理论的任务。事实终将给出证明,会以自然而然的方式解决这个问题。只要我们遵循巴菲特的建议并取得成功,这个已没那么有效的模型必然逐渐淡出历史舞台。

尽管现代投资组合理论依旧在学术界占有一席之地,但一个不容忽视的事实是:在秉承集中式投资模式的阵营中,的确云集了一大批史上伟大的投资者:约翰·梅纳德·凯恩斯、菲利普·费雪、沃伦·巴菲特、查理·芒格、娄·辛普森以及比尔·鲁安等。当然,我们已经熟知其中的部分重量级人物。在下一章里,我们将介绍其他几位投资大师。

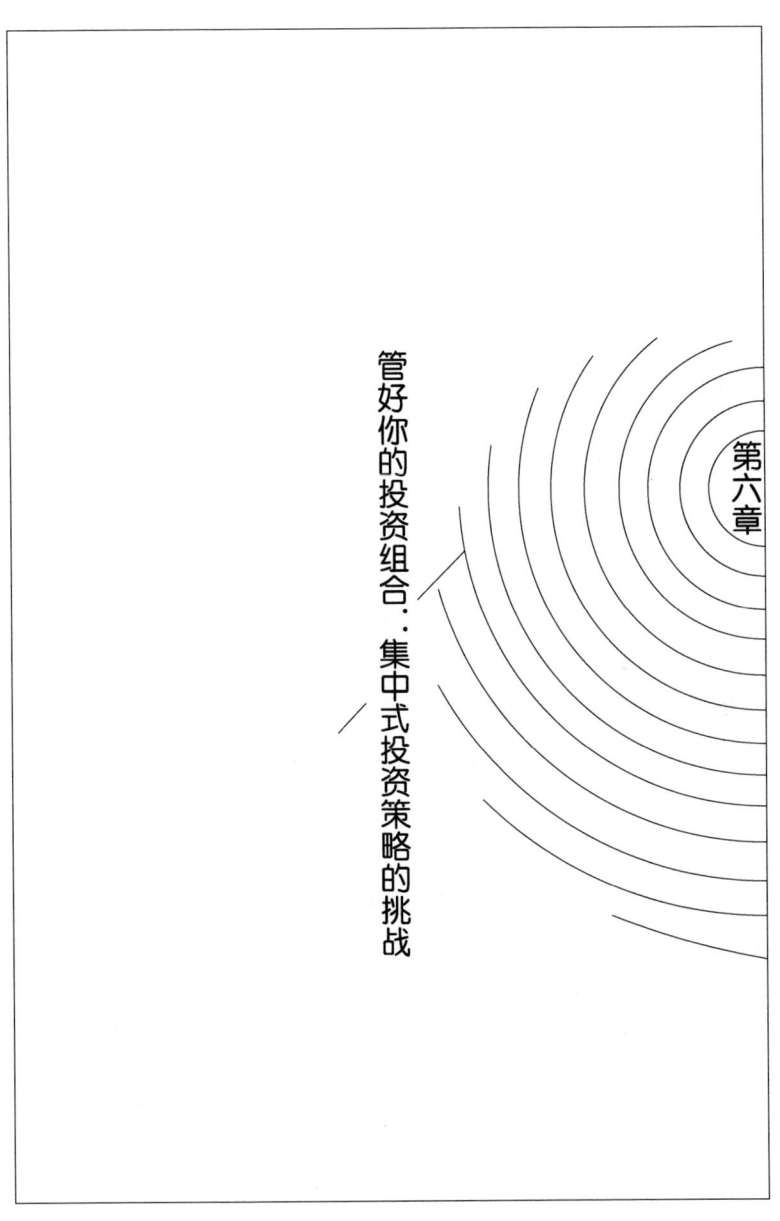

第六章

管好你的投资组合:集中式投资策略的挑战

在上一章中,我的目标是阐述支持集中式投资策略的证据,巴菲特正是凭借这一策略取得了非凡的成功。但这种策略会不可避免地增加波动性。当你的投资组合仅包括少数几家公司时,任何一家公司股价变化都是不容忽视的,都会给整个组合带来很大的影响。

能否在无须过度预测的情况下抵御市场波动的干扰,对我们实现内心的安宁以及最终的财务成功至关重要。接受市场的波动性,在某种程度上就是理解投资在心理上带来的副作用,这也是我们将在下一章中重点探讨的话题。我相信,通过其他人在这条投资路径上取得卓越成就的经历,你也能从中获得收获。而这就是本章的主题。

1934年,就在大萧条最严重的时期,一本非比寻常的投资巨著问世,尽管它的书名并不起眼——《证券分析》。本书的两位作者本杰明·格雷厄姆和戴维·多德一起用了五年时间才完成此书。他们的创作曾因在哥伦比亚大学任教以及帮助客户应对1929年股灾后遗症打断而延误。格雷厄姆后来回忆说:"延误本是天意,因为这让他有机会'将以沉重苦难为代价而换取的智慧'纳入书中[1]。"

《证券分析》已成为公认的经典之作:在67年里先后经历五个版本之后,这本书至今仍在印刷出售。至于这本书对现代投资界的影响,或者格雷厄姆对投资行业所做出的巨大贡献,无论怎样褒奖都不为过。

在这本书面世50年时,哥伦比亚大学商学院发起了一场研讨会,以纪念两位杰出教职员的巨著诞生半个世纪。巴菲特不仅是这所商学院最著名的校友之一,也是格雷厄姆价值投资论在当

第六章 管好你的投资组合：集中式投资策略的挑战

代最有名的支持者。他以名为"格雷厄姆-多德部落的超级投资者们"的演说，也和这本传世佳作一道成为被后人铭记的经典。[2]

在1984年的那次演说中，观众大多为教授、研究人员及其他学者，他们依然笃信现代投资组合理论和有效市场理论。正如我们所知，巴菲特对这些理论嗤之以鼻，而在这场演说中，他以润物细无声的方式击碎、有效市场理论所依赖的基石。

他首先回顾了现代投资组合理论的核心论点，即股票市场是有效的，所有股票的定价都是正确的，因此那些年复一年战胜市场的人，完全是运气使然。他说："也许这是事实，但我知道，有些人确实做到了，而他们的成功显然不能简单地归结为运气好。"

随后，他开始以证据为自己的观点做支撑。他在当天提到的所有人，无不是在较长时期内持续跑赢大盘的投资者，而且他们之所以能做到这些，绝非仅仅因为他们运气好，而是因为他们始终在遵循从同一个人那里学到的原则，那个人是格雷厄姆。他说："他们都居住在一个叫格雷厄姆和多德的'知识部落'。"

巴菲特解释说："尽管他们做出的具体决策可能有所不同，但都依赖于一种通用的策略，而这种策略的核心，就是利用市场价格与内在价值之间的差异。"巴菲特说："毫无疑问，这些属于格雷厄姆和多德部落的投资者不会讨论贝塔系数、资本资产定价模型或收益的协方差。这些不是他们感兴趣的主题。实际上，大多数人都根本不知道这些术语。"

根据1984年这次演说稿整理发表的一篇文章中，巴菲特插入了一些表格，这些表格展示格雷厄姆和多德部落居民的出色业绩。[3] 在近 20 年之后，我认为仍有必要以新的视角去认识这几个诠释格雷厄姆投资哲学的代表人物。实际上，他们也从不同角度认同了巴菲特式集中投资策略的价值——，只投资于少数简单易懂、管理优良并拥有安全边际的股票。在我看来，几位投资大师都是巴菲特部落的超级投资者：查理·芒格、比尔·鲁恩和娄·辛普森，当然还有巴菲特本人。从这几个人的经历中，我们可以得到很多宝贵的财富。我们还是从第一位集中式投资者开始吧，他就是大名鼎鼎的约翰·梅纳德·凯恩斯。

一、约翰·梅纳德·凯恩斯

大多数人认识约翰·梅纳德·凯恩斯是因为他对经济学的贡献。但凯恩斯除了是一位伟大的宏观经济学家之外，还是一位充满传奇色彩的投资者。他的投资实力在英格兰剑桥国王学院切斯特公益基金的投资业绩中可见一斑，他是这只基金的管理人。

在 1920 年之前，国王学院的投资仅限于固定收益证券。然而，在凯恩斯于 1919 年年末被任命为第二任财务主管时，他说服受托人设立一只新的基金，只投资于普通股、货币和商品期货。这只新基金就是切斯特基金。从 1927 年被任命为总负责人，直到 1945 年去世，凯恩斯一直是该基金的唯一全权负责人。在这一时期，切斯特基金始终只投资于少数几家公司。1934 年，也就是《证券分析》出版的这一年，凯恩斯写信给一位同事，向他说明采用这种投资策略的理由。

"把投资分散到太多自己不熟悉的企业中，对它们给予盲目的信任，并认为这就可以控制投资的风险，这种想法显然是错误的……一个人的知识和经验肯定是有限的，因此在特定的期间内，我认为自己只能对两三家企业谈得上有十足的把握。"[4]

那封信或许是讨论集中式投资的第一篇文章。

四年后，凯恩斯为切斯特基金编制了一份完整的政策报告，说明了自己的投资原则。

(1) 事先根据价格相对于未来几年实际价值和潜在价值的折扣程度，以及在当时可选择的其他投资，谨慎选择投资对象。

(2) 坚定不移地持有少数几笔大额投资，可能需要数年，直到这些投资达到预期目标或是能证明最初的投资存在明显失误。

(3) 维持投资仓位的均衡，即尽管持有少数个股会带来各种风险，但它们之间也存在风险对冲的可能性。[5]

尽管没有使用"集中投资"这个词，但我认为凯恩斯的投资策略足以显示出他是一个典型的集中式投资者。他刻意将股票的数量限制在少数股票范围内，并根据基本面分析估计股票价值与内在价格的相对比率。他喜欢将投资组合的换手率维持在非常低的水平上。他也认识到分散投资风险的重要性。而他的目标，就是通过引入具有不同经济属性的高质量、可预测企业，使之相互之间进行"风险对冲"。

凯恩斯的投资业绩又如何呢？简单浏览一下表6-1可以发现，他在股票选择和投资组合管理方面的能力绝非寻常。在他管理的18年时间里，切斯特基金实现了13.2%的年均收益率，而当时英国的股市大盘基本没涨也没跌。考虑到这段时期包括"大萧条"和第二次世界大战，因此我们不得不承认，凯恩斯的业绩表现已经非常出色了。

表6-1 约翰·梅纳德·凯恩斯的投资业绩

年度百分比的变化		
年　　度	切斯特基金（%）	英国股市（%）
1928	0.0	0.1
1929	0.8	6.6
1930	-32.4	-20.3
1931	-24.6	-25.0
1932	44.8	-5.8
1933	35.1	21.5
1934	33.1	-0.7
1935	44.3	5.3
1936	56.0	10.2
1937	8.5	-0.5
1938	-40.1	-16.1
1939	12.9	-7.2
1940	-15.6	-12.9
1941	33.5	12.5
1942	-0.9	0.8
1943	53.9	15.6
1944	14.5	5.4
1945	14.6	0.8
平均收益率	13.2	-0.5
标准偏差	29.2	12.4
最低收益率	-40.1	-25.0
最高收益率	56.0	21.5

即便如此，切斯特基金还是经历了一些痛苦的时期。其间，该基金在三个年份（1930年、1938年和1940年）的跌幅大于英

国股票市场。回顾凯恩斯在1938年这一年的投资业绩时,曾有两位当代分析师说过:"基金净值的大起大落显然可以说明,该基金的波动性肯定超过大盘。"[6]的确,如果计算一下切斯特基金的标准差,我们会发现,其波动性几乎是大盘的2.5倍。毫无疑问,基金的投资者偶尔也会遭遇失落和挫折,但归根到底,它的表现还是让市场望尘莫及。

暂且不去考虑凯恩斯在宏观经济领域的威望,或是他在市场择时方面的技巧,只需看看他的这些投资策略就足矣。

他在报告中写道:"我们还未能证明,有人能利用经济的周期循环,大规模、系统性地买入或卖出普通股。基于这样的经验,我很清楚,出于多方面的原因,大规模买卖股票的想法是不切实际的,也是不可取的。大多数人在试图把握市场时机进行买卖时,不是买得太迟,就是卖得太迟,甚至会高买低卖,这不仅给他们带来沉重的交易成本,还会让投资者产生一种不稳定的投机心理,进一步加剧市场波动。"[7]

高换手率自然会带来沉重的交易成本,助长投机心理,并加剧市场波动。当时这样,现在依旧如此。

二、查理·芒格的投资合伙公司

尽管伯克希尔·哈撒韦公司的投资命运往往与其董事长巴菲特息息相关,但我们永远不能忘记副董事长查理·芒格本人也是杰出的投资家。只要参加过伯克希尔·哈撒韦公司年会,或是在《杰出投资者文摘》中了解芒格的想法,股东们就应该意识到,他的投资智慧超乎寻常。

巴菲特说："我们大约在1960年相识，我告诉他，律师是个不错的职业，但他完全可以在投资方面做得更好。"[8]还记得第二章提到的故事吧？当时，查理在洛杉矶的律师事务所已蒸蒸日上，不过他后来还是逐渐把精力转移到以自己名字创建的新投资合伙企业。表6-2足以彰显他的投资才华。

表6-2 查理·芒格的投资合伙公司情况

年度百分比的变化		
年　度	合伙企业（%）	道琼斯工业平均指数（%）
1962	30.1	-7.6
1963	71.7	20.6
1964	49.7	18.7
1965	8.4	14.2
1966	12.4	-15.8
1967	56.2	19.0
1968	40.4	7.7
1969	28.3	-11.6
1970	-0.1	8.7
1971	25.4	9.8
1972	8.3	18.2
1973	-31.9	-13.1
1974	-31.5	-23.1
1975	73.2	44.4
平均收益率	24.3	6.4
标准偏差	33.0	18.5
最低收益率	-31.9	-23.1
最高收益率	73.2	44.4

巴菲特解释说："他的投资组合主要集中在少数几只股票上，因此他的投资业绩波动性大，但他的投资策略依旧建立在价值折扣的基础上。"在为自己的合伙投资公司制定投资决策时，查理同样遵循格雷厄姆的方法，只关注那些市场价格低于内在价值的公司。"他愿意接受业绩上出现大起大落，毫无疑问，他是一个对集中式投资义无反顾的家伙。"[9]

需要提醒的是，在描述芒格的投资业绩时，巴菲特并没有使用"风险"一词。我们必须承认，在芒格的 13 年独立投资生涯中，其投资合伙公司的投资风险非常高。投资业绩的标准差几乎相当于市场的两倍。但是同样在这 13 年里，其投资业绩超过大盘平均年收益率 18 个百分点，这显然不能让我们把芒格和冒险家这个词联系到一起，这样的成就只属于精明的投资者。

三、红杉基金

巴菲特在 1951 年认识比尔·鲁恩，当时两个人都在哥伦比亚大学商学院学格雷厄姆的证券分析课程。此后，他俩始终保持联系，对于鲁恩多年以来的投资业绩，钦佩有加。当巴菲特在 1969 年解散自己的投资合伙企业时，他曾找到鲁恩，问他是否愿意接手部分合伙人的资金，这就是红杉基金的开始。

两个人都知道，当时并不是创建共同基金的好时机，相反，那只能是一种艰难的尝试，但鲁恩并没有退缩。当时的股票市场呈现出两极分化的态势。大部分热钱流向了以所谓"漂亮 50"（包括 IBM 和 Xerox 等新兴知名企业）为代表的热门成长股，而价值股几乎成为无人问津的弃儿。正如巴菲特所说的那样，尽管价值投资者最初的业绩会比较难看,但"我依旧会高兴地说,我的合伙人没有抛弃他,更令人意外的是,还把更多资金交给他打理,而且结果又是那么可喜。"[10]

红杉基金绝对是一个名副其实的开路先锋,它是第一个只坚持集中式投资原则的共同基金。公开资料表明,作为鲁恩-库尼夫基金公司的合伙人,比尔·鲁恩和里克·库尼夫(Rick Cuniff)始终坚持高度集中的低换手率投资组合。通常,超过90%的资金集中投资于6~10家公司。即便如此,投资组合在基本面上依旧展现了充分的多样性。鲁恩多次指出,尽管红杉基金是典型的集中式投资组合,但它仍拥有商业银行、制药、汽车和财产保险等各种企业的股份。

从很多方面看,鲁恩是一个与众不同的基金经理。通常而言,大多数基金经理都会针对组合管理形成具有指导性的策略,然后再对号入座,找到相应的股票并加入组合。而在鲁恩-库尼夫基金公司,合伙人首先要选择最佳股票。然后,他们再围绕这些股票建立与之适合的投资组合。

当然,选择最佳股票需要进行高水平的研究,但这恰恰是让鲁恩-库尼夫公司在行业中脱颖而出的一个原因。在资金管理方面,这家公司已在行业中声名鹊起。两位合伙人从不采用由华尔街投行提供的研究报告。相反,他们完全依赖公司内部的独立研究调查。鲁恩曾说过:"在公司内部,我们从不看重头衔,但如果真有必要的话,我的名片上应该这样写:比尔·鲁恩,研究分析师。"

他解释说:"这种想法在华尔街很少见,在这个行业里,大多数人通常会从分析师做起,但没有人不希望能被提升为更受尊重的'基金经理',毕竟,这才是基金公司最独特也是最有权威的职务。但我们始终认为,如果你是长期投资者,那么分析师的工作对你至关重要,而投资组合管理则是顺其自然的事情。"[11]

这种独特的方法为股东带来了怎样的回报呢?表6-3总结了红杉基金在1971—1999年的投资业绩。在这段时间里,红杉基金的平均年收益率达到18.9%,而标准普尔500指数为15.2%。

表6-3 红杉基金的投资业绩

年度百分比的变化		
年　度	红杉基金(%)	标准普尔500指数(%)
1971	13.5	14.3
1972	3.7	18.9
1973	-24.0	-14.8
1974	-15.7	-26.4
1975	60.5	37.2
1976	72.3	23.6
1977	19.9	-7.4
1978	23.9	6.4
1979	12.1	18.2
1980	12.6	32.3
1981	21.5	-5.0
1982	31.2	21.4
1983	27.3	22.4
1984	18.5	6.1
1985	28.0	31.6
1986	13.3	18.6
1987	7.4	5.2

(续)

年度	年度百分比的变化	
	红杉基金（%）	标准普尔500指数（%）
1988	11.1	16.5
1989	27.9	31.6
1990	-3.8	-3.1
1991	40.0	30.3
1992	9.4	7.6
1993	10.8	10.0
1994	3.3	1.4
1995	41.4	37.5
1996	21.7	22.9
1997	42.3	33.4
1998	35.3	28.6
1999	-16.5	21.0
平均收益率	18.9	15.2
标准偏差	21.2	16.1
最低收益率	-24.0	-26.4
最高收益率	72.3	37.5

和其他集中式投资组合一样，在实现这一超额收益率的过程中，红杉基金的业绩已呈现出波动性大的特征。在此期间，市场标准偏差（你应该记得，这是一种描述波动性的方法）为16.1%，相比之下，红杉基金的标准差则达到了21.2%。有人可能会说，这代表了较高的风险，但如果认识到鲁恩-库尼夫公司在选择股票时的谨慎和勤奋，他们就会说，传统意义的风险在这里显然是不适用的。

四、娄·辛普森

在 20 世纪 70 年代后期，也就是巴菲特开始收购盖可保险公司股份的时候，他还得到了另一笔宝贵的财富，并最终让盖可保险公司的财务状况得益于此。这笔财富就是娄·辛普森。

辛普森拥有普林斯顿大学的经济学硕士学位，他曾在斯坦·罗伊-法汉姆公司（Stein Roe & Farnham）和西方资产管理公司（Western Asset Management）任职，1979 年，他接受了巴菲特的召唤，进入盖可保险公司。目前，他依旧是这家公司的首席执行官。在回忆他的面试场景时，巴菲特说："辛普森具有一种'理想的投资气质'。"[12]他说："辛普森是一位善于独立思考的人，他对自己的调研始终充满信心，'与人斗，不如与己斗，自我挑战才会给他带来乐趣'。"

尽管辛普森对书有一种如饥似渴的感觉，但他始终对华尔街的研究报告嗤之以鼻。相反，他会研究公司的年度报告。他的选股方式与巴菲特如出一辙。他看好的公司，不仅要有强大的收益能力，必须由高素质的管理层掌管，而且买入价格合理。辛普森和巴菲特还有其他共同点。他的投资组合只集中于少数几只股票上。在盖可保险公司 10 亿美元的股票投资组合中，通常只有不到 10 只的股票。

在 1980—1996 年，盖可保险公司的投资组合实现了 24.7% 的年均收益率，而市场的整体回报率则是 17.8%（见表 6-4）。巴菲特说："这不仅是一个了不起的数字，而同样重要的是，它是以正确的方式得到的。辛普森一直在投资被低估的普通股，这些普通股中的任何一只都不会给他带来永久性亏损,总体而言,他的投资几乎是无风险的。"[13]

表 6-4　娄·辛普森在盖可保险公司的投资组合

年　度	年度百分比的变化	
	盖可保险公司(%)	标准普尔 500 指数(%)
1980	23.7	32.3
1981	5.4	-5.0
1982	45.8	21.4
1983	36.0	22.4
1984	21.8	6.1
1985	45.8	31.6
1986	38.7	18.6
1987	-10.0	5.1
1988	30.0	16.6
1989	36.1	31.7
1990	-9.1	-3.1
1991	57.1	30.5
1992	10.7	7.6
1993	5.1	10.1
1994	13.3	1.3
1995	39.7	37.6
1996	29.2	37.6
平均收益率	24.7	17.8
标准偏差	19.5	14.3
最低收益率	-10.0	-5.0
最高收益率	57.1	37.6

在这里，我们再次看到巴菲特的风险意识：它与价格的波动无关，而是体现为个股在长期内产生利润的确定性。

辛普森的表现及其投资风格与巴菲特的思维几乎珠联璧合。巴菲特说："鲁恩采取了与伯克希尔一致的保守型集中投资方式，让他加入董事会让我们受益匪浅。只有极少数人有资格管理我们的资金和旗下的控股企业，但我们对辛普森非常满意。他的存在就是对我们最大的保证：一旦查理和我离开，伯克希尔·哈撒韦公司马上会有一位更优秀的专业人员接管投资。"[14]

从巴菲特、芒格、鲁恩到辛普森，显然，巴菲特部落的超级投资者都秉承共同的理性化投资策略。他们一致认为：降低风险的方法在拥有较高安全边际（即公司股票的当前市场价格低于内在价值之差）时买入股票。此外，他们还相信将投资组合集中到数量有限的大概率事件上，不仅可以降低风险，还有助于创造高于市场的超额收益。

尽管我们列出了这些成功的集中式投资者，但很多人仍持怀疑态度。他们想知道的是：所有这些成功，是不是出于他们之间密切的职业关系呢？事实证明，这些选股大师都选择了完全不同的股票。巴菲特从没有买入芒格持有的股票，芒格也未持有鲁恩买入的股票；鲁恩的持股与辛普森的完全不同，当然，根本就没人知道凯恩斯到底持有哪些股票。

但怀疑论者仍会说，事实或许是这样的，但你只提供了五位集中式投资者的例子，而五个观察样本还不足以得出令人信服的结论。在拥有数千名基金经理的基金管理行业中，五次成功极有可能只是随机事件。

为消除来自巴菲特部落的五个超级投资者完全属于统计偏差

的说法，我们需要在更大的范围做测试。遗憾的是，我们确实找不到足够数量的集中式投资者作为研究对象。既然找不到更多的样本，我们又该如何自证清白呢？我们可以利用统计实验，人为设计一个包括12000个投资组合的样本。

五、投资组合的调研样本

使用Compustat公司提供的普通股收益数据库，我们筛选出1200家公司，这些公司提供的数据包括1979—1986年的收入、利润和净资产收益率等可量化指标。[15]然后，我们使用计算机随机组合成12000个不同规模的投资组合，并划分为以下四大类。

（1）3000个持有250只股票的投资组合。
（2）3000个持有100只股票的投资组合。
（3）3000个持有50只股票的投资组合。
（4）3000个持有15只股票的投资组合。

接下来，我们再以各大类中的每个投资组合为对象，计算它们在10年（1987—1996年）和18年（1979—1996年）这两个不同时期内的年均收益率（10年期的年均收益率分布见图6-1）。而后，我们再对比这四个大类与整个股票市场（以标准普尔500指数为代表）的同期收益率。

基于这些分析，我们可以得出一个重要结论：在每一个大类中，在减少投资组合所持有的股票数量时，这个组合的年均收益率超过市场收益率的概率就会增加。

我们不妨以10年期投资收益率分布（见图6-1）为例，进行更深入的研究。这四大类投资组合组的平均年收益率约为

13.85%,而标准普尔同期的平均水平略高一点,为15.23%。但需要提醒的是,标准普尔500指数是由大型公司主导的加权指数,而且计算区间也恰值大盘股表现尤其出色的时期。在我们的研究中,投资组合中的全部股票均采用相同的权重,而且不仅包括大盘股,还包括中小盘股。因此,我们可以说,这四组在"实验室"里设计出来的投资组合,基本应该具有和总体市场相一致的表现。

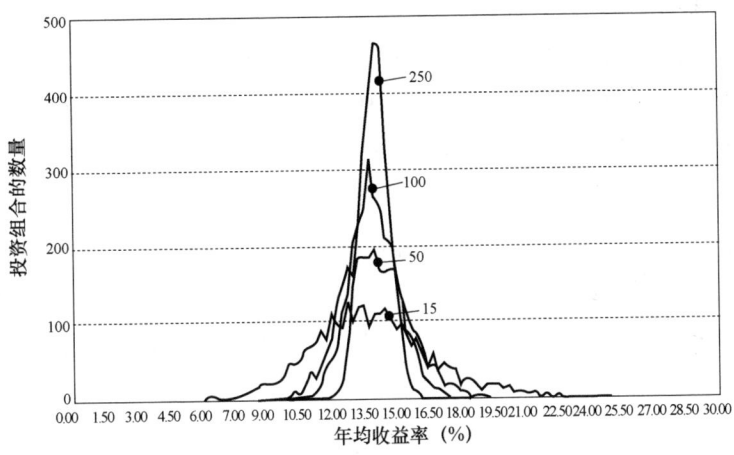

	15 只股票 (%)	50 只股票 (%)	100 只股票 (%)	250 只股票 (%)	标普500 指数 (%)
平均收益率	13.75	13.87	13.86	13.91	15.23
标准偏差	2.78	1.54	1.11	0.65	
最低收益率	4.41	8.62	10.02	11.47	
最高收益率	26.59	19.17	18.32	16.00	

图 6-1 10 年期的年均收益率分布

但是,我们再看看每个大类中的详细数字:包括股票数量最小和最多的组合、业绩表现最高和最低的组合，我们会发现更有趣的现象。结果如下所示。

（1）在包含 250 只股票的投资组合中，最高的收益率为 16.00%，最低的收益率为 11.47%。

（2）在包括 100 只股票的投资组合中，最高的收益率为 18.32%，最低的收益率为 10.02%。

（3）在包括 50 只股票的投资组合中，最高的收益率为 19.17%，最低的收益率为 8.62%。

（4）在包括 15 只股票的投资组合中，最高的收益率为 26.59%，最低的收益率为 4.41%。这一类组合就是我们研究的集中式投资组合，而且是唯一的最高收益率远高于标准普尔 500 指数的一类组合。

在考虑 18 年投资期限的情况下，我们依旧得到基本相同的结果。在这种情况下，和拥有大量股票构成的大型投资组合相比，小型投资组合显示了更高的最高收益率和更低的最低收益率。

这帮助我们得出两个结论。

（1）集中式投资组合打败市场的机会更大。

（2）集中式投资组合输给市场的机会也更大。

为了向怀疑论者强化第一个结论的含义，我们对十年期数据进行了排序，并得到一些非常有说服力的统计数据。

（1）在 3000 个持有 15 只股票的投资组合中，有 808 个组合跑赢大盘。

（2）在 3000 个持有 50 只股票的投资组合中，有 549 个组合跑赢大盘。

第六章　管好你的投资组合：集中式投资策略的挑战

（3）在3000个持有100只股票的投资组合中，有337个组合跑赢大盘。

（4）在3000个持有250只股票的投资组合中，有63个组合跑赢大盘。

我认为：这些证据无可辩驳地表明，随着投资组合规模的缩小，跑赢大盘的概率会提高。如果创建一个由15只股票构成的投资组合，你有1/4的机会跑赢大盘。而对一个拥有250只股票的投资组合，你跑赢大盘的机会就只有1/50。[16]

另一个需要考虑的重要因素是：在上述研究中，我们并没有考虑交易成本的影响。显然，换手率越高，交易成本就越高。如果在图6-1中纳入这些已发生的支出，那么所有组合年均收益率的曲线都将向左移动，收益能力的下降，使得它们跑赢大盘的概率更低。

至于第二个结论，它只会进一步强调理性选股的重要性。巴菲特部落的超级投资者们也能成为出色的选股大师，这绝非偶然。如果你没有选择正确的公司，那么你的投资业绩必定不会太好。不过，我们可以提出这样的建议：这些超级投资者们之所以能取得傲人的投资收益，是因为他们更喜欢将投资组合集中于自己最看好的目标上。

六、衡量投资业绩的更好方法

在这次"格雷厄姆-多德部落的超级投资者们"的著名演讲中，巴菲特还提到很多重要的事情，但这句话更令人难忘："当股票价格受到华尔街'羊群效应'的影响时，价格将受到最富于情绪化的人、最贪婪的人或是最沮丧的人的影响。此时,我们就很难说市场价格总是理性的。相反,市场价格往往是荒谬的。"[17]

之所以说这句话见地深刻,是因为它具有指导性。如果我们接受"价格并非一贯理性"的观点,那么我们即可摆脱价格作为唯一决策依据的短见。反之,如果接受"价格不代表一切"的观点,我们就可以扩大视野,去深入研究和分析股票背后所代表的企业的真实情况。当然,尽管我们永远都要关注价格,因为只有这样,才能识别价格何时低于价值,但我们已无须纠结这种单一衡量手段,因为它会严重误导我们的投资方向。

不过,要做出这一转变绝非易事。市场中所有人,无论是基金经理、机构投资者,还是散户,都是紧盯着价格的"近视眼"。如果某只股票的价格上涨,我们就认为利好消息正在出现;如果价格开始下跌,我们就认为形势正在恶化。于是,股价波动成为我们的行动信号。

这是一个糟糕的心理习惯,而且还会因其他因素的加入而加重,比如在非常短的时间内去评估价格表现。巴菲特会说:"我们不仅在依赖错误的东西(价格),而且盯得太紧,以至于一旦看到自己不喜欢的,就会心惊肉跳。"

这种以价格为基础的短期心理是愚蠢的,绝对是有缺陷的,而且体现在公司运营中的方方面面。它促使某些投资者每天盯着股市报价,正因为如此,管理数十亿美元的机构投资者每天都要进行大量的买卖。也正出于这个原因,共同基金经理习惯于用眼花缭乱的速度转换基金投资组合,因为他们认为:这就是他们的工作。

让人费解的是,当股市摇摇欲坠时,同样又是这些基金经理会第一个跳出来,告诫客户要保持冷静。他们会忙不迭地发出安慰信,宣讲稳定持股的好处。那么,他们自己为什么言行不一?在处理共同基金的时候,由于他们的一言一行都逃不过财经媒体的聚光灯,因此这种言行不一的事情更容易大白于天下。对于共同基金而言,人们可获得的信息太多,而且又被人们所熟知和理解,因此我认为:看看共同基金是如何运作的,可以让我们更好地认识到,这种以价格为基础的投资策略是极其愚蠢的。

1. 共同基金的双重标准

1997年年底,约瑟夫·诺塞拉(Joseph Nocera)在《财富》杂志上发文指出:当共同基金经理向投资者宣扬"买入并持有"时,他们实际上却一直在不断"买入卖出、卖出买入",言行之间明显矛盾。为进一步证明他所关注到的双重标准,诺塞拉还引用了晨星公司分析师唐·菲利普斯(Don Phillips)的话:"基金业的所做与对投资者的所言,就是两回事。"[18]

因此,一个显而易见的问题是:既然建议投资者要"买入并持有",那么基金经理自己为什么每年都在疯狂地买卖股票呢?诺塞拉说:"答案就是基金行业的内部机制,迫使基金经理几乎无从选择,他们必须实现短期目标。"[19]共同基金行业已演变成一个毫无理性的短期竞争行业,价格成了衡量基金经理业绩的唯一标准。

如今,巨大的业绩压力迫使基金经理只能紧紧盯着短期业绩数字。而这些数字也自然成为众矢之的。每个季度,像《华尔街日报》和《巴伦》周刊等主流财经报刊都会发布共同基金季度绩效排名。在上个季度中表现最出色的基金，会成为电视和报纸财经评论员的宠儿，伴随着铺天盖地的自我推销式广告，大量新资金滚滚而来。而投资者也翘首以待，看看哪位基金经理最"炙手可热"。实际上，在整个行业中，季度业绩也越来越多地成为区分天才投资经理与平庸者的分水岭。

这种对短期价格的过度关注，不仅在基金行业中成为潮流，在其他领域同样有所体现。它正在主导着整个投资行业的思维方式。当下，我们不再以长期表现来衡量投资经理的业绩。甚至那些自己投资的散户们，也深陷这种不健康的环境而无法自拔。在很多方面，我们已成为市场机器的奴隶，而这个主人唯一能保证做到的事情就是业绩不佳。

市场已陷入恶性循环，前方似乎没有出路。不过，我们也都知道，总有方法可以改善投资业绩。而现在，我们需要做的就是找到一种更好的业绩衡量标准。但极具讽刺意味的是，最有可能在长期内提供超额收益的投资策略，却似乎和我们的判断方式格格不入。

2. 龟兔赛跑

1986年，哥伦比亚大学商学院校友、美国信托基金会基金经理尤金·沙汉（V. Eugene Shahan）撰写了一篇文章，作为对巴菲特"格雷厄姆-多德部落的超级投资者们"演说的回应。在这篇文章（"短期绩效和价值投资是否相互排斥？"）中，沙汉提出了我们现在想知道的一个问题：根据短期绩效衡量基金经理的能力，是否合适？

他指出：除巴菲特本人以外，对于很多被巴菲特称为"超级投资者"的人,他们的投资才华和能力是毋庸置疑的,但他们在短期业绩方面的却表现不佳。对于投资界的龟兔赛跑,沙汉在文中指出:"这或许是人生的另一种嘲讽,只关心短期业绩的投资者希望快速赚到钱,但却要以牺牲长期业绩为代价。尽管这些格雷厄姆-多德部落的超级投资者们取得了骄人业绩,但他们对短期业绩却表现得无动于衷。"[20]他认为:在当今的共同基金业绩竞赛中,很多格雷厄姆-多德部落的超级投资者们或将成为不被投资者看好的落魄者。

这种情况同样适用于巴菲特部落的超级投资者。表6-5表明,他们在几个股市困难年份里的表现均差强人意。只有巴菲特毫发无损地熬过了这场德比战。

表6-5 巴菲特部落的超级投资者

	衡量投资业绩的年数	投资业绩低于大盘的年数总和	投资业绩连续低于大盘的年数	业绩低于大盘的年份占全部衡量期的比例
凯恩斯	18	6	3	33%
芒格	14	5	3	36%
鲁恩	29	11	4	38%
辛普森	17	4	1	24%

在管理切斯特基金的18年时间里,凯恩斯有1/3的时间落后于大盘。确实,在他管理该基金的前三年,业绩表现足足落后于大盘18个百分点。

红杉基金的情况与此类似。在衡量期内,红杉基金业绩低于大盘的年数占38%。和凯恩斯一样,鲁恩也曾经历多年的困境。他说:"这些年来,我们经常会成为'表现最差的典型'。在成立红杉基金的时候,我们对前景还一片模糊,并连续四年承受输给标普 500 指数的痛苦。"到 1974 年年底,红杉基金的业绩已落后市场高达 36%。"我们躲在桌子底下,不敢接电话,我们也想知道何时能熬过这场暴风雨。"[21] 不过,暴风雨迟早都会过去,而且我们确实熬过了这场噩梦。1978 年年底,红杉基金的收益率已达到 220%,而同期标普 500 指数的收益率为 60%。

即便是查理·芒格也无法逃避集中式投资带来的业绩波动,这也是集中式投资无法规避的缺陷。在过去的 14 年里,芒格的业绩输给大盘的年数占比达到了 36%。和其他集中式投资者一样,他也曾遭遇过连续多年落后于市场的霉运。从 1972—1974 年,芒格的投资业绩整整比大盘落后了 37 个百分点。而在过去的 17 年中,娄·辛普森出现了四个业绩表现不佳的年份,占全部衡量期年数的 24%。在业绩最差的那一年,他的投资业绩输给大盘 15 个百分点。

顺便说一句,在统计实验设计的集中式投资组合中,我们也看到了相同的趋势(见表 6-6)。在 1987—1996 年的 10 年里,在 3000 个持有 15 只股票的投资组合中,有 808 个组合跑赢了大盘。如果以 3 年、4 年、5 年或 6 年计,那些以 10 年计的 808 个胜利者中,会有 95% 的组合落后大盘。

表 6-6　集中式投资组合(由 15 只股票构成)的 10 年期业绩(1987—1996 年)

投资业绩超过或低于标普 500 指数的年数	投资组合的数量	百分比(%)
10~0	0	0.00
9~1	1	0.12

(续)

投资业绩超过或低于标普500指数的年数	投资组合的数量	百分比（%）
8～2	20	2.48
7～3	128	15.84
6～4	272	33.66
5～5	261	32.30
4～6	105	13.00
3～7	21	2.60
2～8	0	0.00
1～9	0	0.00
0～10	0	0.00

假如凯恩斯、芒格、辛普森和鲁恩都是在当前环境下开启职业生涯的菜鸟级基金经理，并且以年度投资业绩作为能力的衡量标准，你认为他们会有怎样的表现呢？这些超级投资者们很可能会因为某个年度给客户带来的巨大损失而被炒鱿鱼。

然而，如果接受集中式投资有时需要承受短期业绩不佳的结果，那么我们就需要面对一个非常现实的问题。在以价格作为投资业绩衡量标准的情况下，如果偶尔遭遇一个灾年（或是三年短期业绩不佳），但是有的人可能从长期看会有上佳表现，有的人则是走上了一条败坏客户财富的不归路，那么我们到底该如何判断，到底谁是未来的胜利者，谁是丧门星呢？没有办法判断。

但不是说我们没有尝试过，只不过没有结果。

一些学者和研究人员已投入了巨大精力，试图确定哪些基金经理和哪些投资策略最有可能在长期跑赢大盘。在过去的几年中，声名显赫的《金融杂志》根据著名大学教授的研究发表了几篇文章，但这些文章均提出了相同的根本问题：基金是否存在共同的业绩模式？这些教授也确实为解答这个问题进行了大量的思考和数据分析，但他们的发现显然不足以给出完美的答案。

在这些研究中，有四个讨论了学术界所说的"持久性"，即投资者认为基金经理的历史业绩能预示他们的未来表现，并据此选择基金。这创造了一种自我实现的力量，今年的投资会紧追前几年业绩最好的基金。如果以一年为衡量时间的标准（即今天挑选的基金，就是购买去年业绩最优的基金），那么我们可以将其称为"热手"（hot hand）现象。实际上，这就是根据基金的近期表现来预测它在不久的将来是否会有上佳表现。这能做到吗？这也是这些研究试图解答的。

其中的两项独立研究分别来自南加州大学工商管理学院的马克·卡尔哈特（Mark Carhart）和普林斯顿大学的伯顿·麦基尔（Burton Malkiel），它们均未能发现持久性和未来绩效之间存在任何实质性关联。[22]第三项研究来自哈佛大学约翰·肯尼迪政府学院的三位教授——达里尔·亨德里克斯（Darryll Hendricks）、贾扬杜·帕特尔（Jayendu Patel）和理查德·泽克豪舍（Richard Zeckhauser），他们对15年期的数据进行了检验，并据此得出结论，购买今年的"热手"基金未必能保证你在明年也拥有"热手"基金。[23]最后，纽约大学伦纳德·斯特恩商学院的斯蒂芬·布朗（Stephen Brown）和耶鲁大学管理学院的威廉·戈兹曼（William Goetzmann）发现，持久性在很大程度上只是策略上的共性问题。换句话说，在所有符合"热手"特征的基金中，我们都会发现某些采取相同投资策略的基金经理。[24]

这些学者在独立研究的基础上得到了相同结论：似乎不存在

任何显著证据能证明投资者找到第二年的最优基金。如果仅以价格作为业绩的衡量标准,以当前业绩预测未来业绩的方法,完全无助于投资者改善净资产。

我们完全能想得到,巴菲特会如何看待这些学术研究。对他来说,这些研究的用意很清楚:必须放弃把价格作为唯一业绩衡量标准的做法,而且必须摆脱短期判断这种反效率的习惯。

但是,既然价格不是最好的衡量标准,那我们应该以什么去衡量投资业绩呢?"没有"显然不算是好答案。即便是高喊"买入并持有"的分析师也不建议我们采取"瞎子摸黑"的做法。实际上,我们只需找到另一个衡量业绩的标准即可。幸运的是,确实有这样一个标准,它也是巴菲特判断自己的投资表业以及伯克希尔·哈撒韦公司旗下各项业务的标准。

3. 新的业绩标准

巴菲特曾说过:"他不介意股市闭市一两年。毕竟,每个星期六和星期日都在闭市,这对我没有什么影响。"[25] 诚然"存在一个交投活跃的市场还是有意义的,因为它总能为我们提供令人垂涎的机会。"巴菲特说:"但这绝不是必需的。"[26]

要完全理解这段话,我们还需要认真思考巴菲特接下来说的话:"即便我们持有的股票被长期停牌,也不会给我们带来任何困扰,也不会让《世界大百科全书》公司或是 Fechheimer(伯克希尔·哈撒韦公司旗下的两家子公司)因为少了每天的报价而有麻烦。归根结底,我们的经济命运还依赖于我们所拥有企业任何的发展,包括我们全资拥有的企业以及持股公司(以股票形式)。"[27]

如果你拥有一家企业（没有上市），而且没有每日交易价格来衡量其表现，那么你会如何确定这笔投资的成果呢？你可以衡量它的收入增长、营业利润率的提高或是资本性支出的减少。你只能依赖企业的基本面告诉自己，你的投资是在让企业增值还是贬值。在巴菲特看来，衡量上市公司业绩的试金石也没有什么不同。他解释说："查理和我在判断伯克希尔的股票投资是否成功时，依赖的是上市公司的运营结果，而不是通过每日甚至每年的股票报价。市场可能会暂时没有体现企业本身的价值，但最终还会证实其真实价值。"[28]

但是，我们是否能指望市场来奖励我们选择基本面良好的公司呢？我们能否在公司的营业利润与其未来股价之间建立显著的强相关性关系呢？只要采用的时间跨度足够长，答案似乎应该是肯定的。

市场价值和企业价值之间的关联性会随着时间的推移而增强。如果你能在市场价值上涨之前发现企业价值增值潜力，那么就可以占得先机。

在着手研究价格和收益之间是否存在强相关性的时候，我们曾设计了一个包括 1200 家公司的实验，这个实验告诉我们，持有股票的时间跨度越长，两者之间的相关性就越强。

(1) 在持有 3 年的情况下，价格与收益之间相关系数的范围为 0.131~0.360（当相关系数为 0.360 时，价格变化中的 36% 来自于收益的变化）。

(2) 在持有 5 年的情况下，相关系数的范围为 0.374~0.599。

(3) 在持有 10 年的情况下，相关系数的范围扩大到 0.593~0.695。

(4) 在覆盖全部研究范围的 18 年时间里，价格与收益之间的相关系数为 0.688，这已经是非常显著的相关性了。

这也验证了巴菲特的论点，即只要有足够长的时间，公司的股价终将反映其本身的实际价值。但他也警告说："收益对股价的影响和转换过程既'不均速'又'不可预测'。"尽管收益与价格之间的相关性会随着时间的延长而增强，但并非总让我们有发挥先见之明的机会。巴菲特指出："尽管股价在长期内都较好地追踪企业价值，但在特定的年份内，这种关系都会表现出反复无常的不稳定性。"[29] 早在 65 年之前，格雷厄姆就曾为我们传授过同样的道理："从短期看，市场就像是一台投票机，但是从长期看，它却是一台称重机。"[30]

显然，巴菲特并不急于让市场肯定他已经发现的事实。他说："此外，只要公司的内在价值能以令人满意的速度增长，那么识别公司成功的速度就不那么重要了。事实上，这种迟到的认可反倒是一个优势：它让我们有机会以更便宜的价格买入更多的好东西。"[31]

4. 透视收益

为帮助股东理解伯克希尔·哈撒韦公司所持有的普通股投资价值，巴菲特创造了透视收益一词。伯克希尔的透视收益由旗下各类公司（子公司）的营业利润、大量持有股票企业的留存收益以及纳税收益组成，其中，纳税收益是指实际支付留存收益产生的税务津贴。

透视收益的概念最初是为伯克希尔·哈撒韦公司的股东设计的，但对那些想理解其投资组合价值的集中式投资者来说，它同样是有意义的，毕竟，股价偏离公司潜在经济价值是经常性的。巴菲特说："每个投资者的目标都应该是通过创建一个投资组合（实际上是创建一家"公司"），在未来十年或更长的时间里为自己带来最高的透视收益。"[32]

根据巴菲特的经历，自 1965 年（巴菲特实际接管伯克希尔·哈撒韦公司的那一年）以来，伯克希尔·哈撒韦公司的透视收益增长速度几乎完全与股票市值保持同步。但两者也并非总是携手相伴的。在很多情况下，收益的增速会超过价格的增速，而在少数情况下，价格的涨幅也会远高于收益。因此，我们需要牢牢记住的一点是：这种关联性只有在长期而言才是一致的。对此，巴菲特的建议是："这种方法会迫使投资者主动考虑企业的长期发展前景，而不是市场的短期走势，这种观点很可能会改善我们的投资业绩。"[33]

5. 巴菲特衡量投资的尺子

当巴菲特考虑一笔新投资时，他首先会将新投资与已经持有的投资进行比较，判断新买入的投资是否会更好。今天，伯克希尔·哈撒韦公司使用一种经济计量尺度来衡量所有潜在投资。对此，查理·芒格强调说："巴菲特所说的话，实际上对任何投资者都是非常有价值的。""对普通人而言，你身上最有价值的东西就是你的衡量标准。"而下面这句话则是我们在增加投资组合价值过程中最关键，但却是最容易被忽视的秘密之一。用芒格的话说："这个标准其实很简单，如果你准备买入的新投资甚至还不及你已经拥有的，那就说明，它就没有达到你的标准。这个标准会帮你过滤掉99%的投资。"[34]

第六章 管好你的投资组合：集中式投资策略的挑战

因此，在讨论是否需要购买新的股票时，不妨先回答这样一个问题：和当前持有的最佳股票相比，新的股票有什么优势？

毫无疑问，现在我们已经拥有的投资就是你的衡量标准。我们可以通过几个不同的指标定义自己的衡量标准，例如透视收益、净资产收益率或安全边际。在你买入或卖出投资组合中的某只股票时，你就会提高或降低你的经济指标。作为股票的长期持有者，当投资组合管理者坚信未来股票价格将反映价值时，那么他们的任务就是寻找提高这个标准的方法。而对于散户来说，管理者可能就是你自己。

如果你退后一步想想，标准普尔500指数就是一个衡量标准。它由500家公司组成，每家公司都有自己的基本面。要想长期打败标准普尔500指数，提高你的投资标准或者说收益率，你就必须用超过指数的标准去构建和管理自己的投资组合。而本书所讨论的一个主题，就是组建和管理这样的投资组合。

在与沃尔特·迪士尼公司合并之前，汤姆·墨菲一直是大都会公司/ABC公司的领导人，他非常熟悉基本经济标准的内涵。大都会/ABC公司旗下包括多家传媒公司，将这些公司的收益进行加权平均，就是为股东带来的经济收益。墨菲深知，要增加大都会/ABC公司的价值，就必须找到能提高现有经济标准的公司。墨菲曾说过："基金经理的工作不是寻找让火车更长的方法，而是寻找让火车跑得更快的方法。"[35]

千万不要因为集中式投资组合的价格会在短期内落后于大盘，就错误地以为，不必持续进行业绩跟踪。即便有了经济标准，但股票市场变幻莫测，你仍需要看好自己精心挑选的股票。当然，集中式投资组合管理者也不应成为市场妄想症者，相反，你应该始终敏锐把握被投资公司在基本面上的一举一动。

七、像懒人那么做的两个好理由

集中式投资必然是一种长期的投资策略。如果我们问巴菲特，最理想的持有期限应该是多长，他肯定会这样回答，只要公司还能继续创造超过平均水平的经济收益，而且管理层能以合理方式配置公司收益，那么就应该"永远"持有。对此，他解释说："以静制动才是聪明的做法。无论美联储是否小幅调整利率，或是华尔街如何预测市场，我们和公司的管理层，都不会因此而疯狂卖出旗下全资拥有高利润回报的公司。既然我们持有的股票表现还不错，那么我们为什么着急卖呢？"[36]

如果你持有的是糟糕透顶的公司，尽早卖掉当然是明智之举。否则，你最终只能坐拥一家烂公司。但如果你投资的是一家非常优秀的公司，那么最明智的做法就是继续持有这家公司，除非万不得已，卖掉它才是你应该做的最后一件事。

对习惯于频繁交易股票的人来说，"持有不卖"这种看似懒惰的投资组合管理方法似乎有违常理，但是它除了能让你的资本实现超常增长之外，还能在以下两个方面给你带来的可观的收益。

（1）降低交易成本。
（2）增加税后收益。

显然，每个优势本身都是一笔宝贵的财富，而它们带来的综合收益更是巨大的。

第六章 管好你的投资组合：集中式投资策略的挑战

1. 降低交易成本

就平均水平而言，共同基金每年的平均换手率在100%～200%。换手率描述了投资组合中的交易活动数量。如果投资组合管理者每年都会卖掉组合中的全部股票，并重新买进新的股票，也就是说，构成组合的全部股票每年更换一次，那么该组合的换手率为100%。如果组合中的股票在一年中被两次彻底更替，那么这个组合的换手率就是200%。但如果投资组合管理者在一年内只出售和买入投资组合中的1/10（也就是说，组合中的股票平均持有时间为十年），则换手率仅为10%。

晨星公司是一家位于芝加哥的基金研究机构，该机构在对3560只美国共同基金进行研究后发现，与高换手率基金相比，低换手率基金可以带来更高的回报。此外，晨星公司还发现，如果以10年为研究区间，与换手率超过100%的基金相比，当基金的换手率低于20%时，其收益率要高出14%。[37]

这应该是一个很明显的、具有常识性的道理，但恰恰又很容易被忽视。高换手率的问题在于，每一笔交易都要带来交易成本，而交易频率的增加自然会增加交易成本，从而最终降低了净收益。

2. 增加税后收益

低换手率基金还有另一个重要的经济优势：它具有递延资本利得税的积极效应。但具有讽刺意味的是，原来应该增加基金回报的股票交易，实际上反而会增加当期应纳税款。当基金经理出售一只股票并用另一只股票取而代之时，可能完全是因为他相信这样做会提高基金的收益率。但由于卖出股票就意味着资本收益已实现，因而需缴纳资本利得税，因此，要通过替换股票提高组合的收益率，那么新买入股票的收益首先需要弥补资本利得税。

如果你拥有个人退休账户（IRA）或"401（k）"退休金计划，那么在从账户提款之前，你无须考虑该账户的任何收入或所得，因为这两者本身带来的收益被使用之前完全免税。但如果你的个人账户中持有共同基金，那么由基金产生的任何已实现资本利得都将被转嫁给投资者，从而触发你的资本利得税纳税义务。因此，基金出售的股票越多，你面临的税负可能就越大。

即使共同基金的年终业绩显示出非常可观的收益能力，但是在为已实现收益缴纳了税款之后，你的税后净收益就有可能远远落后于平均水平。此时，精明的投资者就会开始质疑，主动管理型基金创造的收益是否真的很可观，以至于在支付应纳税款之后仍拥有高于指数基金的收益，毕竟，指数基金在本质上具有非常高的节税效应。

除上面提到的免税基金账户之外，税费始终是投资者面对的最大一项支出，它不仅超过交易佣金，而且通常也高于管理基金管理费。实际上，税费成本已经成为基金业绩不佳的重要原因之一。基金经理罗伯特·杰弗里（Robert Jeffrey）和罗伯特·阿诺特（Robert Arnott）认为："税费确实是个坏消息。"这两个人曾共同在著名的《投资组合管理杂志》上发表《你的 Alpha 是否足以覆盖税费?》一文。这篇文章在投资界引发了广泛讨论。杰弗里和阿诺特在文中写道："但也有好消息，有些投资策略可以让这些通常被忽视的税费成本降到最低。"[38]

简而言之，他们提出的关键策略涉及另一个常识性概念，而

第六章 管好你的投资组合：集中式投资策略的挑战

且同样是一个经常被人们忽视的概念：未实现收益的巨大价值。在股票价格上涨但尚未卖出时，增值部分属于未实现收益。因此，在你卖出股票之前，无须就这些未实现的收益缴纳资本利得税。如果你不动这部分收益，那么复利效应就会让你的财富显示不俗的增长潜力。

总体而言，投资者大多会低估这种未实现收益的巨大价值，巴菲特将这种收益称为"财政部的无息贷款"。为说明这一点，巴菲特给我们举了一个例子：如果用1美元投资，这笔投资的价格每年翻一番，结果会怎么样呢？假如在第一年年末卖出，得到2美元，扣除1美元增值需要缴纳的税收后（假设按34%的税率纳税），你可以获得0.66美元的净收益。假设在第二年将全部收入1.66美元用于再投资，到年底再翻一番。你的投资每年翻一番，年底卖出，缴纳税款，再投资，如此反复，那么在20年之后，你缴纳的税款总额为1.3万美元，将取得2.52万美元的净收益。另外，如果还用1美元投资，每年翻一番，一直持有到20年后卖出，那么在缴纳约35.6万美元的税款后，你获得的净收益为69.2万美元。

看看这些数字，我们即可认识到以下几点：首先，如果你每年年底不提出利润，而是让全部资金处于投资状态，通过复利效应，你最终得到的利润会比预计多得多。其次，在20年结束时，一次性支付的税款会让你瞠目结舌。这或许可以解释，从本能出发，人们更愿意每年提取收益，这样能将每次的纳税额控制在心理可承受范围内。但他们没有想到的是，这会让他们损失一大笔收益。

杰弗里和阿诺特最终得出的结论是：要获得更高的税后收

益,投资者就需要将投资组合的年均换手率控制在 0~20%。

> **关于复利**
>
> 要让1美元的投资每年翻一番,需要怎样做?你可以有两个选择。
>
> (1) 在年底卖出,按当年的资本收益缴纳税款,并将净收益用于再投资。在 20 年中,如果你每年都这么做,在 20 年之后,你将得到 2.52 万美元的净利润。
>
> **或者**
>
> (2) 始终持有这笔投资,在 20 年中不卖掉任何一部分。那么在 20 年之后,你将得到 69.2 万美元的净利润。

哪些策略适用低换手率呢?一种是低换手率的指数基金,另一种就是集中式投资组合。杰弗里和阿诺特说:"这听起来有点像婚前咨询,试图构建一个你能长期与之共存的投资组合。"[39]

如今,如果基金经理的业绩严重偏离市场基准收益率,他们就会有客户流失和被咨询师抛弃的风险。查理·芒格认为:对业绩明显偏离市场回报率带来的"跟踪误差"已让整个行业陷入困境。

在这个部分中,我们以大量篇幅讨论了共同基金的优势和缺陷。很明显,我们之所以这么做,就是因为人们更熟悉共同基金,因而也更容易理解这些例子。但千万不要以为,错误的投资思维仅限于共同基金经理。实际上,我们只是通过这些例子来介绍这种贯穿整个投资行业的普遍性趋势。通过观察共同基金经理的行为及其想法,我们可以更多地认识到自己应该怎么做,应该如何思考。

我们已经知道,漂亮的短期业绩未必只属于优秀的投资组合管理者,正如难看的短期业绩未必不会出自他们之手一样。如果用来衡量投资业绩的时间跨度太短,我们就无法得出任何有意义的结论。然而,在价格偏离预期收益时,或许更适合采用其他替代业绩衡量标准(如透视收益)来评估投资进度。此外,我们还认识到,低换手率可以通过两种简单而明显的方式转化为更高的收益率。减少交易频率意味着降低交易成本。最后,不要忽视未实现收益的价值。除被动型的指数基金之外,集中式投资更有利于将未实现收益转化为利润。

八、投资警告

在放下这本书之前,有必要认真考虑一下以下的内容。曾有人建议:集中式投资之类的文章就像是为投资者提供的一本高性能赛车用户手册。但如果你驾驶的是一辆时速超过 200 英里/小时的汽车,那么你就要关注安全驾驶的问题了。因此,最明智的做法是,不仅要阅读用户手册,而且要高度关注黑体字"警告"标题下的所有内容。同样,如果你准备涉足集中式投资组合,就必须格外重视以下五个方面的警告。

(1) 除非你愿意把股票看作是企业所有权的一部分,否则,请勿入场。

(2) 必须准备好认真研究你所拥有的企业,以及它们的竞争对手,并达到没有人比你更了解这个企业或行业的程度。

(3) 除非你愿意至少维持五年的投资,否则,就不要考虑涉足集中式投资组合。时间越长,你的集中式投资之旅就越安全。

（4）永远不要在集中式投资组合中使用杠杆。无杠杆的集中式投资组合有助于你尽早实现目标。切记，一旦股价大跌，出人意料的追加保证金要求可能会让你苦心经营的投资组合功亏一篑。

（5）必须认识到，要做一个集中式投资者，首先需要拥有相应的人格与性格。永远不要忘记：投资与投机是有区别的。

作为集中式投资者，你的目标就是对企业的了解必须达到超越华尔街的水平。你可能会反驳——这是不可能的，然而考虑到华尔街推销短期业绩的浮躁气氛，做到这一点或许没你想象的那么难。华尔街的卖点是短期业绩，它们强调的是季度数据。相比之下，企业所有者则关心企业是否具有长期竞争优势。他们也会以好企业的价格变动来调整仓位，而华尔街的短视观点往往就是这些价格波动背后的始作俑者。如果你愿意刻苦钻研自己的持股企业，那么随着时间的推移，你就有可能会比一般投资者更了解这些企业，而这种认知优势就是建立投资优势的基础。

巴菲特的方法看似简单，实则深邃。在他的方法中，你既不需要掌握计算机编程，也不需要去解读两英寸厚的投资银行手册。你要做的首先是对企业进行估值，然后按低于这个企业价值的价格买入，这其中确实谈不上科学两个字。巴菲特说："我们所做的，并不是让其他所有人难以企及的事情。要得到非凡的结果，并不是一定要去做非凡的事情。"[40]

若要做好集中式投资，也不需要成为 MBA 水平的企业评估专家。但它确实需要你投入一定的时间研究估值过程。正如巴菲特所说："投资比你想象的容易，但比看起来要难得多。"[41] 成功的投资当然不需要你学会充斥着希腊字母的正统数学，但确实需

第六章 管好你的投资组合：集中式投资策略的挑战

要你认真调查自己持股的企业。

有些投资者宁愿信口开河地畅谈"市场正在怎么样"，也不愿花点精力去阅读公司的年报。但是，请相信我，与其在市场未来走势和利率走向的"鸡尾酒会"上浪费时间，还不如花30分钟阅读一下持股公司近期发布的公告，后者肯定会让你收获更多货真价实的消息。

众所周知，任何改变都不是一帆风顺的。即使你从理智上相信，你给自己制定的新方向是正确的，但是要诉诸实践，显然还需要你在情感或心理上做出适当调整。因此，即使你可能完全接受集中式投资在科学和数学上的观点，即使你亲眼看见其他超级投资者正在成功地使用集中式投资，但你仍可能会犹豫不决。毕竟，我们谈论的是你的财富命运，这确实是一个非常严肃的、事关人生命运的大事情。

你也许会发现，更多地了解情感和财富之间的互动效应是有益的。归根到底，金钱问题的一个基本内涵，就体现在它给情感带来的影响，这一点永远都不会被改变。但与此同时，我们也完全不必让自己任由情感摆布，以至于无法采取理智的行为。其中的关键，就在于适度控制情感。因此，如果我们了解投资所涉及的基本心理学知识，要做到控制情感会容易得多。这也是我们将在下一章讨论的主题。

第七章 财富的心理效应

尽管有计算机程序和电子数据记录设备，但人们仍然乐此不疲地制造市场。其实，股市只不过是无数个体的决策总和。因此，我们必须牢记一件事：在生活的所有领域中，人们都倾向于从情感出发做决策，在这个过程中，情绪的影响力远要比理性更强大。

涉及财富方面，对决策影响最深远的两种情绪当属恐惧和贪婪。正是恐惧或贪婪（或两者兼而有之）的驱动，投资者才会以愚蠢的价格去买卖股票，导致价格远远偏离公司的内在价值。换句话说，与公司的基本面相比，投资者的情绪对股价的影响更为明显。

因此，任何希望能在市场中取得利润的人，在步入市场之前，都需要考虑情绪的影响。这是一个双重问题：一方面，要尽可能地控制情绪；另一方面，随时保持警觉，当其他投资者做出基于情绪的决策时，或许会为你提供千载难逢的机会。

要合理衡量情绪对投资的影响，第一步就是要理解情绪。值得庆幸的是，这方面不乏有价值的信息。近年来，心理学家已开始关注人类行为在财富问题上所寻找的基本原则。这个新兴的学术领域被称为行为金融学，实际上，它所依赖的是很多存在已久的理论和观点。

一、真正投资者的气质

众所周知，格雷厄姆强烈要求他的学生分清投资者与投机者之间的根本区别。他说："投机者试图预测价格变化并从中获利，而投资者只寻求以合理的价格买入公司股票。"但格雷厄姆的发现还远不止于此。他说:"一个成功的投资者,往往具有冷静、耐心、理性的气质,而投机者则恰恰相反,他们常常会陷入焦虑、不耐烦和非理性之中。他们最大的敌人不是股票市场,而是自己。这些人或许在数学、金融和会计等方面都具有超凡的能力,但如果不能控制好自己的情绪,他们自然无法从投资中获利。"

格雷厄姆深谙股票市场的情绪风暴,以至于让很多现代心理学家自叹不如。他认为:真正的投资者不仅因为有能力,还因为他们特有的气质,这个观点不仅适合于当初,至今依旧适用。

不妨细细研究这三个关键特征。

(1) 真正的投资者应保持冷静。他们应该知道,在各种理性和非理性力量的影响下,股票价格有涨有跌。当股价下跌时,他们会淡然面对,因为他们很清楚,只要公司还拥有最初吸引投资者的品质,价格迟早会反弹。因此,他们自然不会惊慌失措。

在这一点上,巴菲特的观点更加直白:除非你在投资贬值50%时依旧能做到镇定自若,否则,你就不应该投资股市。实际上,他还对这句话做出了补充:只要你对自己持股的企业感到满意,就应该坦然接受其股价的下跌,因为只有在股价下跌时买入,你才能赚到更多的利润。

另外,在面对所谓的"暴民影响"时,真正的投资者依旧能泰然处之。当某只股票、某个行业或是某只共同基金突然成为市场热点时,"暴民"便一涌而来。但麻烦也接踵而至,当每个人自以为知道应该做的事而做出相同选择时,也就不会有人能赚到钱了。在1999年年底《财富》杂志发表的一篇报道中,巴菲特谈到"派对不可错过"的想法让众多牛市投资者趋之若鹜。[1]

但巴菲特似乎是在提醒：真正的投资者根本就不必担心会错过派对，他们担心的是还没有准备好参加派对。

（2）真正的投资者要有耐心。 真正的投资者不会被热情的氛围冲昏头脑，而是等待正确的机会出现。他们更多的是理性拒绝，而不是盲目追随。巴菲特回忆在为格雷厄姆-纽曼公司工作时，他的任务就是对可能买入的股票进行分析，格雷厄姆在大多数时候会否决他的建议。巴菲特说："除非所有事实都对他有利，否则格雷厄姆永远不会去购买一只股票。"从这段经历中，巴菲特体会到，能够说"不"是投资者最大的优势之一。

> 不要担心说"不"。审慎评估每一个投资机会，就如同你一生中只能做出20个投资决策那样。

巴菲特认为：如今，太多的投资者感觉他们必须去购买更多的股票——尽管大多数股票注定平淡无奇——而不是去耐心等待少数几家优秀公司的出现。为强化格雷厄姆的教诲，巴菲特经常使用打孔卡的比喻。他说："投资者在制定投资决策的时候，就好像他有一张决策卡，这一辈子只有20次打卡的机会。每做出一个投资决策时，在他的决策卡上打一个孔，他的打卡次数便减少了一次。"[2]如果以这种方式限制投资者的行为，就会迫使他们学会有耐心，等待真正有利的投资机会浮出水面。

（3）真正的投资者是理性的。 他们以清晰的思维认识股票市场，认识这个世界。他们既不会过度悲观，也不会盲目乐观。相反，他们始终保持逻辑思维，理性行动。

让巴菲特感到不解的是，太多的投资者习惯于排斥最符合其最大利益的市场，但却偏爱始终对他们不利的市场。他们在市场价格上涨时欣喜若狂，而在价格下跌时唉声叹气。如果循着这种心态走下去，再将这些心态付诸实践，那么他们会怎么做呢？在低价位上卖出，在高价位上买入——这显然不是赚钱的策略。

如果投资者天真地以为命运总会以某种方式对他们露出笑容，而且他们选择的股票注定会如日中天，那么过分乐观的情绪必然会让他们忘乎所以。尤其是在牛市中，不切实际的期望会成为不可阻挡的潮流。在盲目的乐观主义者心目中，要成为光彩夺目的长期投资胜利者，根本就无须进行任何基础研究和分析。

无论是针对个别公司还是整个市场，过度的悲观情绪都会刺激投资者在错误时点卖出未来赚钱的宝贝。在巴菲特看来，当所有人都开始陷入悲观情绪时，真正的投资者会感到开心，因为他们终于等来了好机会：以折扣价格买入最优秀的企业。他说悲观情绪是"价格走低最常见的原因……我们就是希望在这样的环境里开始投资，这不是因为我们是悲观主义者，而是因为我们喜欢悲观情绪带来的低位价格。乐观情绪才是理性买家的真正敌人。"[3]

1979年，巴菲特在《福布斯》上发表文章，题为"你在为体验市场的乐观共识而付出高昂代价"。当时，道琼斯工业平均指数的市场价格略低于账面价值，股票的平均收益率为13%，而债券的利率则在9%~10%波动。但大多数养老金基金经理的盈利来自债券，而不是股票。

在这篇文章中，巴菲特为这种非理性选择给出了一种可能的解释：也许基金经理觉得，只要当下形势还不明朗，最好的策略就应该是规避股票投资。巴菲特认为出现这种心理的前提必然是："未来永远是不明朗的"，而且"你在为体验市场的乐观共识而付出高昂代价"。[4]

当然，乐观或悲观程度是投资者对未来看法的表达。而预测未来充其量不过是一种伎俩，但如果这种乐观（或悲观）是基于情绪而非研究时，就是彻头彻尾地犯浑了。巴菲特曾指出："股票价格预测者的唯一价值，就是让算命先生的职业看起来更有档次"而他本人从不尝试去预测市场会在什么上涨或是下跌。[5]相反，他始终关注市场的总体情绪基调，并据此采取行动。他解释说："我们只是想在别人贪婪时让自己恐惧，而在别人恐惧时让自己更贪婪。"[6]

1. 认识"市场先生"

为了告诉他的学生们，情绪与股票市场波动之间的关系有多么的紧密，让他们认识使理性屈服于情感的愚蠢，格雷厄姆创建了一个寓言式的角色——"市场先生"。巴菲特经常和伯克希尔·哈撒韦的股东们分享关于市场先生的故事。

想象一下：你和市场先生是一家非上市企业的合作伙伴。每天，这位市场先生都会风雨无阻、不遗余力地给出一个价格，按照这个价格，他愿意购买你持有的股份，或是把他持有的股份卖给你。你们俩有幸拥有一家稳定的企业，只不过，市场先生的报价完全不着边际，因为市场先生的情绪不稳定。有的时候，他很开心，非常乐观，而且觉得未来一片光明。在这段时间里，他会给你持有的股份报出非常高的价格。有的时候，市场先生会感到灰心丧气，悲观厌世。此时，他只能看到眼前的麻烦，对未来丝毫看不到一点希望，他会给你持有的股份报出非常低的价格。

格雷厄姆说市场先生也有一种可爱的性格：他从不介意被冷落。即使你今天对他的报价置若罔闻，明天，他又会给你新的报价。格雷厄姆警告他的学生，市场先生的价值是他口袋里的账本，而不是他的智慧。在市场先生变得愚蠢时，你就可以毫无顾忌地忽略他或是利用他，但千万不要受他的影响，那注定会是一场灾难。

格雷厄姆写道："当市场非理性下跌而导致持股贬值时，如果投资者放任自己惊慌失措或是心惊胆战，那么他原有的优势就会转化为根本性的劣势。如果他持有的股票根本就没有市场报价，那他算幸运，因为这样的话，他就会免受因判断失误而遭受心理上的折磨。"[7]

要让投资取得成功，投资者首先需要对企业有良好的判断力，避免让"市场先生"释放的情绪漩涡影响自己的判断。这种情绪会因为相互传染而形成恶性循环。在巴菲特的成功中，一个非常重要的因素就在于，他始终规避股市情绪的干扰。他将这归功于格雷厄姆和市场先生，是他们教会自己如何不被市场情绪所影响。

2. 市场先生，请认识一下查理·芒格

早在60多年前，格雷厄姆开始研究存在于市场中的非理性现象，并第一次让人们认识到这位"市场先生"。然而，随着时间的推移，投资者的行为几乎没有发生任何明显的变化。投资者依旧在从事各种非理性行为。愚蠢的错误一天又一天地重复。恐惧和贪婪依旧在市场中挥之不去。

通过众多的学术研究和调查，我们可以追踪投资者的愚蠢行为。如果听从巴菲特的引导，我们就可以把其他人的恐惧或贪婪变成我们的优势。但是要完全了解投资的情绪变化，我们还要求助另一个人：查理·芒格。

芒格感兴趣的话题，以及他在知识上的广度和深度，都是具有传奇色彩的。他最有说服力的观点就是所谓的心理模型框架，他将众多领域的核心概念相互融合，建立了这个集大成式的智慧模型。在这里，我们只讨论他感兴趣的领域之一：心理学。

芒格对心理学如何影响投资者的认识，以及他始终认为必须在投资中考虑心理学的观点，均对伯克希尔·哈撒韦公司的经营和投资产生了巨大影响。这是他最有价值的成就之一。

尤其是他高度重视的所谓"误判心理学"，在这个由芒格本人提出的概念中，核心就是这样一个问题：到底是哪些本性诱导出错误的判断呢？

> **芒格的双轨分析**
> （1）观察事实：理性的期望和概率。
> （2）认真评估心理因素的影响。

芒格认为：一个关键的问题是，我们的大脑在分析中会自动选择捷径。我们习惯于用最简单的假设得出最容易看到的结论。因此，我们很容易被误导，也很容易被操纵。为弥补这种缺陷，芒格形成了一套良好的心理习惯。"就个人而言……我现在会使用一种双轨分析模式。首先，从理性的角度去思考哪些因素会真正影响投资的收益？其次，这些总体上有益但又经常会失灵的因素，会自然而然地在我们潜意识层面上造成潜在影响？"[8]

二、行为金融学

在很多方面，查理·芒格都是一位真正的开拓者。在其他专业投资者还没有认真考虑投资心理之前,他就已经在思考和探讨市场行为的心理要素。但这种情况正在开始改变。在过去的几年中,我们已经看到,诸多要素让我们开始以变革性的全新视角认识这个问题,即通过人类行为的理论框架去研究金融问题。经济学和心理学的相互融合缔造了这个被称为行为金融学的新兴领域,而今天,这门学科已走出大学的象牙塔,成为专业投资者之间的热门话题。

但具有讽刺意味的是,在这门学科中,最出色的学术研究成果却是来自芝加哥大学的经济学系,这是一个因为拥有多位诺贝尔奖获得者而闻名于世的高校,而且他们恰恰是理性投资者和有效市场理论的坚定倡导者。从康奈尔大学转到芝加哥大学经济系的经济学家理查德·塞勒(Richard Thaler),始终对投资者理性行为这一命题持怀疑态度。

行为金融学寻求的是利用心理学理论解释市场效率低下的一种调查研究。学者们观察到在涉及财务问题时,人们经常会犯下愚蠢的错误,做出各种不合逻辑的假设,于是,包括塞勒在内的学者开始深入研究心理学理论,试图揭开人类思维中非理性的因素。这是个相对较新的研究领域,但会令人着迷,对聪明的投资者也很受用。

1. 过度自信

心理学研究指出,由于人们通常会过度自信,因而经常会做出错误判断。如果你询问很多被调查人群:有谁认为自己的驾驶水平超过平均水平?绝大多数人会说自己是优秀的驾驶员。从一个角度看,这又提出了另一问题:谁是低水平的司机呢?另一个例子出现在医学界。在调查中,医生认为他们有 90% 的把握正确诊断出肺炎。而实际中,他们的正确诊断率却只有 50%。

自信本身并不是一件坏事。但过度自信就是另一回事了,尤其是在应对财务问题时,这可能会造成亏损。过度自信的投资者不仅会让自己做出愚蠢的决定,而且其合力会对整个市场造成不良影响。

通常,投资者都坚信自己比其他人更聪明,而且在选择盈利股票的问题上信心百倍,至少他们认为可以选择更优秀的基金经理,后者必有跑赢大盘的能力。他们倾向于高估自己的能力和知识,他们往往会轻信自己信以为真的信息,而对有悖于自我判断的信息视而不见。此外,他们总是评估容易得到的信息,而不是去主动搜寻鲜为人知的信息。

过度自信解释了为什么会有那么多的基金经理业绩表现不佳。他们过度轻信自己收集的信息,他们习惯于高估自己的能力。如果所有市场参与者都认为自己掌握的信息是正确的,而且知道其他人所不知道的东西,那么结果自然是过度交易。

2. 过度反应

塞勒曾提到几项最新的研究结果,它们的结论如出一辙:人们倾向于过分强调某些偶然事件,并认为在这些事件中发现了规律。投资者尤其习惯于关注最新的信息,并据此做出推断。因此在他们看来,最新的收益报告往往是预测未来收益的最佳信号。然后,他们相信自己掌握了别人不知道的信息,并根据肤浅的推理轻易得出结论。

这其中的罪魁祸首就是过度自信的心理偏差。人们总认为自己比其他人能更清楚地理解数据，且能更好地解释这些数据。但问题不止于此。过度反应还会加剧过度自信。行为学家的研究成果表明，人们往往会对坏消息过度反应，而对好消息则反应迟钝。心理学家把这种现象称为过度反应偏差。因此，如果公司的短期收益表现不佳，那么投资者会不加思考地做出爆发性过度反应，而这必然对股价产生影响。

对于这种过度重视短期业绩的做法，塞勒称之为投资者的"短视"（相当于医学中的近视眼），他还指出：如果没有接到月度报表的话，大多数投资者的收益状况会有所改善。在一项与其他行为经济学家合作进行的研究中，塞勒以戏剧性的方式验证了自己的观点。

按照塞勒和同事的要求，一组学生需要使用股票和短期国债构建一个假设的投资组合。但他们首先让学生们坐在电脑前，模拟了这个投资者在过去 25 年的收益情况。其中，他们为一半学生提供了持续性的价格变化情况信息，这些数据体现了市场波动情况。另一组学生只获得按 5 年时间段内衡量的定期业绩数据。随后，塞勒要求每个小组为未来 40 年构建相应的投资组合。

在拥有持续性价格信息的小组中，部分组合不可避免地出现了亏损，他们仅为股票市场配置了 40% 的资金。而在只接收定期业绩信息的小组则将投资组合中近 70% 的资金分配给股票。塞勒每年都在美国经济研究局和哈佛大学约翰·肯尼迪政府学院主办的行为学会议上发表演说。塞勒对学生们说："我对你们的建议就是投资股票，然后不要尝试去跟踪业绩，以静制动。"[9]

塞勒还因通过另一项研究验证短期决策的愚蠢而闻名。他以纽约证券交易所的全部股票为研究对象，并将这些股票按过去 5

年的业绩表现进行排名。随后，他找到业绩最好的35只股票（涨幅最大的股票）和35只业绩最差的股票（跌幅最大的股票），并以这70只股票创建模拟的投资组合。然后，他跟踪该组合5年，5年之后他发现有40%的"失败者"超过了"胜利者"。塞勒认为：在现实世界中，一旦看到价格下跌，很少有投资者能抑制自己不做出过度反应，而在"失败者"开始强势反弹时，他们却在犹豫不决中错过大好时机。[10]

这些实验以巧妙的方式验证了塞勒的观点：投资者的短视行为会让他们做出愚蠢的决策。为什么短视行为会引发这种非理性反应呢？其中的部分原因就是心理学的另一个理论，也是人类与生俱来的一种心理：不愿接受损失。

3. 损失厌恶

行为学家认为：亏损带来的痛苦远大于同等金额收益带来的快乐。塞勒等人进行的一系列实验表明，人们需要两倍于亏损的收益，才能弥补亏损带来的负面影响。在一个收益和亏损概率各占50%的游戏中，即使赔率一样，大多数人也不会去冒险，除非潜在收益达到潜在亏损的两倍。

这就是所谓的非对称损失厌恶，即亏损造成的消极影响大于同样幅度收益的积极影响，这是人类心理中的一个基本规律。如果将这个原理应用于股票市场，则意味着，投资者在亏损时会产生痛苦感受，而选择正确股票并获利则会给他们带来愉快感受，前者的强度相当于后者的两倍。在宏观经济学理论中，我们同样可以找到这样的推理模式。在经济繁荣时期，消费者每创造1美元的收入，通常会增加3.5美分的消费支出。但是在经济衰退期间，消费者每损失1美元的收入，则会减少两倍于繁荣时期的消费支出。

这种损失厌恶会导致投资者过度保守，但也会让他们为此付出巨大代价。我们所有人都希望自己能做出正确决定，即使已经做出错误的决定，我们依旧会执迷不悟，一厢情愿地希望能等到翻身三日。因为只要还没有卖出被套的股票，亏损就没有兑现，那样我们就无须面对已有的失败。反之，如果你没有卖出被套的股票，那么你就有可能错失因为理性再投资而带来的潜在收益。

4. 心理账户

在行为金融学中，还有一种理论值得我们关注。心理学家称之为心理账户。它是指根据周围环境变化而改变对我们财富预期的习惯。从心理上，我们往往倾向于把钱存入不同的"账户"，而这就决定了我们会如何考虑金钱的使用方式。

我们可以用一个简单的例子说明这个概念。不妨假设，一天晚上你和爱人刚刚从外面回到家。你掏出钱包准备向临时帮你照看婴儿的保姆支付20美元小费，但你却发现，钱包里并没有你原以为存在的那张20美元现金。于是，在你开车送保姆回家的路上，你找到一台ATM机，提取了20美元现金给保姆。但是第二天，你在外套口袋里发现了要找的这张20美元现金。

如果像大多数人一样，你的心情应该是欢乐的。因为在外套口袋里发现的这张20美元现金是你"意外发现"的财富。尽管你支付给保姆的20美元和外套口袋里发现的这20美元都是你自己的钱，而且都是你通过工作挣来的，但你现在拿在手中的20美元现金，却是你原本以为丢失的，因此你可能会毫无压力地任意处置它。

为证明这个概念,塞勒再次完成了一次非常有趣的教学实验。他找到两组对象。在第一组中,每个人都将获得30美元现金,而且可以有两种选择:

(1) 把这30美元揣进口袋,一走了之。

(2) 用这30美元参与掷硬币游戏。获胜者还可以得到额外的9美元,而输家则需要被扣掉9美元。

在第一组中,大多数人(70%)选择参与游戏,因为他们认为这样做至少能拿到21美元的现金。

在第二组中,每个人均可以做以下不同的选择:

(1) 参与一个掷硬币游戏,赢家拿走39美元,输家拿走21美元。

(2) 不参加掷硬币的游戏,直接拿到30美元。

超过一半(57%)的人选择直接走人。其实,两个组最终赢得的钱数是一样多的,而且赔率也完全相等,但是他们感知的结果却不相同。[11]

这背后的含义是显而易见的:要充分了解市场和投资,我们首先需要了解自己的非理性程度。研究误判心理学不仅有利于投资者,同样会有助于研究资产负债表和利润表的市场分析师。尽管你可能精通公司估值的技术,但如果你不花点气力去理解行为金融学,那就很难提高投资业绩。

> 理解人类固有的非理性程度与理解如何阅读资产负债表和利润表一样,都是非常重要的一堂课。

5. 风险承受能力

就像强大的磁铁会把附近的全部铁制金属聚集在一起那样,

第七章 财富的心理效应

投资者的风险承受能力也会将行为金融学的所有要素聚集起来。尽管这些心理学概念在本质上是抽象的,但它们会真真切切地体现在你每天买卖的日常决策中。所有这些决策的汇聚点,就是你如何看待风险。

在过去的十几年中,专业投资者投入大量的精力,帮助人们评估自己的风险承受能力。起初,这种研究似乎很简单。通过访谈和问卷调查,他们即可为每个投资者做出一般的风险状况评估。但问题在于,人们的风险承受能力依赖于心理,而这种心理会随着环境的变化而发生改变。当市场急剧下跌时,即使是那些"主动型"的投资者也会变得谨小慎微。而市场兴旺繁荣时,无论是主动型投资者,还是所谓的保守型投资者,都会不遗余力地买入股票。

在这个过程中,还有一个因素在起作用,即我们先前提到的过度自信。在我们的文化中,风险承担者更受人推崇,而投资者同样不会摆脱这种人类的基本倾向,他们也会从自己的感觉出发,过度评估自己正在承受的风险。实际上,他们正在实践心理学家乔治·普鲁特(D. G. Pruitt)所说的"沃尔特·米蒂效应"(Walter Mitty effect)。[12]

20世纪30年代,美国伟大的幽默作家詹姆斯·瑟伯(James Thurber)创作了令人捧腹大笑的短篇小说《白日梦想家》后来改编为一部令人难忘的电影,由丹尼·凯耶(Danny Kaye)主演。沃尔特·米蒂是一个性格温顺、胆小如鼠的家伙,完全听命于霸道、尖刻的妻子。但他学会用白日梦来纾解现实中的无奈。在梦中,温文尔雅的米蒂神奇地变成了一个勇敢无畏的英雄,他总是在世界需要他的时候挺身而出。一方面,他会因担心忘记妻子交代的琐事而感到纠结痛苦；另一方面，他会变成一名无所畏惧的轰炸机飞行员，独自执行危险的任务。

普鲁特认为：投资者对市场做出的反应就如同沃尔特·米蒂应对生活的方式。当股市上涨时，他们会变得勇敢无畏，敢于承担巨大的风险。但是当股市下跌时，投资者会争先恐后地逃离市场，消失得无影无踪。

那么，我们该如何克服沃尔特·米蒂效应的影响呢？通过寻找衡量风险承受能力的方法，我们应尽可能考虑现实的丰富性，通过标准评估问题的根源，深究由心理驱动的问题。几年前，我与维拉诺瓦大学的贾斯汀·格林（Justin Green）博士合作开发了一种风险分析工具，这种工具在强调人格特性的同时，也关注更为明显和直接的风险因素。在对有关风险承受力等大量理论及实证文献进行研究之后，我们提炼出重要的人口统计学要素和人格取向，将这些因素相互结合，有助于人们更准确地衡量其风险承受能力。

> **谁最能承受风险呢**
> （1）相信能控制自己生活的人。
> （2）以明确目标指导自身行为的人。

我们发现，冒险倾向与两个人口统计学因素有关：性别和年龄。年轻人比老年人愿意冒险，而女人通常要比男人更谨慎。风险似乎与财富没有关联。拥有更多或更少的钱，似乎对风险承受能力没有任何影响。

对我而言，最有趣的发现之一体现在人格特征方面。我们发现，两种特征与风险承受能力的关系尤为密切：个人控制和成就动机。个人控制是指人们总觉得自己可以影响环境及其在这种环境中做出的人生决策。根据我们的研究，相信自己拥有这种控制能力的人更容易冒险。成就动机描述了人们在行动中的目标意识。我们发现，愿意承受风险的人通常是目标性很强的人，尽管越是高度关注目标越有可能带来失望。[13]

为解读这些人格特征与风险承受能力之间的真实关系，我首先需要认识到，投资者必须考虑他们如何看待风险所处的环境。[14]在他们的心目中，股市是一种结果完全取决于运气的游戏，还是一种将精准信息与合理选择相结合而带来预期结果的偶然性两难困境？

根据我们的研究，拥有高度风险承受能力的投资者，必然习惯于设定目标，相信自己有能力控制外界环境，而且能影响环境变化的结果。他们将股票市场视为一种偶然性两难困境，在这种情况下，信息与合理选择相结合将带来预期的理想结果。

这会让你想起什么人吗？

我们所掌握的有关心理学、风险承受能力以及投资者的所有物质，被巴菲特这位投资大师集于一身。他相信的是自己的研究，而不是运气。他把信息转化为合理的选择。他认为自己可以控制外界环境，而且可以用自己的决策去影响结果。他的一言一行都经过深思熟虑，他不会让短期事件控制自己。他了解风险的真正内涵，并满怀自信地去接受未来。

早在行为金融学这个词汇还没有出现的时候，它的真谛已经被沃伦·巴菲特和查理·芒格等传统思维的离经叛道者所理解并接受。巴菲特经常说，他从格雷厄姆那里得到的最有价值的收获，就是理性看待股市。巴菲特说："如果你有了这种态度，那么你就可以将99%从事股票交易的人甩在身后。这是一种显而易见的巨大优势。"

格雷厄姆说:"培养真正投资者的态度,就是在财务和心理上做好应对不可避免的涨跌准备。"投资者不仅要认识到股市迟早都会发生衰退,而且还要在心理上保持镇定,以便于在衰退到来时做出合理的反应。在格雷厄姆看来,投资者对股市的合理反应,就应该像企业所有者对价格不利时的反应那样:忽略它。

> **当价格突然暴跌时**
> (1) 不要惊慌,不要急于逃离。
> (2) 重新评估所持有企业的长期基本面。
> (3) 如果基本面没有改变,那么就继续买进。

三、 旅鼠效应与暴民心态

旅鼠是生活在苔原地区的一种特有的小型啮齿动物,它们最有名的特征就是会集体出走直至一同蹈海。在正常情况下,旅鼠在春季进行迁徙活动,寻找食物和新的栖息地。但每三到四年就会发生一种奇怪的事情。由于非常高的繁殖率和超低的死亡率,旅鼠的数量开始大幅增加。一旦种群数量达到一定程度,部分旅鼠就在夜间骚动不安。很快,群体的壮大让它们开始胆大妄为,旅鼠开始在白天外出行进,此后会有越来越多的旅鼠加入这个行列,直到它们变成我们针对人而言的所谓"暴民"。在碰到障碍物时,它们会惊慌暴躁,冲过或是越过这些障碍物,在这个过程中,部分旅鼠甚至会被踩踏而死。随着这种无秩序行为的加剧,旅鼠开始挑战它们平时避之不及的天敌。躁动让这支旅鼠大军无所畏惧,很多旅鼠会在这种没有目的地的行军中死于饥饿、捕食或意外,但大多数旅鼠会一直走到海边,然后径直跳入大海,在海水里游泳,直到筋疲力尽而死。

当然,人不是旅鼠。但是很多教育者都说过,动物行为会展示出很多与人类相近的规律。尤其是观察旅鼠的行为,会让我们一瞥人类群体行为的心理,而在股票市场中,这种行为构成了一个关键的方面。

由于金融市场会因为这种类似"暴民"的行为而发生巨大变化,因此长期以来,专业投资者一直对人类行为的心理学研究津津乐道。格雷厄姆曾讲过一个故事,这个故事或许有助于我们理解某些投资者的非理性行为。在1985年年度报告中,巴菲特也曾与伯克希尔·哈撒韦公司的投资者分享这个故事。

一位石油商人逝世后,他在天堂门口见到了圣彼得。圣彼得告诉他一个坏消息:"你已经获得了进入的资格,但你已经看到了,天堂提供给石油商人的位置已经满了,确实没有办法把你再塞进去。"思考了片刻之后,该石油商人问他是否可以对在里面的同行说句话。圣彼得觉得无妨,便同意了他的要求。石油商人大声高喊:"地狱中找到石油了!"天堂的大门立刻被推开,所有石油商人蜂拥而出,涌向黑暗的地狱。圣彼得非常佩服,便邀请该石油商人进入天堂。但石油商人想了想,摆摆手说:"不,我觉得,我还是和他们一起去看看吧。谣言有的时候也能是真的。"[16]

让巴菲特感到困惑的是,在华尔街接受过良好教育、实战经验丰富的专业投资者无处不在,但市场的走势却不是被更有逻辑、更理性的力量所推动。实际上,越是被机构持有比例较高的股票,其价格的波动幅度反而越大。巴菲特指出:股价的剧烈波动在很大程度上源自机构投资者的旅鼠式行为，反而不是他们所持有公司的总收益。

> 当你随波逐流的时候，有可能遭到其他旅鼠式投资者的践踏。

巴菲特说："大多数基金经理认为不能跑赢大盘，并不是因为他们的智商有问题，而是由决策过程造成的。"他认为：多数机构的决策依赖于某个群体或委员会，而他们通常会强烈希望遵循普遍接受的组合投资标准的意愿。按照基金经理的普遍的薪酬机制标准，"安全"被赋予了与"平均"甚至是"平庸"相同的含义。只要坚守标准惯例——不管是否合理，他们就可以得到相应的报酬，这远比独立思考更安全、更稳妥。

巴菲特说："大多数基金经理几乎没有动力做出大智若愚，甚至是特立独行的决策。毕竟，这直接和他们的个人得失挂钩。如果他们做出非常规的决策，即使奏效，他们也不过是被人拍拍肩膀以示鼓励。一旦败走麦城，他们就有可能丢掉饭碗。"

巴菲特的结论很简单：要得到跑赢大盘的最佳机会，投资者就必须敢于摆脱常规，愿意逆向操作，而不是让自己成为另一只旅鼠。不受业绩指标约束的个人投资者做到这点相对容易。正如巴菲特所说的那样："不拘一格确实也是一条路。作为一个整体，旅鼠确实形象不佳，但没有哪只旅鼠会遭到歧视，因此做个人云亦云者也不错。"[17]

第八章

机会常见常新,宗旨恒久不变

长期拥护巴菲特的人，都可以在诸多行业深有体会，比如银行、保险及金融服务企业、饮料和剃须刀业务以及媒体和娱乐行业等。投资者对伯克希尔·哈撒韦公司的年报津津乐道，因为在这里，可以看到巴菲特对这些行业的评论以及公司对这些行业的投资成果，他们很清楚，自己正在向一位大师学习最宝贵的投资课程。

此外，仔细阅读伯克希尔·哈撒韦公司年报的投资者还会注意另一个重要趋势：年报中介绍的大多数公司均为总部设在美国的大盘股公司。总体而言，巴菲特过去20年的全部主要股票投资均属于这类企业。他很少对科技股、海外企业或小盘股公司进行大手笔的投资。

这种一致性是有原因的。如果能选择的话，巴菲特更喜欢基本面稳定的企业，相比缺乏可识别性和透明度的海外企业财务标准，他更偏爱自己熟悉的。我们对他刻意回避科技类公司也不应感到惊讶：这些迅速发展的公司，无法提供巴菲特所需要的长期确定性。

同样不值得大惊小怪的是，对会计处理方式不同于美国《一般公认会计原则》的海外企业，巴菲特也很少投入资金。此外，我们还知道，伯克希尔·哈撒韦公司的庞大资本实力，也迫使巴菲特必须将重点放在能带来可观利润的大盘股公司上。

但是，能否因为巴菲特没有在这三类股票上留下足迹，我们就认为自己也应该避开它们呢？当然不是。我坚信，无论针对什么类型的企业、行业乃至市场，巴菲特的投资宗旨都是我们进行投资的最佳路线图。

一、超越巴菲特

是否进入这些领域寻求机会,在很大程度上取决于你作为投资者所拥有的气质。一个关键问题似乎在于,在你想继续探索这些之前,你需要的确定性水平是怎样的?我们都知道,巴菲特在投资之前需要进行大量的准备和调查工作。他的目标是几乎可以肯定会在未来 10 年或 20 年持续增长的企业。如果达不到这样的确定性,他干脆就不去考虑。这种判断依据的是他的个人投资经验、格雷厄姆的教导以及他的个人心理素质。

但你肯定会有所不同。实际上,我认为每个投资者对确定性的承受范围都会略有不同。因此,合理的解决方案就是了解你对确定性的设定水平。如果你准备买入的投资标的在确定性水平中与此不匹配,那么可通过必要的调整予以补偿。

我们不妨再明确一点:巴菲特在确定内在价值和只按折扣价买入的两个市场宗旨显然不容改变。但其余十个宗旨可以为我们提供与自己匹配的空间。在符合九个或八个宗旨时,你就可以确定买入股票。没有人会在你身边盯着你的一举一动,你的决定只需让你自己能接受即可。

当确定性没有达到你设定的水平时,你可以采取以下两种调整方式。

(1) 增加安全边际。
(2) 降低相应投资的权重。

请记住,安全边际来自股票购买价格上的折扣,而权重是指相应股票在整个投资组合中的比例。

确定性的水平越低，需要进行的调整程度就越大。如果你对某只具体股票非常感兴趣，但它在其余的 10 个投资宗旨中，满足其中的 8 个，那么你可以决定，只有在安全边际超过 25% 甚至 50% 的情况下才考虑买入该股票，或者说，不管权重多大，它必须达到你所需要的确定性水平。此外，你第一笔的买入量应在整个投资组合中只占一小部分。另外，如果你考虑的股票能满足全部其余的 10 个宗旨，那么你的安全边际可以相应下调，在这种情况下，你可以大胆采取行动，一次性买入较大份额。

在本章里，我们将认识比尔·米勒、沃利·韦茨（Wally Weitz）和梅森·霍金斯（Mason Hawkins），这三位大名鼎鼎、业绩显赫的专业投资者已成为巴菲特投资哲学的践行者，他们把巴菲特的投资策略成功地应用到科技股、小盘股和海外股票上。既然他们可以从巴菲特身上学到很多东西，我们应该也能学到。

> **如何应对不确定性**
> （1）坚持更大的安全边际。
> （2）少买。

二、关于科技股

由于伯克希尔·哈撒韦公司不持有任何科技公司的股份，因此，很多人就误以为，在对科技类公司进行分析时，千万不能给予任何信任。否则，巴菲特就不会对科技股敬而远之。

但事实并非如此。

巴菲特已经很坦然地承认，他觉得自己没有能力认识和评价科技类企业。在1998年的伯克希尔·哈撒韦公司年会上，有人曾问他，是否考虑在将来某个时候投资科技类公司。他回答说："这么说吧，答案是不会，这确实有点遗憾。"

他继续说："我一直非常敬仰安迪·格罗夫和比尔·盖茨，我也希望能通过资金支持的方式将这种钦佩转化为行动。但我确实不知道这个领域在十年后会是怎样，我不想涉足自己没有优势的游戏。我当然会认真思考明年的技术变化趋势，但在分析这些公司的聪明人当中，我还排不上名次，甚至连第10000名都算不上。有些人善于分析技术，但我没有这个能力。"[1]

查理·芒格也谈到了这种想法："我们之所以没有投资高科技行业，是因为我们在这个领域确实缺乏相应的能力。相反，在技术含量较低的行业中，我们的优势就在于我们自认为非常了解这些领域。我们不会轻易涉足自己不熟悉的领域，我们宁愿待在自己了解的地点。"[2]

多年来，由于巴菲特很少涉足这个领域，因此，很多效仿巴菲特的基金经理也一直对科技企业退避三舍。由于错误地以为自己无法分析这个新兴行业，因此，他们已在收益曲线上明显落后于一批更有天赋的竞争对手。但很多以价值为导向的基金管理公司之所以回避科技类企业，还有另一个原因：这些公司往往拥有和成长企业类似的特征——高市盈率、高市净率和低红利收益率。价值投资者更青睐市盈率低、市净率低和红利收益率高的股票。他们往往认为具有相反特征的股票被高估，因而会敬而远之。

避免科技股的这两个原因都表明，这些投资者明显缺乏股票估值方面的知识。巴菲特提醒我们，任何股票的价值均与市盈率、市净率或红利收益率无关。确定股票或其他所有投资价值的唯一方法，就是将它们在未来创造的现金流折现为现值。他指出：成长只不过是构成现金流中的一部分未来现金流。巴菲特说："我们认为，这两种方法（价值投资和成长型投资）是并驾齐驱的。"

道理很明确：把自己标榜为"价值投资者"，而非"成长型投资者"，还不足以构成远离科技股的原因。两者都担心你不能对具体特定股票进行合理估值。其实，所有股票的估值方式都是相同的，即使用巴菲特的投资宗旨确定未来现金流，然后将其折现至当前。无论你谈论的对象是软饮料公司，还是软件公司，概莫能外。

1. 比尔·米勒和他的雷格·梅森

比尔·米勒在投资界可谓声名远播。1998年，他被晨星公司评选为"年度最佳基金经理"，并在1999年成为"十年最佳股票基金经理"。《商业周刊》在1999年6月评选的"价值投资英雄"中，只有五个人当选：本杰明·格雷厄姆、戴维·多德、约翰·伯尔·威廉姆斯（提出红利折现模型）、沃伦·巴菲特和比尔·米勒。

比尔以秉承价值投资理念和巴菲特的教义而闻名，他成功地将这些投资思想和策略应用于新经济，尤其是科技股。比尔的投资业绩令人赞叹，因此，研究他的投资方式可以学到很多东西。

雷格·梅森投资公司是一家总部位于巴尔的摩的证券交易和基金管理公司，1982年，公司推出了自己的旗舰型共同基金——雷格·梅森价值信托基金。1982—1990年，这只基金一直由厄尼·基恩（Ernie Kiehne）和比尔·米勒掌管，基恩是前

第八章 机会常见常新，宗旨恒久不变

雷格·梅森市场研究部负责人，而初出茅庐、头脑过人的比尔尚无从业经历。

比尔进入基金经理行当的道路与众不同。当他的竞争对手还在商学院学习现代投资组合理论时，比尔则是在约翰·霍普金斯研究生院学习哲学。当其他接受过基金管理培训的同行在研读马科维茨、夏普和法玛的理论时，比尔则是在阅读威廉詹姆斯和约翰·杜威的哲学著作。毕业之后，比尔曾在一家公司短暂地做过财务主管，这当然为他了解企业运作方式创造了机会。从这里，比尔直接跳槽到雷格·梅森研究部，而后便加入厄尼·基恩负责的价值信托基金管理团队。

在20世纪80年代，雷格·梅森价值信托基金采用了两个学科的理论。厄尼遵循格雷厄姆的方法，买入低市盈率和按账面价值折扣价格出售的公司。而比尔则走上了不同的道路。对此，比尔的解释是："我的方法不仅接近于格雷厄姆的方法，还是巴菲特所阐述的方法，即任何投资的价值就是其未来现金流的现值。而这个过程的关键就在于确定被投资资产的价值，从而对资产进行合理的估值，并以尽可能大的折扣价格购买资产。"[4]

进入90年代，比尔成为价值信托基金的唯一控制者，并开始不遗余力地将自己的投资方法倾注到基金中。而这只基金此后的经历，也成为整个基金管理行业难以复制的传奇。1991—2000年，雷格·梅森价值信托基金连续十年打败标准普尔500指数。

前《巴伦》周刊专栏作家埃里克·萨维茨（Eric Savitz）说："比尔身居要位，富有远见。"在为《巴伦》周刊撰写共同基金专栏时，萨维茨在跟踪采访比尔，在他的记忆中，比尔是一个非常低调的人。"他是一个从不刻意宣传自己的人。其他很多基金

经理喜欢在CNBC出头露面，高调宣扬，但比尔却不是那种喜欢大肆宣扬自己的人。但他对股票的洞察力绝对让我认识的任何业内人士自叹不如。"[5]

如今，比尔为雷格·梅森基金管理公司管理着超过200亿美元的资产。他通常为价值信托基金选择30～40只个股。在他的投资组合中，一半以上资产投资于不到10只股票的组合中。前《晨星》编辑艾米·阿诺特（Amy Arnott）解释说："比尔和巴菲特有很多共同之处。他更偏爱换手率非常低的投资策略，而且他的投资组合非常集中。他对公司的估值方法也和巴菲特的有异曲同工之妙，因为他们都把自由现金流视为衡量内在价值的基准。"[6]

尽管比尔是一名价值投资者，但是在财经出版物中，他却很少出现在"价值"栏目中。如果你用传统的价值标准衡量，那么比尔同样很少会被纳入这个行列中。对此，比尔解释说："我们试图区分那些原本就应该便宜的公司和没有正常理由可解释的便宜股票。有很多公司确实在以较低的估值进行交易，尽管它们的价格很低，但依旧没有吸引力。关键就是区分没有投资价值的低估值公司和有投资价值的低估值公司。"[7]

他解释说："大多数价值投资者使用历史估值来确定股票价格是否便宜。但如果投资者仅使用历史模型，那么他们就要依靠具体情况估值了。"换句话说，只有在未来有可能出现非常接近历史的情况下，历史估值模型才是有效的。比尔说："大多数价值投资者面临的问题是，未来在很多方面都有别于过去。而且必须指出的是，最大的区别之一就是技术在社会中发挥的作用。"

他继续说："实际上，我认为在很多情况下，科技股也特别符合巴菲特式的投资宗旨。实际上，它只是一个工具包而已，可以改善你的分析能力，从形形色色的投资领域中找出最有可能在长期带来超过平均水平的回报。"[8]

从这个角度看，我们可以发现，一家科技类公司确实展现了巴菲特最推崇的经济特征：高利润率、高资本收益率，有把利润再投资与成为快速成长型公司的能力，并拥有为股东利益着想的管理层。但难点在于估算公司的未来现金流，进而通过折现得到企业的内在价值。[9]

雷格·梅森基金管理公司的研究总监丽莎·拉普亚诺（Lisa Rapuano）解释说："在对科技类公司进行估值时，大多数人面临的问题是，未来的前景是高度不确定的。因此，你需要考虑几种结果，而不只是其中的某个结果。这可能会导致长期投资的未来潜在收益产生较大变数。但如果你真正深入研究公司的关键方面，着眼于市场的潜在规模、理论上的盈利能力和竞争地位，那么你就可以准确理解导致不同结果差异的原因，进而减少未来的不确定性。尽管我们仍需要构建现金流估值模型，但我们往往会在模型中使用若干目标值，而不是某个特定的目标值。"

此外，她还指出："考虑到技术是未来经济增长的真正驱动力，而且很多成功的科技类公司确实也创造了非常可观的超额收益，因此我们会发现，提高分析的深度和广度必然会带来相应的回报。即使考虑到未来不确定性的增加，但这依旧可以为我们带来更大的回报。"[10]

比尔指出："有必要牢记的一点是，巴菲特希望最大限度地减少失误。除非100%确信自己是正确的，否则，他不会轻易投资。因此，他的错误率很低。相比之下，我们设定的确定性门槛确实低一些，特别是在潜在的预期收益率可能非常大的情况下。"大多数投资于科技股的基金经理都面临着高失误可能性，因此，迅速识别并消除错误显得至关重要。对此，比尔认为："这种策略的好处是，在以更宽泛的标准进行投资时，你就有可能找到更有增值潜力的股票，它们不仅会弥补你的小失误，而且会让你得到超额回报。"[11]

我们都知道，对于未来不确定的企业（如科技类公司），降低投资风险的一种有效策略，就是在每一笔投资中都需要设置更高的安全边际。另一种方法就是降低每一只股票的权重。当然，还有一种中庸式的策略：在投资组合中将科技股与具有稳定性和可预测性的股票相互结合。

比尔提醒我们："这和所有新事物一样，你必须花点时间去理解它。我认为很多人都以一种有缺陷的思维模式看待技术。他们认为技术难以理解，因而就不去尝试理解它们。实际上，他们已经下定决心，并先入为主地形成自己的认知。"以狭隘的视角认识世界，必然会带来一种可预见的结果：它会让人们对现实视而不见。"诚然，人们仍在购买可口可乐的饮料和吉列的剃须刀片，而且还在使用美国运通卡。"比尔解释说，"但他们也正在使用美国在线和微软的软件，而且还在购买无处不在的戴尔计算机。"[12]

> 最优秀的科技类公司是在21世纪拥有特许经营权利的公司。

2. 特许经营因素

巴菲特指出：最值得拥有的企业，同时也是拥有最优长期前景的企业，应该是具有特许经营特性的企业。企业销售的产品或服务被市场需要或是渴望拥有，没有接近的替代品，而且能在不受监管的条件下创造利润。他经常说：下一轮伟大的财富创造者将是那些能找到拥有新特许经营权的投资者。比尔说："我相信，科技类公司就是巴菲特所说的当代版特许经营型公司。"

在巴菲特的消费品投资中，特许经营权的重要因素包括品牌知名度、定价能力和思维方式。而在科技领域中，关键的特许经营要素包括网络效应、正反馈、锁定效应和增加收益效应。对于我们已有的投资者工具箱来说，这些要素提供了非常有价值的补充，因为这些工具为我们深层次评估科技类公司提供了手段。

(1) 网络效应。当商品的价值随着网络使用人数的增加而增加时，就会产生所谓的网络效应。通常，人们更喜欢进入规模更大的网络，而不是较小网络。如果存在两个相互竞争的网络，一个网络拥有500万个用户，另一个则拥有100万名用户，那么新用户往往倾向于选择前一个较大网络，因为它更有可能满足新用户与其他用户的需求，提供更多服务或使其他网络相关要素实现互联互通。

要发挥网络效应，最重要的途径就是以最快速度扩大网络规模。因为这可以让现有网络更好地抑制竞争性网络的出现。这个观点最初是由以太网标准的发明者、网络公司3Com公司创始人鲍勃·麦特卡夫（Bob Metcalfe）提出的。因此，网络效应目前被普遍称为"麦特卡夫定律"（Metcalfe's Law）。

(2) 正反馈。我们可以将正反馈视为网络效应的一种变异体。这个概念是行为心理学家斯金纳（B. F. Skinner）为描述人性行为要素而提出的。正反馈的经历可以让我们产生愉悦感或满足感，会让我们产生重复体验的愿望。在人们使用技术性产品（或其他任何类似产品）并取得正反馈体验的时候，往往倾向于再次去使用这种产品。对企业而言，正反馈带来的最终效果是：强者变得更强，弱者变得更弱。

正反馈导致企业的经济效益分为三个发展阶段。在第一个阶段，企业的经济效益相对平稳地增长。在第二个阶段，随着正反馈的到来，企业进入快速增长期。当市场饱和且增长停止时，企业进入第三个阶段。投资者应对发展中的"拐点"保持敏感。当销售收入和收益开始大幅快速上涨时，企业就可以得到市场的正反馈。

（3）锁定效应。锁定效应充分利用了人的心理：当我们学习做某个事情的方式时，我们很少会对另一种学习方式感兴趣。

高科技产品，尤其是软件产品可能更难以被掌握。当用户已熟练使用一种产品时，他们会强烈反对更改为另一种产品。因为变化要求使用者掌握一套全新的使用方法，而且新的使用方法可能非常难。即使竞争对手的产品更优秀，使用者也会表现出逆反心理。

所有通过键盘打字的人都被锁定在劣等系统中。由于高水平打字员会造成金属打字机的按键被卡住，于是，设计者就故意将"qwerty"键盘（以最上面一行字母命名）的反应速度设计得稍慢一点。大量实验已证明，尽管使用其他键盘可以提高打字速度，而且所有人都知道，但仍没有人愿意改换新型键盘。

同样，大多数工程师都认为 Beta 磁带的质量优于 VHS 磁带，但 VHS 格式磁带还是很快占据市场主导地位。由于最初形成的优势，在磁带租赁商店中浏览的消费者会发现，可供他们选择的 VHS 磁带远多于 Beta 磁带。结果自然是，出售的 VHS 磁带播放器也多于播放 Beta 磁带的机器。磁带的生产商不想错失眼下的市场,于是,他们推出越来越多 VHS 磁带。最终,这个市场便被质量更低劣的 VHS 磁带完全锁定。

由于改变的成本很高,因此产品或服务的使用者通常只是升级版本的客户。即使现有系统的性能略逊一筹,但人们仍会坚持原有系统,原因很简单——他们已形成偏好。无论什么情况,锁定效应(有时称为路径依赖)都会自然而然地增加收益。

(4)增加收益。增加收益通常被视为正反馈在经济效益上的表现。一家高科技公司可以通过这种方式获得越来越多的收益。首先,开发新产品需要大量的前期成本。然后,随着销售收入的增长(基于正反馈和锁定效应),经济收益将加速增长。在这个阶段,由于几乎不需要额外投入资本,因此销售成本的增加可忽略不计。

不妨以软件产品为例。最初的开发可能需要投入数亿美元,但是在产品上市并建立市场后,资本再投资需求变得相对较少。而传统制造商则不同,即使在形成市场之后,要想增加销售收入,企业就必须建造更多的工厂,重新安装设备,不断为工人提供培训。

对于大多数科技类公司而言,这些活动几乎都是不需要的。当正反馈和锁定效应为他们引来数百万用户之后,这几百万用户就成为公司稳定增加收益的源泉。

3. 美国在线

美国在线的成功,很大程度上归功于他们从一开始就合理运用了互联网概念。一些互联网供应商将互联网视为一种提供信息的方式（如数据库），而美国在线则将互联网视为一种通信系统（如电话系统）。因此，在起步时，美国在线就一直有别于竞争对手，并借此而迅速跻身行业老大。

比尔是最早发现这一优势并认识到其重要性的基金经理之一。由于买入科技股，特别是美国在线的股票，比尔曾饱受纯粹价值投资者的指责，但是他并没有因此而缩手缩脚。他对最初的决定充满信心，而事实也证明，他的决策是正确的。如果我们以美国在线为例，与巴菲特提出的各个宗旨逐一对比，然后再与科技类公司的特许经营要素进行比较，就很容易理解这背后的原因了。

美国在线与巴菲特的投资宗旨

美国在线是一家实力雄厚的企业，而且并不完全符合"巴菲特式"的全部12个宗旨，但是比尔认为，它拥有足够的补偿要素，因而并不担心投资风险。

雷格·梅森基金的研究主管丽莎·拉普亚诺按照巴菲特的9个宗旨对美国在线进行了分析。[13]

（1）是否简单易懂？ "从某种意义上可以说，此前还没有对哪项具体业务进行过这样的分析。例如，要分析一家新竞争对手的进入是非常困难的。另外，从纯粹意义上说，作为一家企业，美国在线并不是真正的新生事物。它不仅拥有按月付费的稳定用户，而且还有机会获得其他大额付款，如电子商务和广告。由于美国在线的成本结构易于理解，因此从本质上看，我们很容易对它的业务进行分解，从而辨识价值的驱动因素到底是什么。预测则相对困难一点，因为我们还找不到未来企业运行状况的具体例证。"

（2）是否拥有持续稳定的经营历史？ 不，这家公司的历史不够长。

（3）是否拥有良好的长期发展前景？ 丽莎认为："这一点是显而易见的。"它不仅已成为美国最大的互联网提供商，而且规模相当可观。相对于竞争对手，它会变得愈加强大。

（4）是否拥有理性的管理层？ "他们已能很好地应对市场格局不断变化以及技术持续进步带来的竞争威胁。为了维持这种领先地位，他们已多次调整企业定位。"那么这种领先地位以前是否稳固呢？"当时，最合理的选择就是把全部资本用于推动企业增长，因为只有这样，你才会拥有更大的机遇。而他们也确实是这样做的。可以说，他们做出了明智的决策。"

（5）管理层是否会抵制惯性驱使的诱惑？ 当时，包括CompuServe在内的主要竞争对手都在使用分层式定价，而美国在线大胆采取了统一定价模式。"这确实有风险，但问题的关键在于我们如何才能领先一步？我们怎样才能真正改变游戏规则？他们在必要的时候采取了统一定价，在必要的时候改变了技术。他们恰恰是做了需要做的事情，它才有了如今的成就。"

（6）管理层是否对股东坦诚相待？ 丽莎回忆说："他们一直在不断学习。在刚和他们接触的时候，公司管理层就展现了开诚布公的态度。后来，他们曾经历了一段非常艰难的时期，但他们最终找到了自己的信仰。"

（7）净资产收益率如何？ 公司在经营初期并没有多少收益，丽莎又迅速补充说，"但有趣的是，他们的亏损远比人们想象的少。他们确实没有赚钱，因为他们将营销费用进行了资本化，但公司的亏损也没有人们预测的那么多。不过，最关键的是要认识到，在企业的经营周期中，存在一个不需要继续投入大量资金即可实现收益快速提高的拐点。"

（8）是否拥有高利润率？"非常高。业务增长最快的部分是广告，基本上占公司利润总额的 90%。"

（9）企业价值是多少？丽莎描述了雷格·梅森基金管理公司采用的多因素估值方法。"我们对公司的经营要素进行了分解，并将其与具有类似经济特征的其他企业进行比较。首先是会员业务的收入模型，它基本构成了美国在线的业务主体。美国在线与其他收费会员型企业相比又如何呢？美国在线还有一部分零售交易业务。美国在线客户进行每一笔电子商务采购时，公司都会按一定比例参与销售额的分成，因此，这部分收入是可以衡量的。然后是广告业务，对此，我们像对待其他广告企业那样去分析。因此，我们只需对会员收费业务、零售交易和广告业务分别进行估值，然后汇总即可得到美国在线的估值。"

1996 年，比尔开始为雷格·梅森价值信托基金买入美国在线的股票。当时，这家公司的市值约为 40 亿美元，股价约为每股 40 美元。按照雷格·梅森的多因素估值模型，美国在线的企业价值超过 75 亿美元，约合每股 75 美元。根据这个计算结果，美国在线的股价折扣率为 47%。即便如此，比尔买进美国在线的股票时，也只是投入了投资组合 1.5% 的资金。当然，时至今日，随着与时代华纳完成合并，美国在线已成为世界上最大的传媒公司，每股价格为 50 美元，而比尔的原始投资成本（经调整后）仅为每股 1.75 美元。

美国在线与科技类公司的特许经营因素

比尔的天赋在某种程度上就体现在他有先见之明上。他很早就认识到，互联网将成为一种贯穿社会各个领域的巨大力量，而不仅仅是一时的流行。针对美国在线这个例子，他看到的是，公司的特许经营因素已形成，尽管这个因素还没有在公司的经营机制中有所体现。在认识到这些特许经营因素的存在之后，比尔马上意识到，这些因素转换为经营业绩只是时间问题。尽管其他人也在寻找这种经营要素，但因为没有结果，故而将美国在线排除在投资视线之外。

（1）网络效应。因为美国在线自认为有能力提供完整的通信系统，因此，它借助为用户提供多种通信渠道而实现了差异化：电子邮件、聊天室、留言板和即时消息传递。由于美国在线拥有配置更合理的业务平台，因此它马上就感受到网络效应的魅力。人们都说："我想在美国在线上注册登记，因为我最好的朋友（兄弟、孙女和网球球友）都在使用美国在线。"很快，这些关联便开始加速倍增，当美国在线变得无处不在的时候，所有潜在用户都会自然而然地选择美国在线，而对他们的竞争对手似视而不见。

（2）正反馈。由于美国在线可以为用户提供非常多的功能，因此，大多数用户在每次使用时都会得到正反馈的体验，并渴望再次使用，以得到更多的正反馈体验。此外，比尔还可以衡量每一个用户的使用情况，并据此发现，美国在线的用户在网站上花费的时间正越来越多。

（3）锁定效应。从用户角度看，美国在线在使用技术上还算不上得心应手，但锁定效应给公司带来的有利影响是毋庸置疑的。用户很快就会习惯于以某种方式发送和接收电子邮件，因而不愿意轻易改变。即使其他供应商能提供更优惠的条件，他们也没有兴趣做出调整。

更有趣的是公司改用统一定价带来的影响。成千上万的互联网用户都意识到，这将是一笔大买卖，约定人数出现了爆炸式增长，以至于让系统陷入难以为继的困境。当用户试图访问美国在线时，无一例外都会收到持续不断的忙碌信号。这让新用户很生气，老用户更愤怒。媒体对这种情况的报道也呈现一边倒的负面基调，而这只会进一步加剧用户的挫败感。但对于股票分析师来说，他们需要回答的问题是：用户是否会更换为其他供应商？答案是不会。尽管遭遇忙碌信号的困扰和面对铺天盖地的负面新闻，但其用户数仍在增长。

尤其需要注意的是，2000年，在奥马哈举行的伯克希尔·哈撒韦公司年会上，巴菲特分享了自己的经验：如何寻找那些在经历重大挫折之后仍生存下来的公司。他提到了美国运通的色拉油丑闻，并回顾了可口可乐公司在推出新可乐时遭遇的尴尬。巴菲特说："在这些公司当中，我们还可以加上美国在线。尽管客户对这家公司感到不满，但用户人数仍在增加。这非常了不起。"

（4）增加收益。 尽管最初的资本投入很大，但是在经历发展阶段之后，美国在线在无需投入相应数量新资本的情况下，即可吸引数百万新用户。不要忘记丽莎·拉普亚诺的精彩评论："在某个时候，即使你不投入大量的资金……利润也会不断增长。"

三、关于中小盘股票

随着基金经理的业绩不断向好，客户往往会请求他们管理更多的资金。出色的历史业绩会吸引更多的客户。随着时间的流逝，这些成功的基金经理发现，他们管理的资产规模已不再是数百万美元，而是数十亿美元。尽管这看起来似乎令人振奋，但也带来了一个问题：一旦资产基数达到这个水平，迫不得已的基金经理就只能专注于高市值的股票，放弃小盘股。

他们的操作方式是这样的：当你管理1亿美元的基金，并决定将投资组合的5%配置给一家公司时，你可以轻而易举地用这500万美元买入中小盘股票。如果一家小盘股公司的市值为10亿美元，那么你使用5%组合资金买入的股票，也仅仅相当于该公司市值的0.5%。但如果你管理着一只资金规模为100亿美元的基金，并准备以5%的资金买入这家公司的股票，那么你将持有这家公司50%的股份（在资金规模为100亿美元的投资组合中，5%的仓位就是5亿美元）。即使你有能力购买这家公司一半的股份，但这个买入过程可能也需要持续数周、数月甚至数年的时间。正因为这样，大型基金的管理者干脆不会拿出资金和时间去考虑小盘股。

现在，我们再看看巴菲特和伯克希尔·哈撒韦公司的做法。由于伯克希尔·哈撒韦公司拥有300亿美元的可投资现金，因此，巴菲特很难轻易驾驭小盘股市场。换句话说，他根本无法通过买入大量的小盘股为伯克希尔·哈撒韦公司带来满意的投资回报。由于伯克希尔·哈撒韦公司拥有数十亿美元的资产基数，因此，巴菲特只能投资规模大的公司。

在这个方面，也存在一个有趣的现象：在明明可以收购整个非上市公司时，巴菲特却买入了一些规模较小公司的部分股权。实际上，有关伯克希尔·哈撒韦公司长期以来收购非上市公司的一项研究表明，除了第二章里提到的一些著名收购案例之外，伯克希尔·哈撒韦公司的收购目标往往规模较小，包括威利家具、CORT商业服务公司、乔丹家具以及贾斯汀工业公司等。有时候，伯克希尔·哈撒韦公司收购这些非上市公司全部股权的价格还不到10亿美元。

在所有这些案例中，巴菲特考虑的着眼点无非是业务、管理团队、财务状况和购买价格，这和他购买可口可乐和通用再保险等大盘股公司的方法完全一致。

我们知道，如果能选择的话，巴菲特宁愿拥有一家公司的全部股份，也不会仅持有少数股份，因为这能让他控制公司的全部资本配置。相反，如果不能买下一家公司的全部股份，而仅仅持有几十万股少数股份，那么考虑到伯克希尔·哈撒韦公司的数十亿美元投资组合，这显然不足以创造合理的收益。

对拥有大量资金的机构管理者而言，当一家公司的流通股总数及每日平均成交量相对于太少时，我们就可以说这家公司的股票缺乏流动性。此时，我们会说，这家公司的股票"交易清淡"。但对个别投资者而言，最重要的就是要记住，这种流动性的缺乏有时也会导致股票出现暂时习惯的定价错误。如果投资者能发现这一点，就可能抓住一个千载难逢的机会。

1. 沃利·韦茨

1983年，管理着1000万美元资产的沃利·韦茨创建了自己的投资咨询公司。如今，瓦伦斯·韦茨投资公司为个人、公司、捐赠基金和基金会管理的资金规模已超过50亿美元。该公司的业务核心就是三只闻名遐迩、业绩超凡的共同基金：韦茨价值基金（Weitz Value Fund）、韦茨合伙价值基金（Weitz Partners Value）以及韦茨山核桃基金（Weitz Hickory）。前两个属于中盘股基金，而后者则只为小盘股基金，三只基金的共同之处，就是均拥有晨星公司给予的最高（五星级）评级。

韦茨和巴菲特有很多共同点。两者都在内布拉斯加州奥马哈的小办公室里工作，而且都是站在企业所有者的视角上研究公司股票。韦茨在研究每一只股票时，都会想方设法地确定：如果一个理性的买家有机会收购公司的全部股份，那么他会支付怎样的价格。在估值时，他会着重考虑公司的盈利能力及其资产价值，并尽可能发现这家公司是否拥有可持续的竞争优势。比如，这家公司是否有某些特殊的细分市场，或者是否具备特许经营要素带来的价值。

和巴菲特一样，韦茨也会坚守自己了解的公司。他寻找的投资对象，是那些在现金创造能力上超过经营支出的企业；他要求这些企业拥有聪明、诚实而且把股东视为企业合作伙伴的管理层。在此基础上，如果具备这些条件的公司能提供诱人的价格和很大的安全边际，那么韦茨才有兴趣考虑成为这家公司的股东。

和巴菲特一样，韦茨也喜欢将股票的持有时间设定为若干年。他投资的公司通常有非常低的换手率（每年20%~30%）。他说："我希望的股票持有时间是20年。因为无论在交易成本、佣金还是在买卖差价以及税收的影响等方面，调整持股的代价都是昂贵的。巴菲特说："我最喜欢的持有期限是永远。这可能有点夸张了，但我确实希望能长时间地持有。"[14]

韦茨的投资生涯是自1970年开始的。在很短的时间内，他就成了纽约一家小型证券公司的股票分析师。有一天，在向基金经理介绍自己推荐的股票时，韦茨偶然听到关于巴菲特的故事。按照这位基金经理的说法，几年之前，他曾去奥马哈试图让巴菲特买进自己推荐的股票。他一如既往地用华尔街的惯用方法向巴菲特做介绍，但他很快就意识到，巴菲特对公司运营方式的了解远比自己多得多。这位基金经理对韦茨说："回想起来，那是他有史以来经历的最佳投资培训"。[15]

韦茨始终未能适应纽约快节奏的生活。对他来说，这是一座在极端之间来回跳动的城市。他认为金融领域恰恰是这种躁狂抑郁症的典型写照。每个人都在欣喜若狂地追逐最新、热门的消息，无所顾忌地买进热门股，而在遭遇失望的第一刻，他们就会义无反顾地卖掉昔日最爱的股票。而在奥马哈，生活节奏相对较慢。在这里，投资者比投机者更受青睐，而且长期持有股票也被视为常态，而非例外。更重要的是，逆向投资者可以为自己找到充裕的思考空间。

韦茨回忆说："1973年，在我搬到这里之后，通过几位熟悉巴菲特的朋友见到了巴菲特。他在辨别、表达和关注关键变量方面的能力，很快就让我佩服得五体投地。这给我留下了深刻印象，于是我开始关注伯克希尔·哈撒韦公司。"韦茨也是伯克希尔·哈撒韦公司的股东，自20世纪70年代以来，他就一直参加公司的年会。在最初的那几年，只有六名股东出席年会。这些幸运的股东有机会和巴菲特共度一个下午，畅谈伯克希尔·哈撒韦和其他企业。从那以后，韦茨就一直在观察、阅读和研究巴菲特的一举一动。

韦茨解释说："我学到的东西不只是简单的公式。要成功进行投资，首先需要考虑公司和业务，看看它是如何运行的？成功的原因是什么？失败的原因何在？业务的核心是什么？是否存在'护城河'？是否有合法的特许经营要素？它们是否在执行层面上拥有某种优势？是什么让开市客（Costco）比凯马特（Kmart）更优秀？这都是需要了解的具体问题，而且每一笔投资的具体情况又会有所不同。"

韦茨认为：对任何企业家来说，最关键的变量就是判断公司的现金流。这意味着，你必须摆脱《一般会计原则》的束缚，把研究重点放在公司的自由现金流上。比如，一家在基础设施上支出数十亿美元的有线电视公司或移动电话公司，以后需要在财务报告中计入巨额的折旧及摊销费用，而这将导致财报上的收益数据被抵销。即使公司按《一般会计原则》未能实现任何收益，但管理层仍可能拥有巨额现金流用于投资。

20世纪90年代初期，韦茨通过投资大盘股和小盘股有线电视公司而取得了惊人的回报。他解释说："有线电视公司非常好。即使受传送卫星电视业务的竞争，但当地的有线电视公司仍拥有独家经营权。你拥有可确定的现有用户群。你很清楚每个用户每月需要支付的费用。收入明明白白地摆在你眼前，未来五年或更长时间的收入都是高度可预测的。你可以合理预期用户的增加数量，预见渠道数量的增加和价格的上涨。当然，在此期间市场会有起有落，以给投资者创造一些买卖的机会。"

在分析这些公司的时候，韦茨及其同事们会模拟收入增加、价格上涨以及新投放渠道等不同场景。由于基础设施投资高昂，这些公司需要进行债务融资，从而需要定期支付利息。但所有这些变量都是可量化的，而且都是可以被合理预期的。"从最悲观的场景到最乐观的场景，我们都会坐下来耐心分析，用不同的模型去测试。每一次,我们都会反问自己:'如果所有模型都显示目标公司不能满足要求,那么这家公司还值得我们投资吗?'而且在很多情况下也确实如此。但即使出现最糟糕的情况,也会给我们带来15%或是更高的年化收益率。"

2. 专注小盘股公司

与投资大型企业相比,投资规模较小的企业会带来怎样的挑战呢?韦茨认为:"从理论上说,两者应该没有任何区别。投资小公司的分析过程与投资大公司的过程是完全相同的。因为在这个过程中,你始终在寻找相同的变量:经营的可预测性、现金流和管理层的能力。而且你关注的也是相同的要素,无论公司的市值是1亿美元、100亿美元还是1000亿美元,无一例外。"

韦茨还进一步指出:"但是在现实中,投资小公司与大公司还是存在一些差异的。"按照韦茨的说法,大型企业往往有更多的复杂性。他们的年度报告和会计报表更加复杂。你必须剥离更多的外在因素,才能识别它们的真实面目。对某些大公司来说,信息发布渠道更趋于正规化,这可以让投资者的分析工作更容易。但对于一些小公司,你往往有更多机会可以和管理层进行面对面的交流。

那么,在近几年中,大盘股的业绩为什么与小盘股有天壤之别呢?韦茨认为:这在很大程度上是因为多数基金经理管理的资产规模都在不断增长。当基金经理发现,他们需要管理更多的资金时,就只能去寻找那些便于批量买卖的大盘股股票。韦茨说:"但不能忘记的是,这是一种来自外部市场的力量,而不是因为股票分析得到的不同结论。"

> **小盘股公司**
> (1) 直到获得可观的市场份额之前，它们有可能具有更大的潜在经济风险。
> (2) 它们往往没那么复杂，而且较少受官僚主义的影响。
> (3) 更容易接触公司的管理层。

有趣的是，韦茨从未打算将投资目标集中于中小盘股。韦茨说："中盘股类别是基于我们对投资组合的基本要求。我当然很想投资大盘股，这样的话，流动性就永远不会成为问题，但我也愿意持有小盘股。我对持仓交易清淡的股票非常有耐心，而且我愿意长期持有这些股票，因此我无须担心股价波动。"[16]

韦茨之所以能为小盘股公司投入大量资金，是因为他始终坚持低换手率策略。如果他是一名高换手率的基金经理，每天大量买进卖出股票，他就会发现，这在小盘股市场上几乎是难以为继的。

那么，韦茨现在在买入哪些股票呢？他说："好的投资往往会连续出现。以前，我们在有线电视和移动电话股票上赚了很多钱，当时我们在这些领域投入了很大一部分资金。但是今天，我们的大部分资金都投资于金融业。"它们具有覆盖全球的业务和强有力的成长机会，同时也出现了其中小盘股公司的股价大大低于其内在价值的情况。韦茨解释说："他们的成长可能并没有那么快，因此，很多人会认为投资这些股票有点无聊，但这绝不意味着，这些企业就不会因为买入价格合理而成为一笔好投资。

四、关于海外股票

1990年，伯克希尔·哈撒韦公司对一家外国公司进行了第一笔有影响力的投资。当年,巴菲特以3亿美元的价格买进健力士公司的3100万股股票。当时,这家公司是世界上最大的酒类企业,它旗下拥有两个主要子公司:联合酒业公司和健力士啤酒公司。联合酒业拥有世界上最畅销的苏格兰威士忌尊尼获加及其他一些非常受欢迎的品牌,包括金铃威士忌(英国最畅销的苏格兰威士忌)和帝王白牌苏格兰威士忌(美国最畅销的苏格兰威士忌)。健力士是世界第七大酿酒商。而健力士啤酒公司则拥有健力士啤酒(全球畅销的啤酒)、竖琴(Harp Large)啤酒、克鲁兹坎波(Cruzcampo Larer)啤酒、史密斯威克-艾尔(Smithwith's Ale)啤酒和卡里波(Kaliber)啤酒等优质品牌。

按照巴菲特的观点,健力士与可口可乐几乎是同一类型的公司。两家公司的大部分利润均来自海外业务。巴菲特解释说:"确实,就他们实现盈利的地域分布而言,可口可乐和健力士之间确实存在巨大的相似性。"[17]然而,作为樱桃可乐始终如一的忠实粉丝,巴菲特又马上指出:自己永远不会弄混这两家公司的饮品。

分析巴菲特一下对健力士的收购案例,我们很容易看到,这家公司是如何与巴菲特的投资宗旨保持一致的。和可口可乐一样,这是一家简单易懂的企业,有着悠久而始终如一的经营历史。尽管酒类产品的消费量在美国、英国和北欧等成熟市场上一直保持稳定,但是在发展中国家,市场对这家公司产品的需求却一直在稳定增长。健力士拥有非常高的利润率、现金收益率和净资产收益率。通过财务上非常保守的现金收益增长率明显可以看出,巴菲特是以相当大的安全边际买入健力士公司的股票的。

出人意料的是,在随后的几年里,巴菲特没有再为伯克希尔·哈撒韦公司实施其他重大海外收购。健力士的初始收购价格为 3 亿美元，但还远远算不上伯克希尔·哈撒韦公司的主要投资。1994 年，在巴菲特只列出市值超过 3 亿美元的股票投资时，健力士已不在其列。此时，这家公司的市值已降至 2.7 亿美元。

1999 年，巴菲特再次涉足海外市场。他收购了联合多美集团（Allied Domecq）2.2%的股份，该公司旗下还拥有芭斯罗缤冰淇淋（Baskin-Robbins）和唐恩都乐（Dunkin'Donuts）等知名品牌。

巴菲特并不反对海外投资。如果能选择的话，他当然愿意以优惠价格买入大型美国公司，毕竟，没有任何明确禁止走出国界的投资禁令。在 1999 年的伯克希尔·哈撒韦公司年会上，他强调说"伯克希尔应投资任何好的企业，前提是只要他能理解这家公司，而且价格合适。"他指出：几年前，伯克希尔曾向一家日本公司发出收购要约，但最终还是错过了收购时机，最近，伯克希尔又向一家德国公司发出了书面收购要约。

尽管如此，由于伯克希尔·哈撒韦公司的海外投资非常少，因此，巴菲特始终没有就长期海外投资给出针对美国国内股票那样的指导。但是在他的言论中，我们可以看出，他针对美国国内投资所遵循的宗旨，显然也适用于海外市场的投资。

如果你选择到海外去尝试下一笔投资，那么不妨以这些尽人皆知的"沃伦·巴菲特式"的投资宗旨作为自己的导航图。不过，即便如此，看看先驱者的探险之路，依旧会给我们很多启示。幸运的是，我们已经发现了一位探险家，他在用巴菲特的投资宗旨践行海外投资方面取得了巨大成功。

梅森·霍金斯

1975 年,梅森·霍金斯在田纳西州的孟菲斯市创建了东南资产管理公司。如今,这家公司管理着超过 140 亿美元规模的机构账户资产,而且他们已经拥有四个以"长叶合伙"命名的共同基金:大名鼎鼎的长叶合伙基金、长叶合伙小盘股基金、长叶合伙房地产基金和长叶合伙国际基金。

梅森·霍金斯对自己取得成功的原因毫不隐瞒。他说:"我们的成功,在很大程度上源于格雷厄姆和沃伦·巴菲特的教诲。"[18]像巴菲特一样,霍金斯也喜欢拥有易于理解的优质企业,它们的共性就是拥有强大的资产负债表,可以创造可观的自由现金流(按营运资本和资本性支出调整后的现金流),并在市场上显示出巨大的竞争优势。此外,他还要求这些企业拥有强大的管理层,而且这些管理者以股东利益为导向,善于配置企业资本。他通过计算未来自由现金流的现值来确定公司的内在价值。就像格雷厄姆教育的这一代投资者一样,霍金斯也给自己做出规定:每一笔收购都必须拥有足够的安全边际。他对安全边际的设置非常具体:只有在公司的出售价格不超过其内在价值的 60% 时,他才会收购这家公司。

1998 年,和东南资产管理公司的其他基金经理及分析师一样,霍金斯也陷入困境,他发现很难在美国找到能提供足够安全边际的优质企业。但是在海外,很多高质量的公司以远低于内在价值的价格出售。按照招股说明书的规定,长叶合伙基金可以购买外国证券,但持仓量不能超过投资组合总额的 30%。由于在海外投资交易机会比较多,因此,霍金斯决定成立一只以海外投资为核心的国际基金，允许以更大比例的组合资金投资外国证券。

长叶合伙国际基金不同于其他大多数国际基金。一方面，霍金斯和他的同事斯坦利·凯斯（Staley Cates）和安德鲁·麦克德莫特（Andrew McDermott）希望将他们的基金注册为非多样化基金，这样，他们就可以进行更集中的投资。[19]

此外，东南资产管理公司的团队认为：基金必须严格按自下而上的方式进行管理。换句话说，基金不设置任何地域偏见。基金经理的唯一目标就是找到最理想的 20 种海外投资标的，不考虑投资的国家权重、行业权重或是投资组合与国际指数的匹配度。作为真正的企业所有者，他们完全不考虑投资组合与某些国际知名指数的匹配程度。相反，他们只需回答这样的问题：我们所投资的公司能带来怎样的经济回报？要成为这家公司的股东，我们需要支付的价格是多少？

在成为海外公司股东之前，同样需要全面深入调查分析。他们不仅必须了解企业，还要评估管理层的价值，并对公司的资产负债表和利润表进行深度解读。

对大多数国际投资者来说，一个共同的障碍是各国之间在会计标准上的差异。霍金斯认为：某些差异是必须要解决的。他承认，美国的《一般公认会计原则》与英国、日本及中国香港等国家和地区的会计原则在会计信息披露方面存在较大差异，但他的分析师团队完全有能力为股权投资者找到重要的信息。他说："我们从不考虑按《一般公认会计原则》确认的收益。我们感兴趣的是考虑维护性资本性支出及营运资本需求之后，公司能给股东带来多少税后自由现金流。"

按照霍金斯的观点，大多数海外公司都有合理描述的折旧和摊销计划表。霍金斯解释说:"我们会对各种折旧和摊销计划表进行适当调整,从而得到经常性的经营现金流,然后再从经常性经营现金流中扣除必要的存货、应收账款和重置资本。这些数据在发达国家通常已形成标准。只有在新兴国家你才会发现,解读会计报表并不是一件轻而易举的事情。"

在这个问题上,有必要提醒的是,所有海外投资者都不能忽略一个重要的方面:国家风险。在世界各地,很多新兴国家和新的股票市场都在吸引个人及专业投资者参与其中,但这些新兴国家经济和政治的不确定性,却有可能比投资者想象的高很多。比如,如果存在较高的政治风险的话,投资者就很难预测这个国家会在何时出现政权更迭,进而导致私人财产的产权发生变化。此外,如果一国经济失稳,也会导致其货币贬值而无法进行风险套利。或者说,某个国家的会计标准可能不符合美国的标准,这样,深思熟虑的股东就很难合理判断该国企业的经济价值。若出现上述任何一种情况,长叶基金的分析师都会毫不犹豫地放弃投资。对此,霍金斯引用同事安德鲁·麦克德莫特的话说:"如果你觉得把现金存入一个国家的银行里都不放心的话,那么我们肯定不会尝试去投资这个国家的企业。"

> **专注海外投资面临的挑战**
> (1) 它们可能会采用不同的会计标准。
> (2) 当地货币会出现相对于美元的贬值。
> (3) 很难对公司管理层进行面谈。
> (4) 政治、社会或经济动荡可能会破坏公司经营进而吞噬预期收益。

此外，还有一点需要注意：长叶合伙国际基金对所有投资均采取全面套期保值的策略。也就是说，他们对任一国家或地区的全部投资，都需要通过卖空该国货币兑美元的汇率而进行套期保值。这样，就可以防止海外投资遭遇另一种常见但却经常被忽视的风险。

精明的海外投资者早已经认识到，即使他们可以合理了解一家外国公司的经济状况，但如果外汇汇率下跌，他们仍有可能蒙受损失。当外币相对美元贬值时，投资者就需要以更多外币回购美元，而这可能会抵消投资好企业所带来的经济收益。而通过做空投资东道国的本币，投资者即可免遭汇率风险带来的潜在损失。

套期保值当然也需要成本，进而减少潜在的投资收益。但由于国际货币市场的剧烈震荡，霍金斯认为：套期保值是保护股东资金的一种审慎策略。对此他解释说："我们已经把套期保值成本纳入我们的评估中。在对投资目标公司进行估值时，我们必须扣除每年套期保值的成本，或加上套期保值创造的收益。因此，如果你对一笔海外投资的平均持有期为五年，那么你就应考虑这笔的净成本。"

在对海外投资估值的时候，是否需要调整折现率以补偿汇率变动带来的潜在风险呢？霍金斯认为不需要。他说："在（对货币）进行套期保值的时候，无需调整折现率。"如今，长叶基金在估值时采用的折现率为 9.5%~10.5%。霍金斯承认："和长期债券利率相比，这确实存在很大的溢价，但我们认为这是股权投资者涉足海外市场必须达到的最低要求。"

除需要解读略有不同的会计报表以及对货币风险进行套期保值之外，遵循巴菲特投资宗旨的海外投资者还要面对另一个挑战：接触公司的管理层。考虑到投资者很在意管理层对企业经营和资金配置方面的设想，因此，他们当然强烈希望与管理层建立畅通的沟通渠道。而在投资海外公司时，这会变得更加困难。并非所有投资者都准备奔赴海外与管理层进行面对面的交流，而且即使他们有这样的想法，也不是每个管理者都愿意和他们开诚布公地沟通。

在长叶基金，有专人负责与目标公司管理层会面，他们需要频繁游走于世界各地，对目标公司的管理层进行面谈。但为了减少没有意义的出行，分析师需要预习目标公司的财务状况，做到知己知彼。在安排面谈之前，他们首先要确定目标公司是否能符合长叶基金设定的最低财务标准，然后根据他们估算的内在价值，确定股价是否能给他们带来满意的折价交易。

霍金斯解释说："与外国公司的管理层会面并非总是必要的。其实，互联网就提供了很多有价值的信息。我认为投资者可以通过股东委托书、过去五年的年度报告以及报纸杂志对管理层的采访等信息资源，取得有关目标公司及其管理团队的大量信息。此外，公司的官方网站通常也会提供很多有价值的洞见。"

长叶基金的基金经理安德鲁·麦克德莫特说："我认为霍林格国际公司（Hollinger International，一家加拿大的报纸/传媒公司）的首席执行官康拉德·布莱克（Conrad Black）撰写的年度报告非常棒。他用外行人都能看懂的语言解释了他们的股票回购：'就像大规模地用一角硬币买回五分钱硬币'。"[20]

此外，几位日本管理者管理公司的方式也在媒体上被广泛报道。麦克德莫特特别提到日本消防和海上保险公司的总裁肯·松泽（Ken Matsuzawa）。麦克德莫特说："他是日本非寿险领域的

第八章 机会常见常新，宗旨恒久不变

第一位日本首席执行官，他不仅熟悉公司治理和管理层薪酬之道，而且深谙对股东、员工乃至客户创造价值的重要性。松泽先生正是以这样的理念管理自己的公司，回购公司股份，与规模相对较小的企业进行双赢式合并，削减成本，并对日本的投资流程进行了卓有成效的改造。"[21]

美国证券交易委员会去年刚刚颁布了新的"13F-D"（公平披露）准则，为全体个人和专业投资者提供公平的竞争环境。按照新准则的规定，除非公开上市公司的管理层同时向所有股东公开披露该公司的相关信息，否则，不得单独向公司的任何个别分析师或机构投资者披露这一相关信息。大多数市场评论人士认为：多数公司将以大众媒体和公司官方网站作为与外界进行信息交流的渠道。此外他们还认为：很多外国公司也将采用这种新的沟通方式，他们不仅可以通过这种全公开模式向现有股东提供信息，还可向有可能对该公司感兴趣的潜在股东提供信息。

那么，这一新准则是否会妨碍我们按巴菲特的投资宗旨对公司进行分析呢？霍金斯认为绝对不会。"对担心公司季度财务业绩的华尔街来说，13F-D准则会令它们中的99%感到失望，因为这将意味着，短期价格波动会被进一步放大。但它也意味着，优质企业更有可能被无效定价。"长叶基金的分析师的确取得了巨大的成功，他们的投资业绩甚至已经超越了巴菲特。他们不仅积极在海外市场进行投资，而且也会偶尔投资海外的科技类公司。正如斯坦利·凯斯所言："和其他所有行业一样，对科技类公司的投资同样依赖于企业、人和价格。我们已经尝试了对科技类公司投资，并且将继续涉足这个领域，但前提是，这些公司必须满足我们的投资标准。我们始终坚持以'企业/人/价格'为基础

的模型,对他们的工作做出合理评价,我们需要了解这些公司的竞争优势,我们需要了解、信任并喜欢公司的管理层。但更重要的是,我们必须找到足够低的购买价格。"[22]

在长叶基金的海外投资案例中,一个成功的范例就是欧洲最大规模的电子产品企业——飞利浦电子。尽管公司最大的细分市场是半导体,但是吸引长叶基金的,并不是对半导体业务的特殊青睐。相反,是因为公司股价的短期变化非常剧烈,以至于价格曾一度低于资产负债表上现金和有价证券净值之和,这显然是投资者买入股票的最佳机会。因此,如果公司股价在某一天出现大幅下跌,长叶基金就可以随时买进。他们绝不会放弃免费得到价值200亿美元半导体及其他相关电子业务的机会。对此,麦克德莫特解释说:"整个国家、地区和行业似乎每周都处在波动的状态中,尽管我们无从理解或得知这背后的原因,但这确实为我们提供了千载难逢的机会,因为我们唯一能做的就是分析企业的价值,然后用这些数字来回答问题。"[23]

如今,长叶合伙国际基金已在全球各地投资。它在加拿大、英国、日本、新西兰、南非、百慕大和欧盟等地均有投资,投资对象涉及金融业、工业、服务业以及零售业。在每一笔投资中,他们都在寻找巴菲特所关注的相同特征:能带来巨大的经济效益,由聪明的管理层经营,而且是收购价格相对便宜的优质公司。尽管他们有时也能在美国找到中意的目标,但更多的还是在海外。

理想的目标随时随地都会出现

它们是这样一批优质企业:不仅能带来巨大的经济效益,有较低的买入价格,并且由精明的管理层经营。

我们的世界瞬息万变：每天都会有新的公司诞生，有新的产业形成，每天都有新的技术浮出水面，我们熟悉的国家开始在国际舞台上扮演不同的角色。这些变化是令人兴奋，还是令人不安，最终还是取决于你自己的心理特征以及你对变化的反应。但有一点是毫无疑问的，它们都代表着有利可图的投资机会。

你必须付出汗水，投入精力。比如，你可能需要分析一条理解新技术的学习曲线，翻译外国公司的会计报表会让你感到难受。但这种努力的回报可能是巨大的。

正如生态系统会随着时间的推移而不断演变一样，市场和经济也会持续发展，并在不断调整中相互适应。作为投资者，我们面对的最大挑战，就是保持足够的灵活性和开放的态度，并尽可能全面地进行自我教育和自我认知。拥有巴菲特的永恒投资宗旨，我们就不必担心这些新的挑战，相反，应该充满激情地前进。

五、向最优秀的人学习

本书的主要目的，就是帮助投资者成功理解和运用沃伦·巴菲特的投资策略。我希望读者能从他的经历中学到更多知识，在继续前进的道路上不断践行这些知识和方法。也许，你将来也会发现那些同样会受到巴菲特青睐的企业，此时，如果你知道巴菲特在类似情况下怎样做，那么就说明你已经准备好从他的建议中收获成果了。

我相信，相对于其他人的失败，巴菲特能成功或许是因为拥有超常的天赋。他的投资智慧是毋庸置疑的。巴菲特和其他专业投资者之间最大的区别在于，大多数人更愿意让自己置身于输家的游戏中，而这恰恰是巴菲特不会选择的游戏。因此，我们希望本书的读者能和巴菲特做出一样的选择。

成功是理性思考的产物。

在巴菲特的投资策略中，最大的动因就资本的合理配置。确定如何分配公司的收益，是管理者需要做出的最重要决定。而确定如何分配一个人的储蓄，则是个人投资者需要做出的第一决策。理性，或者说做出选择时所表现出的理性思维，是巴菲特最崇尚的品质。金融市场也会有自己的逻辑，只不过往往被现实中形形色色的表象所覆盖。而巴菲特的成功秘籍，就是找到了这个合理的逻辑思维脉络，并毫不动摇地以此为导向。

巴菲特也经历过很多失败，这一点是毫无疑问的，当然，他在未来或许还会遭受更多的失败。但是在投资领域，成功不等于没有任何错误。相反，这种成功只是因为正确的行为多于错误的行为。践行巴菲特的投资策略，同样遵循这个法则。运用巴菲特的策略，之所以能帮助你取得成功，不仅是因为你做出了正确的选择——这种情况在投资界简单但却少见（比如，对一家公司进行估值，并按低于内在价值的折扣价格买入），还因为它帮助你规避了可能出错的事情——而出错恰恰是投资界的常态（比如，预测市场、经济和股票价格走势）。

巴菲特一生都在尝试不同的投资策略。在很小的时候，他甚至就已经尝试画股票价格图。但他认为：自己之所以能取得成功，是因为对他人投资智慧的学习——学习格雷厄姆的投资理论，阅读菲利普·费雪的著作，以及与查理·芒格合作。很多人认为：这三个人是近代投资历史中最聪明、最杰出的金融大师。巴菲特曾说过："我认为自己没有任何原创观点。当然，我一直在说，我在学习格雷厄姆的思想，也在学习菲利普·费雪的思维方式。我从中学到很多有价值的观点。你可以从别人身上学到很多有益的东西。实际上，我认为从根本上说，我们是在通过向别人学习而获得知识，你自己其实无需拥有太多新的想法。只要能用上你所见到、所得到的最好方法，成功便不再遥不可及。"[25]

在过去的45年中，经过对整个市场的搜索和研读，巴菲特终于找到属于自己的细分市场。凡事皆有缘：投资策略与个人气质相辅相成、相互吸引。巴菲特说："我们的（投资）态度源于我们的个性，并共同塑造了我们希望得到的生活方式。"[26]这种协调在巴菲特的态度中得到充分体现。他一贯乐于助人、积极向上。他每天都会上班且精力充沛。

"在这里，我得到了自己希望得到的生活。我每天都不缺少爱。我的意思是，我每天都可以踩着舞步去上班，和我喜欢的人打交道。"[27]巴菲特说："在这个世界上，没有任何事情比经营伯克希尔·哈撒韦这家公司更有趣，而且我为自己能在这里工作而感到幸运。"[28]

知识的获取就是一段承前启后的旅途。巴菲特和芒格从前人身上汲取了大量的智慧，并将这些智慧打造为自己的认知，现在他们又慷慨地将这些知识分享给其他人，让所有勤于钻研、善于学习人，以充满活力、向往和开放的思想去吸纳这些精华，在实践中体会巴菲特式的投资智慧。

毫无疑问，我们在本章看到的这三位业绩显赫的基金经理，无不得益于巴菲特的投资哲学。但他们并非盲从的亦步亦趋者。

他们每个人都以自己的方式,将巴菲特的思想运用到新的、不同的领域。在此过程中,每个人也都为巴菲特的投资哲学增添了新的内涵。

向伟人学习也是一个二元式过程:既是一种特权,又是一种责任。我们对前人给予的智慧由衷地感激——这是我们的特权。然后,在尊重前人智慧的基础上,我们还要将其传递给我们的跟随者——这是我们的责任。

在巴菲特永恒投资宗旨的指导下,我们的探索旅程还将继续。

注　释

第一章　非理性人

[1] 这段对沃伦·巴菲特的介绍摘自尤金·沙汉的文章："Are Short-Term Performance and Value Investing Mutually Exclusive?" Hermes，1986年春季。

[2] 卡洛尔·卢米斯"Inside Story on Warren Buffett"，《财富》1988年4月11日，第34页。

[3]《1996年伯克希尔·哈撒韦公司年度报告》，第16页。

[4]《1987年伯克希尔·哈撒韦公司年度报告》，第14页。

[5] 史蒂芬·杰·古尔德，《生命的壮阔：从柏拉图到达尔文》（New York：Crown 1996），第116页。

[6] 彼得·伯恩斯坦，"Where Oh Where Are the .400 Hitters of Yesteryear?"《金融分析师》杂志，1998年11月/12月，第6页。

[7] 同上，第11页。

[8]《广播》杂志，1996年6月9日。另请参见 Simon Reynolds Thoughts of Chairman Buffett：Thirty Years of Unconventional Wisdom from the Sage of Omaha（New York：Harper Collins，1998）。

[9] Ronald Surz，"R-Squareds and Alphas Are Far from Different Alpha-bets"，《投资杂志》，1998年夏季。

[10]《1993年伯克希尔·哈撒韦公司年度报告》，第16页。

[11]《1993年伯克希尔·哈撒韦公司年度报告》，第14页。

[12]同上。

[13]《1997年伯克希尔·哈撒韦公司年度报告》,第5页。

[14]同上。

[15]约翰·梅纳德·凯恩斯,《就业、利息和货币通论》(Orlando,FL:Harcourt Brace,1964)。

[16]本杰明·格雷厄姆和戴维·多德,《证券分析》(New York:McGraw-Hill,1951年)。

[17]《杰出投资者文摘》,1997年8月8日,第14页。

[18]我要感谢拉里·佩杰恩对这个问题提出的观点。

[19]《杰出投资者文摘》,1998年3月13日,第56页。

[20]《杰出投资者文摘》,1997年8月8日,第19页。

[21]乔治·约翰逊,《心灵之火》(New York:Vintage Books,1995),第104页。

[22]安德鲁·基尔帕特里克《投资圣经:沃伦·巴菲特的真实故事》(Birmingham,AL:AKPE,1998),第794页。

[23]罗恩·切尔诺,*The Death of the Banker: The Decline and Fall of the Great Financial Dynasties and the Triumph of the Small Investor*(New York:Vintage Books,1997)。

[24]托马斯·库恩《科学革命结构》(Chicago:The University of Chicago Press,1970),第77页。

[25]芒格的想法对我来说很有趣,对投资者也非常有价值,以至于我觉得甚至值得引用一整本书。而结果就是读了一本书:《股票投资的大智慧》(New York:Texere,2000)。

[26]《杰出投资者文摘》,1995年5月5日,第49页。

[27]同上。

[28] 同上。

[29]《杰出投资者文摘》，1997年8月8日，第61页。

[30] 同上，第13页。

第二章 世界上最伟大的投资者

[1] 卡森集团是一家总部位于纽约的全球资本市场情报咨询公司。公司于1999年11月22日发布了调查结果。更多有关信息，请访问公司网站 www.carsongroup.com 或致电 212/581 4000。

[2] 卡洛尔·卢米斯"The Inside Story of Warren Buffett"，《财富》，1988年4月11日，第30页。

[3] 沃伦·巴菲特，《格雷厄姆-多德部落的超级投资者们》，Hermer，1984年秋。

[4] 沃伦·巴菲特，"我最喜欢的安全性"，《商业和金融纪事》，1951年12月6日；转载自安德鲁·基尔帕特里克《投资圣经：沃伦·巴菲特的真实故事》．(Birmingham, AL：AKPE, 2000)，第302页。

[5]《1999年伯克希尔·哈撒韦公司年度报告》，第9页。

[6] 收购价格大多披露为220亿美元，从某种意义上说，这是正确的。两家公司于1998年6月宣布合并，伯克希尔以等值的伯克希尔股票作为对价，按高于收盘价29%的价格收购通用再保险公司的全部股份。但交易最终在六个月之后交割，当时，两家公司的股价均出现下跌。因此，通用再保险公司的股东按每股204.40美元的价格取得对价，而不是6月份时宣布的每股276.50美元价值。因此，伯克希尔股票的实际收购价格约为160亿美元，而不是220亿美元。

［7］摘自基尔帕特里克《投资圣经：沃伦·巴菲特的真实故事》，第 18 页。

［8］《1999 年伯克希尔·哈撒韦公司年度报告》，第 6 页。

［9］摘自基尔帕特里克《投资圣经：沃伦·巴菲特的故事》，第 14 页。

［10］在伯克希尔·哈撒韦公司 1997 年年会上的讲话，引用珍妮特·洛尔关于查理·芒格的传记：《查理·芒格传》（New York：John Wiley, 2000）。

［11］《1999 年伯克希尔·哈撒韦公司年度报告》，第 13、14 页。

［12］《1999 年伯克希尔·哈撒韦公司年度报告》，第 14 页。

［13］摘自基尔帕特里克《投资圣经：沃伦·巴菲特的真实故事》，第 413 页。

［14］同上，第 452 页。

［15］同上。

［16］Howard Banks, "Flying Buffett"，《福布斯》，1988 年 9 月 21 日。

［17］《1999 年伯克希尔·哈撒韦公司年度报告》，第 10 页。

［18］《1987 年伯克希尔·哈撒韦公司年度报告》，第 22 页。

［19］《1999 年伯克希尔·哈撒韦公司年度报告》，第 3 页。

第三章　三位投资大师给巴菲特的教诲

［1］亚当·史密斯，《超级货币》（New York：Random House, 1972），第 178 页。

［2］《纽约时报》，1934 年 12 月 2 日，第 13D 页。

［3］本杰明·格雷厄姆和戴维·多德，《证券分析》（New

York：McGraw-Hill，1951年），第38页。

［4］同上，第13页。

［5］"Ben Graham：The Grandfather of Investment Value Is Still Concerned"，《机构投资者》，1974年4月，第62页。

［6］同上，第61页。

［7］约翰·特雷恩《股市大亨》（New York：Penguin Books，1981），第60页。

［8］菲利普·费雪，《怎样选择成长股》（New York：Harper & Brothers，1958），第11页。

［9］同上，第16页。

［10］同上，第33页。

［11］菲利普·费雪，《投资哲学的发展》，金融分析师研究基金会，第10期，第1页。

［12］菲利普·费雪，《怎样选择成长股》，第13页。

［13］菲利普·费雪，《投资哲学的发展》，第29页。

［14］摘自基尔帕特里克《投资圣经：沃伦·巴菲特的真实故事》，第89页。

［15］摘自基尔帕特里克《投资圣经：沃伦·巴菲特的真实故事》，第243页。

［16］Robert Lenzner，"Warren Buffett's Idea of Heaven：'I Don't Have to Work with People I Don't Like'"，《福布斯》，1993年10月18日，第243页。

［17］《1989年伯克希尔·哈撒韦公司年度报告》，第21页。

［18］L. J. Davis，"Buffett Takes Stock"，《纽约时报》，1990年4月1日，第61页。

[19]《1987年伯克希尔·哈撒韦公司年度报告》,第15页。

[20]《1990年伯克希尔·哈撒韦公司年度报告》,第17页。

[21] 本杰明·格雷厄姆,《聪明的投资者》,第4版(New York:Harper & Row, 1973),第287页。

[22] 沃伦·巴菲特,"我们可以从菲利普·费雪身上学到什么",《福布斯》,1987年10月19日,第40页。

[23] "The Money Men-How Omaha Beats Wall Street",《福布斯》,1969年11月1日,第82页。

第四章 投资的12个永恒宗旨

[1]《1987年伯克希尔·哈撒韦公司年度报告》,第4页。

[2] Robert Lenzner "Warren Buffett's Idea of Heaven:'I Don't Have to Work with People I Don't Like'",《福布斯》,1993年10月18日,第43页。

[3]《财富》杂志,1993年11月11日,第11页。

[4]《1992年伯克希尔·哈撒韦公司年度报告》,第15页。

[5]《1987年伯克希尔·哈撒韦公司年度报告》,第7页。

[6]《1989年伯克希尔·哈撒韦公司年度报告》,第22页。

[7]《1982年伯克希尔·哈撒韦公司年度报告》,第57页。

[8] Lenzner, "Warren Buffett's Idea of Heaven."。

[9]《1991年伯克希尔·哈撒韦公司年度报告》,第8页。

[10] 卡洛尔·卢米斯,"Inside Story on Warren Buffett"《财富》,1988年4月11日,第4页。

[11]"资本成本"等于债务股权的权重计算的债务成本与权益成本的加权平均值。债务成本只是公司为借入债务所支付的利息,并根据利息费用的可扣除进行了调整。股本成本由企业风

险确定，具体按 CAPM 公式计算。有关资本成本更详细的讨论，请参见罗伯特·哈格斯特罗姆的《沃伦·巴菲特的投资组合》（New York：John Wiley，1999），第 91~93 页。

［12］《1988 年伯克希尔·哈撒韦公司年度报告》，第 5 页。

［13］《1986 年伯克希尔·哈撒韦公司年度报告》，第 5 页。

［14］《1989 年伯克希尔·哈撒韦公司年度报告》，第 22 页。

［15］《1989 年伯克希尔·哈撒韦公司年度报告》，第 22 页。

［16］Linda Grant "*The ﹩4 Billion Regular Guy*"，《洛杉矶时报》，1991 年 4 月 7 日，杂志专栏，第 36 页。

［17］Lenzner "*Warren Buffett's Idea of Heaven*"，第 43 页。

［18］《1985 年伯克希尔·哈撒韦公司年度报告》，第 9 页。

［19］《1977—1983 年伯克希尔给股东的信》，第 17 页。

［20］《1987 年伯克希尔·哈撒韦公司年度报告》，第 20 页。

［21］同上，第 21 页。

［22］《1984 年伯克希尔·哈撒韦公司年度报告》，第 172 页。

［23］《1986 年伯克希尔·哈撒韦公司年度报告》，第 25 页。

［24］卢米斯 "Inside Story on Warren Buffett"，第 34 页。

［25］《1990 年伯克希尔·哈撒韦公司年度报告》，第 16 页。

［26］《1982 年伯克希尔·哈撒韦公司年度报告》，第 52 页。

［27］从技术上说，使用"折现率"而不是"利率"更为准确。无论是对债券进行估值，还是使用相同的概念来对未来收益流进行估值，要对未来一定时期的数据进行合理的折现，都需要采用一个复杂的数学公式。这个过程并不是把未来年度数据简单相加后再乘以某个折现率（如 9%）这么简单。金融专业人士通

常属于折现率表，并采用插入方式获得正确的折现率。一个例子就是参阅本章的表 4-2。"折现率"一行显示，前十年折现率采用的实际数字分别为 0.9174、0.8417……以此类推，最终得到的折现率为 9%。

[28]《1989 年伯克希尔·哈撒韦公司年度报告》，第 5 页。

[29] Jim Rasmussen "Buffett Talks Strategy with Students"，《奥马哈世界先驱报》，1994 年 1 月 2 日，第 26 页。

[30]《1977—1983 年伯克希尔致股东信》，第 53 页。

[31]《1996 年伯克希尔·哈撒韦公司年度报告》，第 15 页。

[32]《1993 年伯克希尔·哈撒韦公司年度报告》，第 14 页。

[33] 安德鲁·基尔帕特里克，Warren Buffett：The Good Guy of Wall Street（New York：Donald I. Fine, 1992），第 123 页。

[34] 马克·彭德格拉斯特，《可口可乐传》（New York：Scribner's, 1993）。

[35] Art Harris，"The Man Who Changed the Real Thing"，《华盛顿邮报》，1985 年 7 月 22 日，第 B1 页。

[36] 80 年代的策略，可口可乐公司。

[37] 同上。

[38] 在第一阶段的 10 年中，采用的年增长率为 15%。其中，在第一年，也就是 1988 年，股东盈余为 8.28 亿美元；到第 10 年，股东盈余将达到 43.49 亿美元。在从第 11 年开始的第二阶段中，年增长率将降至 5%。在第 11 年，股东盈余等于 35.16 亿美元（33.49 亿美元 × 5% + 33.49 亿美元）。现在，我们可以从无风险收益率（9%）中减去这个 5% 的增长率，从而得到 4% 的资本化率。将公司的 35.16 亿美元所有者收益按 4% 的资本化

率进行折现,得到的公司折现值为879亿美元。由于879亿美元这个数值是可口可乐第11年股东盈余的折现值,因此,我们接下来还需要在第10年年底,用相同的折现系数对这个未来价值进行折现$[1/(1+0.09)^{10}]=0.4224$。可口可乐在10年残余价值的现值为371.29亿美元。然后,将这个残余价值的现值(371.29亿美元)与期间各年度现金流的现值之和(112.48亿美元)相加,即为可口可乐的企业价值总额483.77亿美元。

[39] Lenzner,"*Warren Buffett's Idea of Heaven*",第43页。

[40]《1977—1983年伯克希尔致股东信》,第82页。

第五章 集中式投资:理论与机制

[1] 1994年8月对沃伦·巴菲特的采访。

[2] Andrew Barry, "With Little Cheery News in Sight Stocks Take a Break"《巴伦》周刊,1998年11月16日,第MW1页。

[3]《1993年伯克希尔·哈撒韦公司年度报告》,第15页。

[4] 同上。

[5] 1998年9月15日对肯·费雪的采访。

[6] 1994年8月对沃伦·巴菲特的采访。

[7]《杰出投资者文摘》,1995年8月10日,第63页。

[8] 同上。

[9] 彼得·L. 伯恩斯坦,《与天为敌》(New York: John Wiley, 1996),第63页。

[10] 同上。

[11] 同上。

[12]《杰出投资者文摘》,1995年5月5日,第49页。

[13] Robert L. Winkler, An Introduction to Bayesian Inference

and Decision（New York：Holt Rinehart and Winston，1972），第 17 页。

［14］摘自基尔帕特里克《投资圣经：沃伦·巴菲特的真实故事》，第 800 页。

［15］《杰出的投资者文摘》，1990 年 4 月 18 日，第 16 页。

［16］同上。

［17］《杰出的投资者文摘》，1994 年 6 月 23 日，第 19 页。

［18］罗伯特·哈格斯特朗，《巴菲特之道》（New York：John Wiley 1994）。

［19］《1990 年伯克希尔·哈撒韦公司年度报告》，第 16 页。

［20］《1993 年伯克希尔·哈撒韦公司年度报告》，第 15 页。

［21］《1990 年伯克希尔·哈撒韦公司年度报告》，第 16 页。

［22］《1990 年伯克希尔·哈撒韦公司年度报告》，第 16 页。

［23］爱德华·O. 索普，《击败庄家：21 点的有利策略》（New York：Vintage Books，1962）。

［24］感谢比尔·米勒对凯利成长模式的指导。

［25］克劳德·香农，"通信的数学原理"，《贝尔系统技术》，第 27 期，1948 年 7 月 3 日。

［26］约翰·拉里·凯利，"信息传输速度的新解释"，《贝尔系统技术》，第 35 期，1956 年 7 月 3 日。

［27］《杰出投资者文摘》，1995 年 5 月 5 日，第 57 页。

［28］安德鲁·拜尔，Picking Winners：A Horse Player's Guide（New York：Houghton Mifflin，1994），第 178 页。

［29］《杰出投资者文摘》，1995 年 5 月 5 日，第 58 页。

［30］有关现代金融发展历史的全面介绍，请参阅：彼得·

伯恩斯坦的《投资革命：源自象牙塔的华尔街理论》（New York：The Free Press，1992）。

[31] 同上，第47页。

[32] Jonathan Burton，"Travels Along the Efficient Frontier"，《道琼斯资产管理》，1997年5月/6月，第22页。

[33] 伯恩斯坦，《投资革命》，第86页。

[34] 伯恩斯坦，《投资革命》，第13页。

[35]《杰出投资者文摘》，1990年4月18日，第18页。

[36]《1993年伯克希尔·哈撒韦公司年度报告》，第13页。

[37] "内在价值风险"一词最早由美国康涅狄格州格林尼治市Rutledge&Company的约翰·拉特里奇提出，《福布斯》，1994年8月29日，第279页。

[38]《1993年伯克希尔·哈撒韦公司年度报告》，第13页。

[39]《杰出投资者文摘》，1994年6月23日，第19页。

[40]《1993年伯克希尔·哈撒韦公司年度报告》，第12页。

[41]《杰出投资者文摘》，1996年8月8日，第29页。

[42]《1988年伯克希尔·哈撒韦公司年度报告》，第18页。

[43] 同上。

[44]《杰出投资者文摘》，1996年8月8日，第29页。

第六章　管好你的投资组合：集中式投资策略的挑战

[1] 本杰明·格雷厄姆，《格雷厄姆：华尔街教父回忆录》（New York：McGraw-Hill，1996），第239页。

[2] 演讲稿被改编成哥伦比亚大学商学院出版物的期刊（Hermes，1984年秋），标题相同。此处直接引用该文章的原文。

[3] 沃伦·巴菲特，"格雷厄姆-多德部落的超级投资者

们"。在文章中，巴菲特介绍的超级投资者包括：沃尔特·斯科尔斯，20世纪50年代中期曾和巴菲特同期在格雷厄姆-纽曼公司任职；汤姆·纳普，另一位格雷厄姆-纽曼公司的同事，后来与格雷厄姆的追随者埃德·安德森共同成立了Tweedy-Browne合伙公司；比尔·鲁恩，以前也是格雷厄姆的学生，后来创建红杉基金；查理·芒格，巴菲特的合伙人；瑞克·盖林，来自太平洋合伙投资公司；以及来自波尔米塔投资公司的斯坦·波尔米塔。

[4] 摘自《1991年伯克希尔·哈撒韦公司年度报告》，第15页。

[5] 蔡济铭和 Richard S. Woodward，"J. M. Keynes's Investment Performances：A Note"，《金融杂志》，第38期，1983年3月。

[6] 同上。

[7] 同上。

[8] 沃伦·巴菲特，"格雷厄姆-多德部落的超级投资者们"。

[9] 同上。

[10] 同上。

[11] 1996年《红杉基金年度报告》。

[12] Solveig Jansson，"GEICO Sticks to Its Last"，《机构投资者》，1986年7月，第130页。

[13]《1986年伯克希尔·哈撒韦公司年度报告》，第15页。

[14]《1995年伯克希尔·哈撒韦公司年度报告》，第10页。

[15] 这里提到的研究是我与维拉诺瓦大学的琼·拉姆-滕纳特博士合作进行的一项大型研究，研究内容见："Focus Inves-

ting: An Alternative to Active Management versus Indexing"。

［16］需要注意的是，当基准收益率高于高度分散型投资组合的收益率中位数时，业绩超过基准收益率的概率就会提高，当这个概率增加到一定程度时，基金经理就会减少组合中的股票数量。如果基准收益率低于高度分散型投资组合的收益率中位数，上述关系不再成立。换句话说，在这种情况下，相对集中的投资组合超过基准收益率的概率，不会大于高度分散的投资组合。但是从绝对收益率角度看，与高度分散型投资组合相比，集中投资组合的收益率仍有可能实现更高的收益率。

［17］沃伦·巴菲特，"格雷厄姆-多德部落的超级投资者们"。

［18］Joseph Nocera，"Who's Got the Answers?"《财富》，1997年11月24日，第2页。

［19］同上。

［20］尤金·沙汉，"Are Short-Term Performance and Value Investing Mutually Exclusive?" Hermes（1986年春季）。

［21］红杉基金，季度报告，1996年3月31日。

［22］马克·卡尔哈特，"On Persistence in Mutual Fund Performance"，《金融杂志》，第52期，1997年3月1日；伯顿·G. 马尔基尔，"Returns from Investing in Equity Mutual Funds 1971 to 1991"，《金融杂志》，第50期，1995年6月2日。

［23］达里尔·亨德里克斯、贾杨杜·帕特尔和理查德·泽克豪舍，"Hot Hands in Mutual Funds: Short-Run Persistence of Relative Performance 1974-1988"，《金融杂志》，第48期，1993年3月1日。

[24] 斯蒂芬·布朗和威廉·戈兹曼,"Performance Persistence",第50期,1995年6月2日。

[25] 这句话已被广泛引用。

[26]《1987年伯克希尔·哈撒韦公司年度报告》,第14页。

[27] 同上。

[28] 同上。

[29]《1981年伯克希尔·哈撒韦公司年度报告》,第39页。

[30] 本杰明·格雷厄姆和戴维·多德,《证券分析》(New York: McGraw-Hill, 1951年)。

[31]《1989年伯克希尔·哈撒韦公司年度报告》,第15页。

[32]《1991年伯克希尔·哈撒韦公司年度报告》,第8页。

[33] 同上。

[34]《杰出投资者文摘》,1995年8月10日,第10页。

[35] 这是在坊间广泛流传的一句话。墨菲用火车来比喻如何管理一家控股公司。

[36]《1996年伯克希尔·哈撒韦公司年度报告》。

[37] Carole Gould,"The Price of Turnover",《纽约时报》,1997年11月21日。

[38] 罗伯特·杰弗里和罗伯特·阿诺特,"你的Alpha是否足以支付应纳税额?",《证券投资管理杂志》,1993年春季。

[39] 同上。

[40] 卡洛尔·卢米斯,"Inside Story on Warren Buffett"《财富》,1988年4月11日,第28页。

[41] 经常被人们引用的一句沃伦·巴菲特名言。

第七章 财富的心理效应

[1] 卡洛尔,卢米斯,"Mr. Buffett on the Stock Market",《财富》,1999年11月22日。

[2] 马克·赫伯特"Be a Tiger Not a Hen",《福布斯》,1992年5月25日,第298页。

[3] 《1990年伯克希尔·哈撒韦公司年报》,第17页。

[4] 沃伦·巴菲特,"You Pay a Very High Price in the Stock Market for a Cheery Consensus",《福布斯》,1979年8月6日,第25~26页。

[5] 《1992年伯克希尔·哈撒韦公司年度报告》,第6页。

[6] 《1986年伯克希尔·哈撒韦公司年度报告》,第16页。

[7] 本杰明·格雷厄姆,《聪明的投资者》(New York: Harper & Row, 1973),第107页。

[8] 《杰出投资者文摘》,1995年5月5日,第51页。

[9] Brian O'Reilly, "Why Can't Johnny Invest?",《财富》,1998年11月9日,第73页。

[10] Jonathan Burton, "It Just Ain't Rational", Fee Advisor, 1996年9月/10月,第26页。

[11] Fuerbringer "Why Both Bulls and Bears Can Act So Bird-Brained",《纽约时报》,1997年3月30日,第3部分,第6页。

[12] 乔治·普鲁特,"The Walter Mitty Effect in Individual and Good Risk Taking",《美国心理学会第77届年会论文集》(1969年),第425~436页。

[13] J. W. Atkinson、R. Bastian、W. Earl 和 G. H. Litwin, "The Achievement Motive and Goal Setting and Probability Prefer-

ence"《变态与社会心理学杂志》第60期（1960年11月），第27~36页；J. W. Atkinson 和 G. H. Litwin, "The Achievement Motive and Test Anxiety Conceived as a Motive to Avoid Failure"《变态与社会心理学杂志》第60期（1960年11月），第52~63页。

［14］L. W. Littig, "Effects of Skill and Chance Orientation on Probability Preferences"，《心理学报告》第10期，1962年，第72~80页。

［15］《杰出的投资者文摘》，1995年8月10日，第11页。

［16］《1985年伯克希尔·哈撒韦公司年度报告》。

［17］《1984年伯克希尔·哈撒韦公司年度报告》，第14页。

第八章 机会常见常新，宗旨恒久不变

［1］《杰出投资者文摘》，1998年9月24日，第48页。

［2］《杰出投资者文摘》，1998年3月13日，第55页。

［3］《1992年伯克希尔·哈撒韦公司年报》，第13~14页。

［4］"Will the Real Ben Graham Please Stand Up?"《福布斯》，1989年12月11日，第30页。

［5］对埃里克·萨维茨的采访，1998年12月2日。

［6］对艾米·阿诺特的采访，1998年12月2日。

［7］亚当·史密斯，"Bill Miller: Beating the Market Is Routine"，《投资者商业日报》，1997年11月7日。

［8］对比尔·米勒的采访，1998年12月1日。

［9］比尔·米勒针对了解科技类公司的十个观点摘自杰夫·摩尔的著作《猩猩游戏：谁是高科技企业中的赢家》（New York: HarperCollins, 1998）。

［10］对丽莎·拉普亚诺采访，1998年12月2日。

[11] 对比尔·米勒的采访，2000年10月2日。

[12] 对比尔·米勒的采访，1998年12月1日。

[13] 2000年10月16日对雷格·梅森研究总监丽莎·拉普亚诺的访谈。除另有说明之外，本章中该部分对拉普亚诺女士观点的引用均来自本次访谈。

[14] "Fund Manager Interview: Wallace R. Weitz Weitz Series Value Funds"，AAII Journal，1998年4月。

[15] 这个故事是2000年9月29日威利·韦茨接受采访时讲述的。除另有说明之外，本章中该部分对韦茨观点的引用均来自本次采访。

[16] AAII Journal，1998年4月。

[17]《1997年伯克希尔·哈撒韦公司年度报告》，第15页。

[18] 2000年10月5日对梅森·霍金斯的采访。除另有说明以外，本章中该部分对霍金斯观点的引用均来自本次采访。

[19] 按照美国证券交易委员会的规定，对于非多样化基金，只要没有将投资组合的一半以上资金用于收购单一股票且达到该股票流通股5%以上的股份，那么可将组合资金的24.9%投资于任一股票。因此，从理论上讲，非分散型基金可持有两只的比例为24.9%的股票和10只持股比例为4.9%的股票。

[20]《杰出投资者文摘》，2000年7月31日，第11页。

[21] 同上，第12页。

[22] 同上。

[23] 同上，第11页。

[24] Linda Grant，"The ＄4 Billion Regular Guy"，《洛杉矶时报》，1991年4月7日，第36页。

[25]《杰出投资者文摘》,1995 年 8 月 10 日,第 21 页。

[26]《1987 年伯克希尔·哈撒韦公司年度报告》,第 15 页。

[27] Robert Lenzner, "Warren Buffett's Idea of Heaven: 'I Don't Have to Work with People I Don't Like'",《福布斯》,1993 年 10 月 18 日,第 40 页。

[28]《1992 年伯克希尔·哈撒韦公司年报》,第 6 页。

致　　谢

首先，我要感谢沃伦·巴菲特的教诲，并对允许我使用其受版权保护的材料表示深深的谢意。我始终毫不隐讳地承认，我早期作品的成功，首先是对沃伦·巴菲特的证明。毫无疑问，他是现代历史上最成功的投资大师，他是值得所有个人投资者学习的榜样。他的机智、魅力和才华，让全世界的投资者如痴如醉。

此外，我也要感谢查理·芒格，感谢他在投资研究方面给予的非常有见地的指导。他提出的"误判心理学"和"格栅理论"非常重要，值得所有投资者深究钻研。当然，我感激他，更是因为他与我之间极富深度的谈话以及他一贯的热情鼓励。

多年来，我有幸得到无数次的机会，与众多才华横溢的业内人士谈论沃伦·巴菲特和投资问题。我从这些交流中得到无法估量的思想和观点，并将这些思想和观点融入本书。我衷心感谢，感谢查克·艾克、艾尔·巴尔，大卫·布雷弗曼、杰米·克拉克、鲍勃·科尔曼、克里斯·戴维斯、查尔斯·埃利斯、菲利普·费雪、鲍勃·戈德法布、艾德·哈德尔曼、阿吉特·简恩、迈克尔·莱维坦、迈克尔·莫布森、拉里·佩杰恩、比尔·鲁恩、汤姆·鲁索、爱丽丝·施罗德、娄·辛普森、埃德·索普、戴尔·韦特劳弗和戴维·温特斯。

此外，特别感谢沃利·韦茨和梅森·霍金斯在百忙之中与我交流，他们介绍自己如何将沃伦·巴菲特的投资宗旨成功运用到基金的管理中，这让我在很多新的领域大开眼界。

我非常荣幸能与比尔·米勒合作。他是一位才华横溢的导师级投资家。他不仅富有耐心，而且又兼具慷慨大方的精神，更是以简洁明了的方式让我对很多抽象的概念豁然开朗。他在很多方面给予了我巨大的支持，尤其是对于本书的创作，正是他的介绍，让我们有幸看到沃伦·巴菲特的投资宗旨在科技领域大放光彩。谢谢你，比尔。当然，我也有幸亲身体验和推进沃伦·巴菲特的投资方法。感谢雷格·梅森基金管理公司的全体同仁，是他们让我有机会亲历这种环境，尤其感谢公司研究总监丽莎·拉普亚诺，她不仅为本书奉献了深刻的洞见和宝贵的时间，还有诸多方面中肯建议。我还要感谢凯西·克莱多内托和埃里克·彼得森为雷格·梅森集中式基金的奉献。

我还要感谢《投资圣经：沃伦·巴菲特的故事》一书的作者安迪·基尔帕特里克以及《巴菲特：一个美国资本家的成长》的作者罗杰·洛温斯坦。我经常把这两本书用做研究巴菲特的教科书。在我看来，安迪已成为研究伯克希尔·哈撒韦的官方历史学家，而罗杰则撰写了最权威的沃伦·巴菲特传记。

当然，我还有幸与维拉诺瓦大学的琼·拉姆-滕纳特博士进行合作，因为我们两个人都曾深入研究过集中式投资的理念。此外，我还要感谢帕特·夏克在计算机编程方面提供的支持，以及贾斯丁·格林教授在风险承受力方面的调查研究及支持。

特别感谢所有投资者以及本书的全体读者，当然，这还要归功于《杰出投资者文摘》（OID）的编辑亨利·埃莫森。亨利收集了伯克希尔·哈撒韦公司的年会信息以及沃伦·巴菲特和查理·芒格的各种演讲稿，并将这些内容发表在他们的出版物中。

致　谢

经亨利允许，我在本书中引用了《杰出投资者文摘》中的大量内容。

我与约翰·威利出版公司的合作一直非常愉快，感谢他们对我在沃伦·巴菲特系列作品上给予的关心和关注，特别感谢本书的出版商和编辑琼·奥尼尔。

和以前一样，我再次幸运地聘请塞巴斯蒂安公司的劳瑞·哈珀作为本书的经纪人。一句话，劳瑞是真的出色。她高雅端庄、彬彬有礼，而且她总能以最大程度的投入确保我们的工作保持一流水平。

在感谢了上述各位之后，还有一个人，是我最值得感谢的人，她就是我的创作合作伙伴麦吉·斯塔基。麦吉既是本书的合作者之一，也是本书的编辑，更是这本书的啦啦队长。这已经是我们合作创作的第五本书了，而在本书的创作过程中，她一如既往地投入了100%的精力。尽管她在俄勒冈州工作，而我的工作地点在宾夕法尼亚州，但我常常有种她就坐在我对面的感觉。我们之间已经达到心有灵犀的境界，我们几乎可以无过渡地从一个想法转换到另一个想法，从一个章节跳到另一个章节，共同寻找搭建素材结构和内容表达的最佳方法。我（作者）和您（读者）都非常幸运，因为认识了麦吉这样优秀的人，而且是一个甘于与我们分享的天才。

任何一个曾经坐下来写过书的人都知道，这意味着需要把无数的时间投入到孤独的思考和细节的打磨中。而这就不可避免地需要我们远离家人。写作需要作者做出一定的牺牲，而作者的家人则需要付出更多。我热爱我的三个孩子，金、罗伯特和约翰，因此，我要对他们说一声，谢谢，并且我需要把感谢永远献给我的妻子麦吉，她对我和家庭的支持从未动摇。正是她一往情深的爱，使一切皆有可能。尽管我把他们放在最后，但是对于麦吉、金、罗伯特和约翰的爱和感激，在我的心中永远排在第一位。

  对于本书的所有优点和启发，您皆可以感谢上述人员的无私奉献和慷慨分享。但书中难免出现错误或纰漏，尽由我个人负责。

——罗伯特·哈格斯特朗